성공하는 기업의 문화 DNA

성공하는 기업의 문화 DNA

지은이 조미옥
펴낸이 안용백
펴낸곳 (주)넥서스

초판 1쇄 발행 2014년 8월 25일
초판 2쇄 발행 2014년 8월 30일

출판신고 1992년 4월 3일 제311-2002-2호
121-893 서울특별시 마포구 양화로 8길 24
Tel (02)330-5500 Fax (02)330-5555
ISBN 978-89-6790-918-5 13320

저자와 출판사의 허락 없이 내용의 일부를
인용하거나 발췌하는 것을 금합니다.

가격은 뒤표지에 있습니다.
잘못 만들어진 책은 구입처에서 바꾸어 드립니다.

www.nexusbook.com
넥서스BIZ는 (주)넥서스의 경제경영 브랜드입니다.

신뢰·소통·기프트워크가 있는 20대 기업들

성공하는 기업의 문화 DNA

조미옥 지음

GREAT WORK PLACE
GWP

넥서스BIZ

프롤로그

    2008년 9월 15일, 대한민국 전체가 가족과 함께하는 추석 명절의 마지막 휴식을 취하고 있던 날, 세계 금융시장을 주도하고 있던 뉴욕의 증권가에 날벼락이 떨어졌다. 세계 4위의 투자은행 리먼 브라더스의 파산은 증권가에 짙은 먹구름을 휘몰고 왔다. 리먼 브라더스 사태는 미국을 비롯한 세계 경제에 금융위기를 몰고 왔으며, 회복의 기지개를 켜던 한국 경제에도 얼음물을 끼얹었다. 미국의 금융시장뿐 아니라 전 세계의 경제 침체를 부채질한 이 사태는 수년이 지나면서 유로 존 붕괴, 뉴욕발 경제 위기, 이머징 마켓 위기 등의 악재와 더불어 글로벌 경제를 위기로 몰고 갔다. 그 결과 지금도 전 세계적으로 많은 사람들이 일자리를 잃고 고통을 겪고 있다. 리먼 브라더스 사태는 세계 경제가 그물망처럼 얽히고설켜 한 나라의 금융위기나 경기 침체가 전 세계에 연쇄 반응을 일으킨다는 것을 확실하게 보여주는 계기가 되었다. 우리나라의 기업들 또한 전

GREAT WORK PLACE

　세계의 기업들처럼 리먼 브라더스 사태의 영향을 받지 않을 수 없었으며 이는 곧 기업의 고용 정체 현상을 가중시켰다. 기업의 성장을 측정하는 중요 요소 중 하나는 고용률인데 이는 사업의 성장과 확장을 의미하기 때문이다. 리먼 브라더스 사태 이후의 지속된 경기 침체로 인해 한국을 포함한 각국 기업들은 고용의 불안과 정체의 늪에서 아직도 헤어나지 못하고 있다.

　그럼에도 불구하고 아주 특별한 '일터 문화' 창출을 통해 지속적인 성장 가도를 달리는 기업들이 있다. 이들은 임직원 간의 신뢰를 핵심으로 하는 일터 문화를 수십년 동안 가꾸어 왔다. 이런 기업의 CEO들을 만나 보면 기업이 외부 시장 환경 변화에 따른 영향을 받는 것은 피할 수 없는 현실이라고 말한다. 그러나 그 위기를 슬기롭게 넘길 수 있는 것은 임직원 간에 정직이 바탕이 되는 신뢰의 업무 환경이라는 점을 강조한다. 경영진에 대한 구성원들의 신뢰는 현장의 문제점과 외부 환경 변화의 정보를 여과 없이 공유하게 하는 힘이 될 뿐만 아니라 조직의 비전을 향해 구성원들을 한 방향으로 정렬시키는 위력을 발휘한다. 이 위력은 조직 내 업무 속도를 가속화시킬 뿐만 아니라, 창의성과 생산성 향상이라는 실질적인 성과를 가져온다. 그래서 신뢰의 조직 문화를 구현하는 CEO들은 '기업의 성장 원동력은 함께하는 구성원'이라는 말을 한결같이 한다. 그들은 기업 성과의 원동력을 구성원들의 자발적 몰입과 헌신에 의한 목표 달성으로 못 박고 있다. 또한 조직의 비전이나 전략의 중심에 사람을 둔다. 사람 중심의 경영 철학이 액자와 업무용 수첩에 장식적 수사 문구로 남아 있는 것이 아니라 생활 속에 뿌리내려 있다. 신뢰의 GWP 문화만이 기업의 지속적인 성장을 보장할 수 있다고 말하는 이런 조직들이 바로 '일하기 좋은 포춘 100대 기업; The Fortune 100 Best Companies to work for'에 속하는 기업들이다. 이들 기업의 다수는 외부 환경의 변화에도 성장의 굴곡이 심하지 않다. 오히려 '포춘 100대 기업'은 최근 2년 동안 5배 이상의 고용 증가를 보이고 있다. 최고의 업무 시스템과 제도를 갖추고 있다 할지라도 일하는 사람들의 생각과 행동이 바뀌지 않으면 그 효율성이 낮아진다는 것을 GWP를 추구하는 기업들은 잘 알고 있다. 조직 내 사람들의 가치와 생각, 그리고 행동의 집합체가 바로 조직 문화다. 문화의 선진화 없이는 조직이 성과를 내면 낼수록 구성원 간의 갈등의 골은 깊어지게 된다. 그래서 '포춘 100대 기업'의 성공 이야기는 조직 문화가 성과에 미치는 영향을 측정하는 새로운 기준이 되고 있다. 신뢰가 바탕이 되는 조직 문화를 구현하기 위하여 한국에서도

GREAT WORK PLACE

  1993년에 처음으로 '훌륭한 일터' 즉 GWP^{Great Work Place}의 개념을 도입하였다.

  그 후 20여 년이 지나도록 신뢰의 조직 문화를 주창해 온 필자가 이 책을 집필하게 된 것은 먼저 '일터^{workplace}'의 의미와 조직 성과의 핵^{DNA}인 GWP의 참 의미를 성찰하기 위함이다. 이를 바탕으로 GWP의 핵심 요소인 신뢰가 조직 성과에 미치는 직접적인 영향을 살펴보았다. 또한 신뢰를 구축하는 데 가장 중요한 요소인 기프트워크^{giftwork}의 의미를 성찰해 보았다. 마지막으로 기프트워크를 통해 조직 내 신뢰의 GWP를 구현하기 위해 노력하는 20여 개 기업의 작은 활동 사례를 소개함으로써 대한민국 기업의 GWP 조직 문화에 희망의 지평선을 열고자 한다.

  이 책을 사랑하는 나의 두 딸과 마음으로 존경하는 남편에게 바치고 싶다. 그들은 내게 늘 이기적이고 자기중심적인 사람들을 경계할 수 있는 지혜의 눈을 가지게 해 주었으며 신뢰는 한쪽이 일방적으로 믿는다 하여 생기는 것이 아니라는 것을 생활 속에서 깨닫게 해 주었다. 그들의 격려는 내 삶의 가장 큰 자산임을 다시 한번 느끼게 된다.

저자 조미옥

Contents

프롤로그 _004

지속 성장 기업의 문화 DNA 'GWP'
Chapter 1

- 01   일터 _12
- 02   GWP의 역사 _15
- 03   신뢰의 기업 문화에 주목한 '포춘 100대 기업' _20
- 04   GWP 조직 문화 _25
- 05   GWP의 5대 핵심 가치 _29
- 06   조직 문화와 시스템 _92
- 07   조직 문화와 성과 _97

GWP의 핵심 DNA '신뢰'
Chapter 2

- 01   신뢰 _110
- 02   신뢰와 GWP 조직 문화 _116
- 03   신뢰와 기프트워크 _125

신뢰의 DNA '기프트워크'

Chapter 3

- 01 자발적 몰입과 헌신이 고성과 창출 _134
- 02 2020 초일류 기업의 인재 확보전 _141
- 03 미래 경쟁력은 인재와 팀워크 _145

신뢰의 GWP를 만들어가는 기업

Chapter 4

- 골드만삭스 _154
- 넷앱 _159
- 쌔스인스티튜트 _168
- 동부생명 _175
- 로이포스 _186
- 롯데백화점 _197
- 롯데월드어드벤처 _209
- 부산은행 _220
- 신한금융투자 _231
- 신한생명보험 _241
- 신한은행 _252
- 신한카드 _262
- LS엠트론 _274
- 코웨이 _284
- 콘티넨탈 오토모티브 시스템 _294
- 한국남부발전 _306
- 한국애브비 _317
- 한국중부발전 _327
- 한화케미칼 _338
- 현대해상화재보험 _349

Chapter 1

지속성장기업의 문화 DNA
'GWP'

01
GREAT WORK PLACE

일터

경영학에서 '일터Workplace'라는 말이 쓰이기 시작한 것은 1990년대 중반부터이다. 그 이전까지는 기업의 경영을 말할 때 주로 '조직Organization'이라는 단어를 사용하였다. '조직'은 집단적 사고를 연상시킨다. 실제로 '조직'이 강조되는 기업 경영의 환경에서는 변화를 추구할 때 조직이 먼저 기준과 방침을 정하고 구성원들이 그것을 따르도록 관리한다.

 기업은 산업혁명을 거치면서 표준화된 대량 생산과 판매가 시장 경제를 점유하는 고도의 산업 성장기를 경험하였다. 산업 성장기의 기업 문화는 개인의 가치보다는 조직의 가치가 우선되는 집단적 사고가 중심이 되었다. 따라서 기업은 조직의 비전을 더 강조하는 가운데 개인과 조직의 비전을 연계시키려 노력하였다. 그러나 개인의 일방적인 희생을 강요하는 집단적 사고는 개인과 조직의 갈등을 심화시키는 결과를 낳았으며, 개인과 조직의 비전을 연계시켜 성장하려는 조직의 노력은 지식·정보 사회의 변화 속에서 한계를 드러내고 있다.

테크놀로지의 혁명은 개인과 조직은 물론 사회 전체에 거대한 변화의 물결을 몰고 왔다. 특히 인터넷 혁명은 전 세계 사람들을 거미줄과 같은 네트워크로 엮어 언제, 어디서, 어떤 정보든 쉽게 공유할 수 있도록 만들었다. 테크놀로지의 발달과 함께 세계는 거미줄 네트워크를 통해 무제한의 방대한 정보를 접할 수 있는 지식·정보 시대로 진입하였다. 지식·정보 시대에는 더 많은 정보와 고급 정보를 가공하여 부가가치를 창출해내는 작지만 강한 조직들이 봇물 터지듯 쏟아져 나왔다. 이러한 테크놀로지의 혁명은 시장 경제의 빠르고 무작위한 변화를 유도하였다. 기업들은 이러한 변화의 물결에서 선두적 위치를 확보하기 위하여, 정보 가공 능력과 이를 잘 활용한 기술 혁명과 창조적 가치를 만들어내는 지식 노동형 인재를 필요로 하게 되었다. 또한 조직 안팎의 지식과 정보를 빠르게 교류하기 위하여 과거 계층 중심의 조직 구조를 네트워크형 조직 구조로 바꾸는 노력을 해왔다.

이 과정에서 글로벌 경영 추세는 '개인은 개인', '조직은 조직'이라는 이분법 구조나 조직이 개인의 희생을 강요하면서 생기는 갈등을 극복하기 위한 새로운 경영 패러다임을 고민하게 되었다. 더불어 개인과 조직이 서로 상생할 수 있는 새로운 기업 문화에 관심을 갖게 되었다. '조직Organization'이라는 개념보다는 '일터Workplace'라는 단어가 경영 관리의 핵심 단어로 떠오른 것은 이러한 관점에서 비롯되었다.

 기업은 성과 창출을 목표로 삼고, 개인은 삶의 행복을 추구한다. 조직이 성과를 창출하려면 조직에 몸담고 있는 구성원이 열심히 일해야 한다. 구성원은 일터에서 열심히 일함으로써 자기 삶을 꾸려 갈 수 있는 대가를 받는다. 그래서 성과 창출과 개인의 삶을 영위하는 도구인 일터를 어떻게 가꾸느냐에 따라 기업의 성과 수준과 개인의 행복 수준이 결정된다. '훌륭한 일터' 즉 GWP는 조직의 성과 창출과 개인의 삶의 수준을 향상시키는 일터를 만드는 것이 목표이다. 'GWP'는 Great Work Place의 약자이며, '일하기 좋은 기업', '훌륭한 일터'의 개념으로 쓰인다. 미국과 유럽에서는 GPTW, Great Place to Work로 표현한다.

02
GREAT WORK PLACE

GWP의 역사

GWP의 창시자 로버트 레버링$^{Robert\ Levering}$은 노동 문제 전문 기자였다. 레버링이 GWP를 찾기 시작한 것은 1980년대로 거슬러 올라간다. 1981년에 레버링은 〈뉴욕타임스〉의 편집기자로부터 〈미국에서 일하기 좋은 100대 기업〉이라는 책을 쓰자는 제안를 받았다. 이때까지 레버링은 수년 동안 공공기관이나 사기업을 막론하고 '최악의 일터'에 관한 기사만을 주로 썼고, 기업의 노사 분규, 노조의 탄생, 그리고 고용주 고소·고발 사건 등이 주된 내용이었다. 이렇듯 그가 가지고 있는 자료들은 '일하기 나쁜 일터'에 관한 것이 대부분이었기 때문에 편집기자에게 "'미국의 일하기 나쁜 100대 기업'이라는 책을 쓰겠다."고 하였다. 그러자 〈뉴욕타임스〉에서는 "우리는 그런 회사들이 소송을 걸었을 때 감당할 수 있는 돈이 충분치 않다."고 대답하였다.

결국 그는 동료인 밀튼 모스코비츠Milton Moskowitz와 함께 〈일하기 좋은 100대 기업〉을 쓰기 위하여 400여 개 기업을 추천 받아 방문하면서, 자신들이 개발한 훌륭한 일터의 개념적 툴과 방법을 이용하여 각 기업에 대한 점수를 매기기 시작하였다. 2년에 걸쳐 30여 개 주를 돌아다니면서 150여 개 기업을 방문하였고, 3천 명이 넘는 임직원을 인터뷰하는 방식으로 자료를 수집하였다.

이 과정에서 레버링은 놀라운 점을 발견하였다. 이미 많은 기업에서 직원을 위한 복리후생과 마일리지 혜택 등을 적용하고 있었던 것이다. 가격 표시 대신 칼로리가 표기된 식당 메뉴는 물론이고, 무료로 점심을 제공하는 기업도 많았다. 그런가 하면 종업원 지주제를 시행하고 있는 한 소매 유통회사에서는 백만장자가 되어 은퇴하는 직원도 있었다. 어떤 기업은 훌륭한 복지관을 직원에게 제공하고 있었으며, 회사 내에 수영장이나 멋진 산책로와 연못을 갖추어 직원들에게 안락한 휴식 공간을 제공하기도 하였다. 직원들에게 "일하기 좋은 훌륭한 조건이 무엇이냐?"고 물었을 때, 최고의 연봉, 출산복리 혜택, 승진 기회, 자기계발 등 많은 답변이 나왔다. 덧붙여 상하갈등, 불신, 사기 저하 등 표면적으로 확실히 드러나 있지 않은 불만을 표현하기도 하였다. 레버링은 여기에서 '훌륭한 일터'와 '구성원들의 불만과 무관심이 팽배한 일터'와의 차이를 감지할 수 있었다.

이렇게 수집된 자료를 토대로 훌륭한 일터의 조건을 갖춘 기업과 그렇지 않은 기업을 분류하기 시작하였다. 처음에는 '훌륭한 일터'의 기준을 기업의 규모, 매출 성장, 급여, 복리후생, 또는 스톡옵션 등 외형적인 조건을 기준으로 분류했는데, 그 과정에서 혼란에 빠졌다. 실제로 조직의 임직원 모두가 훌륭한 기업이라고 말하는 기업들 중에는 급여나 복리후생이 동종 업계의 중간 정도에 머무는 기업들도 있었던 것이다. 또한 기업의 규모가 그리 크지 않은 중소기업들도 있었으며, 시장 상황이 좋지 않아 구조조정을 거친 기업들도 있었다. 상대적으로 직원들의 불만이 고조되어 있고, 기회만 생기면 이직하겠다고 말하는 사람이 많은 기업들 중에는 보수가 높고 스톡옵션도 있으며, 훌륭한 복리후생과 매출 성장이 높은 기업도 있었다.

두 사람은 외형적인 성장 또는 제도를 기준으로 분류하던 방법에서 모순을 발견하고 작업을 중단하였다. 그리고 2년 동안 진행한 '훌륭한 일터' 분류 작업이 실패하였음을 인정하고 데이터 분석을 다시 시작하였다. 그들은 임직원 스스로가 '훌륭한 일터 문화를 가진 조직'이라고 말하는 기업들을 다시 방문하였고, 그 기업들 사이에 놀라운 공통점을 발견하였다. 이들 기업에서 레버링은 눈에는 보이지 않지만 영혼이 살아 있다는 느낌을 받았다. 처음 기업에 들어서자마자 안내 데스크 직원의 인사말에서 활기차고 긍정적인 에너지가 느껴졌고, 복도를 지나면서 만나는 직원들의 태도나 행동에서도 비슷한 인상을 받았다. 그래서 이런 기업들이 어떤 공통점을 가지고 있는지 분석하기 시작하였고, 2년에 걸쳐 자료를 분석하여 다시 '최고 중의 최고의 일터를 가진 기업 30여 곳'을 최종 방문하였다.

'훌륭한 일터'를 자랑하는 기업들에서는 직원과 관리자 사이에 진정한 '신뢰Trust'가 바탕이 되어 서로 믿고 의지하면서 업무를 수행하고 있는 것을 발견하였다. 그중 1,000여 명과 인터뷰를 실시한 결과, 임직원 사이에는 두터운 신뢰가 깔려 있었다. 반대로 '최악의 일터'에서는 높은 급여와 탁월한 복리후생 제도 등의 조건을 갖추고 있는데도 구성원 사이에 신뢰가 바탕이 되지 못하고 있는 점을 발견하였다. 또한 '훌륭한 일터'의 구성원들은 자기가 하는 일에 높은 자부심Pride을 가지고 있었으며, 조직에서 함께 일하는 재미Fun와 끈끈한 동료애Camaraderie를 느끼고 있었다. 이 부분에서 유추하여 '훌륭한 일터'로 꼽히는 기업들은 외형적인 성장이나 규모와는 상관없이 임직원 간의 높은 관계의 질에 일관성이 있다는 공통분모를 찾았다.

이렇게 분석하고 통계 낸 자료를 토대로 두 사람은 〈미국에서 일하기 좋은 100대 기업100 Best Companies to Work, 1984〉을 출간하기에 이르렀고 출간하자마자 뉴욕타임스의 베스트셀러가 되었다. 당시 미국의 경제는 품질 혁신을 이뤄낸 일본 기업의 생산성에 밀려 경쟁력을 상실해 가고 있었는데, 이 책에서는 미국의 경쟁력 있는 기업들이 '사람 중심의 경영', '인간 존중의 철학'을 바탕으로 탄탄한 초일류 기업으로 성장하고 있음을 잘 보여주고 있었던 것이다. 이것은 프로세스나 시스템 혁신에만 치중하던 미국 산업계가 '조직의 사람'에게로 눈길을 돌리는 계기를 마련해 주었다.

 이후로도 두 사람은 다시 10년에 걸쳐 현장 연구를 진행하여 1993년과 같은 제목으로 책을 출간하였다. 이때 출간된 책이 산업계에서 다시 주목을 받았는데, 10년 전에 '일하기 좋은 기업'으로 이름을 올렸던 100대 기업 중 3분의 1 정도가 탈락하고, 그 자리에는 새로운 기업들이 등장했기 때문이다. 또 하나 주목할 만한 사항은 10년이 지나도 일하기 좋은 기업으로 여전히 자리를 굳히고 있는 기업 중 3분의 1 이상이 경제 상황의 악화로 구조조정을 하고 임금을 동결하거나 삭감하는 과정을 거쳤지만, 구성원들은 신뢰를 저버리지 않았고 여전히 자신들의 기업이 훌륭하다고 생각한다는 점이다.

 지금까지의 품질 혁신이나 생산성 향상에 관련된 경영 이론은 관리자의 시각에서 구성원들의 업무 목표 관리에 집중해 왔다. 그러나 레버링과 모스코비츠는 '기업의 시스템이나 제도는 결국 사람에 의해 운영되기 때문에 신뢰 관계가 바탕이 되지 않는다면 어떤 경영이든 효과가 제한적일 수밖에 없다'는 점을 강조하였다. 과학적 관리 이론이나 동기 부여 이론, 목표 관리 이론 등도 기본적으로 구성원들 사이에 두터운 신뢰가 전제되어야만 효과를 극대화할 수 있다는 것이다.

03
GREAT WORK PLACE
신뢰의 기업 문화에 주목한 '포춘 100대 기업'

기업은 고성과 창출과 초고속 성장, 그리고 영속적인 번영을 꿈꾸며 수없이 많은 경영 이론을 토대로 끊임없이 경영 혁신을 추구해왔다. 기업의 경영 혁신은 언제나 품질 혁신에서 출발한다. 소위 '좋은 상품'이 없는 상황에서는 마케팅 전략이 아무리 탁월하다고 해도 지속적인 이윤을 창출하지 못한다. 특히 1970년대 중반 이후부터는 최고의 제품을 단기간 내에 생산해내는 생산 중심의 혁신이 꽃을 피웠다. 기업들은 다양한 방법의 품질 혁신과 업무 프로세스 혁신 등의 과정을 거치면서 좋은 제품을 저렴한 가격에 내놓기 시작하었다. 이렇게 품질 혁신 경쟁이 이루어지면서 소비자의 눈높이도 높아졌다. 좋은 제품을 싸게 살 수 있는 환경이 마련되면서, 기업들은 해를 거듭할수록 치열해지는 시장 경쟁에서 살아남기 위하여 고객의 마음을 사로잡을 수 있는 또 다른 혁신이 필요하였다. 1980년대 중반을 거치면서 기업들은 최고의 제품 생산과 더불어 최고의 서비스 혁신으로 차별화를 시도하기 시작하였다. '묻지 마 서비스'에서부터 '고객이 졸도할 때까지 감동으로' 등의 슬로건을 내세워 서비스 차별화에 주력한 결과 고객만족의 수준을 상당한 단계로 높여 놓았다.

  기업들은 1990년대 중반부터 대두되기 시작한 테크놀로지와 인터넷 혁명으로 인해 '지식·정보의 공개 시대'를 맞이하면서 또 한 번의 혁신 모토로 전환해야 하는 국면을 맞았다. 인터넷의 혁명은 인간의 생활과 삶의 방식을 아날로그에서 디지털로 바꾸는 시대를 열었다. 뿐만 아니라 기존의 기업 운영 시스템과 제도를 뒤흔들어 놓았다. 종이 서류 결재 시스템이 사라지기 시작했으며 대면 회의가 줄어들었다. 전 세계의 어느 곳 누구와도 직접 이동하지 않고도 간단히 접촉할 수 있는 시대를 맞이하면서 더 이상 정보는 소수의 전유물이 될 수 없었다. 뿐만 아니라 시시각각 새로운 지식과 정보가 기하급수적으로 늘어나면서, 정보 수집과 가공 능력을 바탕으로 고부가가치를 창출하는 지식노동자 시대를 예고하였다. 또한 구성원들의 자율성과 창의성이 그 어느 때보다도 요구되는 시점을 맞이하였다.

인터넷과 더불어 테크놀로지의 혁명은 구성원들의 재택 근무나 유연근무제를 가능하게 만들었다. 근무 형태의 변화로 인해 관리자들에게는 눈에 보이는 관리 영역보다 보이지 않는 관리 영역이 훨씬 넓어졌다. 테크놀로지의 혁명은 정치, 사회, 경제 등 모든 분야의 변화 속도를 가속화시켰다. 뿐만 아니라 변화의 방향이나 범위, 종류 등을 예측하기 어렵게 만들었다. 이런 변화 속도와 범위는 기업에 큰 영향을 미쳤다. 기존의 체계적이고 위계적인 업무 수행 방식으로는 변화의 속도를 따라갈 수 없게 되었으며, 기업들은 현장에서 올라오는 변화의 소리에 빠르게 대처하지 않으면 도태될 수밖에 없는 정보화 사회의 물결에 휩싸이게 되었다.

이런 지식·정보화 시대의 변화 물결을 세계적인 경제 전문지인 〈포춘Fortune〉은 빠르게 간파하였다. 조직의 위계 구조가 네트워크 중심의 기업 구조로 전환될 수밖에 없는 시점에서 〈포춘〉은 정보화 시대의 기업 경쟁력은 범람하는 지식과 정보의 활용 능력에 달려 있다고 보았다. 조직에서 누가 지식과 정보를 재창출하여 부가가치를 생산하는가? 누가 더 빨리 변화에 대처하면서 일을 하는가? 누가 창의적인 업무를 수행하는가? 이런 숱한 질문에 〈포춘〉은 구성원의 경쟁력이 곧 조직의 경쟁력을 좌우하는 '인재의 경쟁력'에 주목하였다. 사람이 가장 중요한 자산이며, 사람과 사람을 잇는 신뢰가 조직의 협력 수준과 정보 공유의 수준을 결정하는 가장 중요한 요소라는 것을 파악하였다.

〈포춘〉은 20여 년간 신뢰의 조직 문화를 연구해 온 레버링의 '홀륭한 일터' 개념을 분석하기 시작하였다. '훌륭한 일터'의 기업들은 경기 침체기를 겪으면서도 특별한 투자나 사업 확장 또는 신성장 사업을 추진하지 않는데도 불구하고 지속적인 성장을 보이고 있었다. 그리고 이들 기업의 공통점은 조직 내부에 '두터운 신뢰 문화'가 형성되어 있었다. 뿐만 아니라 기업 경영의 제일 철학은 언제나 '구성원을 존중하고 신뢰하는 인간 중심 경영'이었다.

〈포춘〉은 기업의 시스템과 혁신보다 더 중요한 것은 이를 운용하는 사람의 생각과 태도라고 보았다. 즉 조직 문화가 기업의 지속적인 경쟁력을 좌우한다는 것을 간파하였다. 〈포춘〉은 레버링의 GWP 개념을 바탕으로 한 '신뢰의 조직 문화' 조사를 통해 1998년 신년호에 '일하기 좋은 포춘 100대 기업FORTUNE 100 Best Companies To Work For'을 선정하여 발표하였다. 〈포춘〉지가 기업의 규모나 매출, 업종에 관계없이 조직 내 신뢰의 기업 문화 수준을 평가하는 지표를 세상에 내놓았을 때, 이는 미국 기업뿐만 아니라 글로벌 기업을 꿈꾸는 전 세계의 기업들에게 경영 혁신의 새로운 지평을 열어 주는 계기가 되었다.

"기업의 경쟁력은 일터에 있으며, 일터의 경쟁력은 급여나 복리후생 등 외적인 요인보다는 구성원 간의 신뢰 수준에 따라 좌우된다." 이것이 GWP의 핵심이다. 이를 기점으로 〈포춘〉지는 매년 '일하기 좋은 포춘 100대 기업'(이후, '포춘 100대 기업')을 신년호 커버스토리로 다루고 있다. '포춘 100대 기업'은 매출이나 기업 규모, 종업원 수 또는 급여 순위 등에 관계없이 조직 내부의 신뢰를 바탕으로 자부심과 재미가 넘치는 조직 문화를 만들어 가는 기업들이다.

오늘날 GWP는 '포춘 100대 기업'을 넘어 세계적으로 기업들의 관심을 집중시키고 있다. 영국의 권위 있는 경제지인 〈파이낸셜 타임즈 Financial Times〉에서는 〈포춘〉과 똑같은 방법으로 '영국의 일하기 좋은 50대 기업'을 선정하고 있다. 영국의 산자부 장관은 '훌륭한 일터'의 기업 기준에 영국의 모든 기업이 도달하게 함으로써 자국 기업 전체를 글로벌화시킬 수 있다고 말한다. 같은 방법으로 유럽에서는 '일하기 좋은 EU 100대 기업'을 해마다 선정하고 있다. 또한 우리나라를 비롯한 일본, 싱가포르, 중남미, 유럽, 인도, 중동 등 전 세계 46개국에서 동일한 기준으로 자국의 일하기 좋은 기업을 선정하여 발표함으로써 신뢰 경영을 바탕으로 하는 GWP 조직 문화를 확산시키고 있다.

이것은 신뢰가 기업의 성장과 지속적인 발전의 보이지 않는 자산이 되고 있다는 증거이다. 임직원 사이에 두터운 신뢰가 쌓이지 않으면 기업이 추구하는 기술 혁신, 품질 혁신 및 다양한 인사 제도의 혁신을 성공시키기 어렵다. 그런 까닭에 글로벌 초우량 기업을 꿈꾸는 기업들이 다투어 신뢰의 GWP 조직 문화 구축에 집중하고 있다.

04
GREAT WORK PLACE

GWP 조직 문화

일반적으로 '문화'라고 하면 '사람들이 살아가는 방식'을 뜻한다. 사람들이 살아가는 방식은 그들의 일상에 나타나는 생각과 행동의 집합체이다. 같은 사회 집단에서 함께 살아가는 사람들은 공통의 행동 양식과 관습, 전통, 언어, 가치관과 신념을 가지고 있다. 그런데 개인의 생각과 행동의 집합체에 의해 형성된 공통의 가치관과 신념, 관습 등은 반대로 개인의 생각과 행동을 제한한다. 또한 새로운 사회 구성원은 그 사회가 가지고 있는 문화적 특성에 의해 길들여진다.

마찬가지로 '조직 문화'는 '사람들이 조직에서 생활하는 방식'이다. 조직에서 함께 생활하는 구성원들의 생각과 행동의 집합체로 형성된 조직 공통의 가치와 신념, 행동 양식은 개인의 생각과 행동에 큰 영향을 미친다. 뿐만 아니라 새로 조직에 합류하는 구성원들은 기존 구성원의 사고와 행동, 가치에 의해 길들여진다.

'일터'는 삶의 배경이 다른 다양한 사람들이 공동의 목표를 달성하기 위해 모이는 곳이다. 조직이 성장하면 할수록 구성원들의 기대 수준과 공동의 목표 수준은 더 높아진다. 기업 고유의 조직 문화는 구성원들의 생각과 태도, 가치관에 절대적인 영향을 미치는 매우 중요한 사항이다. 따라서 구성원들의 문화적 수준은 조직의 목표와 비전의 초과 달성 여부를 결정하는 중요한 요소이다.

변화 주기가 매우 빠른 요즘, 기업은 구성원들에게 창의적이고 자율적이며 도전적이고 열정적인 행동을 기대하게 된다. 구성원들의 사고와 행동을 바꾸려면 단순히 마인드 교육을 시키는 수준에서 벗어나 그들의 업무 수행과 생활 방식인 조직 문화를 바꿀 수밖에 없다. 조직 문화는 일터에서 느껴지는 풍토 또는 정서를 대변한다. "조직 문화는 기업의 성패를 좌우하는 일부분이 아니라, 기업의 성패 그 자체이다."라고 말한 IBM의 루 거스너 회장, 또 "기업 문화가 바뀌지 않으면 기업의 지속적인 성장은 불가능하다."고 강조한 GE의 제프리 이멜트 회장은 조직 문화가 기업의 성과에 얼마나 큰 영향을 미치는지를 깊게 인식하고 있다.

훌륭한 조직 문화가 지속적인 기업 성장에 중요한 원동력이 된다는 것은 명백하다. 그렇다면 구성원들의 자발적인 몰입과 헌신을 이끌어내는 조직 문화는 어떤 것일까? 바로 신뢰를 바탕으로 한 'GWP 조직 문화'이다. GWP는 빠르고 예측이 불가능한 지식·정보 시대의 변화 속에서 위계적인 경영 패러다임의 한계를 벗어나 구성원들이 보다 자율적이고 창의적으로 일할 수 있는 일터 환경을 만들어 가는 새로운 경영 패러다임이다.

GWP, 즉 '일하기 좋은 일터'란 '구성원들이 상사와 경영진을 신뢰하고, 자신의 일과 조직에 자부심을 갖고 있으며, 동료와 함께 일하는 재미가 넘치는 일터'를 뜻한다. GWP의 핵심 요소인 신뢰, 자부심, 재미 중에서 가장 중요한 요소는 '신뢰'이다. 신뢰가 낮은 일터에서는 업무와 조직에 높은 자부심을 가질 수 없으며 동료들과 함께 일하는 재미를 느낄 수 없다. 신뢰는 GWP를 만들어 가는 근간이며 유전자DNA라고 할 수 있다. 그래서 훌륭한 일터를 만들기 위한 노력을 '신뢰 경영'이라고 한다.

일터에서 구성원을 기준으로 했을 때 발생하는 필수 관계는 목표를 지시하고 관리하는 리더, 목표 달성을 위해 수행하는 업무, 그리고 함께 일을 하는 동료와의 관계가 있다. 훌륭한 일터는 이러한 '관계의 질Quality of Relationship'이 매우 높다. 신뢰는 개인과 리더의 관계에서 나타나며, 자부심은 구성원과 업무와의 관계에서 형성된다. 그리고 함께 일하는 재미는 구성원들 간의 관계에서 나타난다. 일터에서 관계의 질이 높을 때, 개인의 업무 효율이 높아질 뿐만 아니라 서로의 협력 수준이 높아져 부서 단위의 업무 효율 또한 높아진다.

기업의 GWP 수준은 우선 신뢰경영지수Trust Index 조사를 통해 평가한다. 그리고 신뢰 수준의 근거를 제공하는 구성원들의 코멘트와 기업이 실행하고 있는 GWP 활동, 정책 그리고 리더가 현장에서 보여주는 리더십 행동 등을 평가한다.

이 평가는 정성적 문화평가지수Culture Audit라는 도구를 사용하는데 훌륭한 일터에서는 단편적이며 보이기 위한 GWP 활동이 아니라 기업의 영혼이 숨 쉬는 독특하고도 우수한 GWP 활동Best GWP Practice을 많이 접할 수 있다. 문화평가지수는 이런 우수한 활동 사례를 발굴하는 데 활용되고 있다.

훌륭한 일터(GWP)의 모델

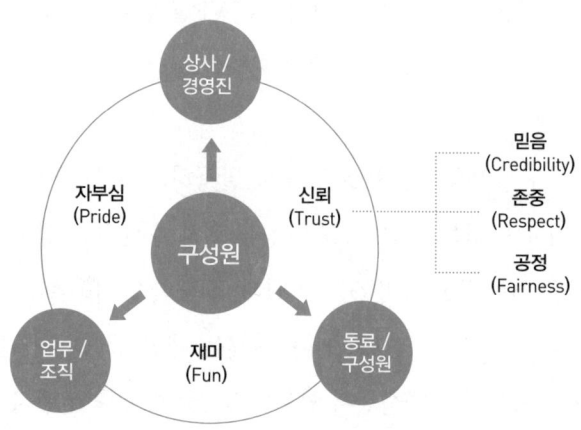

*자료제공 : Great Place to Work Institue®

05
GREAT WORK PLACE

GWP의
5대 핵심 가치

핵심 가치 1
믿음(Credibility)

신뢰 관계를 높이는 첫 번째 요소는 '믿음'이다. 일터에서 믿음의 수준은 리더와 구성원의 관계 속에서 나타나는 구체적인 행위의 반복적이고 연속적인 선상에서 결정된다. GWP에서 믿음은 구성원이 경영진과 상사의 리더십 행위를 바라보는 제3자적 시각이다. 즉, 조직과 리더의 커뮤니케이션 역량, 사업 추진 및 비전 추구 능력, 그리고 그들의 일관된 성실성 및 정도를 추구하는 윤리 경영의 수준을 반영한다. 이 중에서 커뮤니케이션 역량은 조직 내 신뢰 관계에 결정적인 영향을 미친다.

리더와 구성원이 대화를 나누는 양방향 커뮤니케이션

GWP 커뮤니케이션의 핵심은 직급이나 직위에 관계없이 가능한 한 모든 구성원들과 조직의 변화 사항을 공유하는 것이다. 직원들은 미디어나 외부를 통해서 회사의 소식을 듣고 싶어하지 않는다. 기업의 생존에 절대적인 영향을 미치는 기밀이 아니라면, 많은 정보를 공유할수록 구성원들의 적극적인 협력을 얻을 수 있고 헛소문이나 정치적 행위를 차단할 수 있다. 직원들이 조직에 반감을 가진 질문을 하더라도 진솔한 답변을 해야 한다. 그들이 알고 싶어하는 사항은 대부분 합리적이며 조직의 발전을 염려하는 것들이다.

직원의 질문이나 제안을 경청하는 것만으로도, 일터의 문제점은 70% 이상 해결된다. 그러나 대부분 리더들은 회의석상에서 80% 이상의 시간을 자기 의견을 이야기하거나 지시하는 데 활용한다. 양방향 커뮤니케이션의 핵심은 구성원들이 리더와 어떠한 대화든 나눌 수 있다는 마음이 생기도록 하는 것인데, 이런 리더는 구성원들이 마음의 벽을 쌓게 만든다.

리더의 '경청'은 리더의 커뮤니케이션 역량의 결정체라고 할 수 있다. 경청은 리더가 겸허한 자세, 열린 생각, 수용과 인정의 태도를 가질 때에만 가능하다. 조직 내에 아무리 많은 커뮤니케이션 채널과 다양한 소통 방법이 있다고 할지라도, 진심으로 들으려는 마음이 없다면 진정한 소통의 효과를 얻을 수 없다. 회사에서는 조직의 비전

05
GREAT WORK PLACE

GWP의 5대 핵심 가치

핵심 가치 1
믿음(Credibility)

신뢰 관계를 높이는 첫 번째 요소는 '믿음'이다. 일터에서 믿음의 수준은 리더와 구성원의 관계 속에서 나타나는 구체적인 행위의 반복적이고 연속적인 선상에서 결정된다. GWP에서 믿음은 구성원이 경영진과 상사의 리더십 행위를 바라보는 제3자적 시각이다. 즉, 조직과 리더의 커뮤니케이션 역량, 사업 추진 및 비전 추구 능력, 그리고 그들의 일관된 성실성 및 정도를 추구하는 윤리 경영의 수준을 반영한다. 이 중에서 커뮤니케이션 역량은 조직 내 신뢰 관계에 결정적인 영향을 미친다.

리더와 구성원이 대화를 나누는 양방향 커뮤니케이션

GWP 커뮤니케이션의 핵심은 직급이나 직위에 관계없이 가능한 한 모든 구성원들과 조직의 변화 사항을 공유하는 것이다. 직원들은 미디어나 외부를 통해서 회사의 소식을 듣고 싶어하지 않는다. 기업의 생존에 절대적인 영향을 미치는 기밀이 아니라면, 많은 정보를 공유할수록 구성원들의 적극적인 협력을 얻을 수 있고 헛소문이나 정치적 행위를 차단할 수 있다. 직원들이 조직에 반감을 가진 질문을 하더라도 진솔한 답변을 해야 한다. 그들이 알고 싶어하는 사항은 대부분 합리적이며 조직의 발전을 염려하는 것들이다.

직원의 질문이나 제안을 경청하는 것만으로도, 일터의 문제점은 70% 이상 해결된다. 그러나 대부분 리더들은 회의석상에서 80% 이상의 시간을 자기 의견을 이야기하거나 지시하는 데 활용한다. 양방향 커뮤니케이션의 핵심은 구성원들이 리더와 어떠한 대화든 나눌 수 있다는 마음이 생기도록 하는 것인데, 이런 리더는 구성원들이 마음의 벽을 쌓게 만든다.

리더의 '경청'은 리더의 커뮤니케이션 역량의 결정체라고 할 수 있다. 경청은 리더가 겸허한 자세, 열린 생각, 수용과 인정의 태도를 가질 때에만 가능하다. 조직 내에 아무리 많은 커뮤니케이션 채널과 다양한 소통 방법이 있다고 할지라도, 진심으로 들으려는 마음이 없다면 진정한 소통의 효과를 얻을 수 없다. 회사에서는 조직의 비전이나 방침을 다 전달했다고 말하지만, 구성원들은 아무것도 듣지 못했다고 말하는 소통의 간극을 줄일 수 없다.

커뮤니케이션의 수준은 조직 내 정보 공유의 범위와 수준에 영향을 미친다. 정보 공유의 정도는 구성원들의 협력 수준을 결정한다. 구성원들은 더 많이 공유하고 더 많이 알수록 조직의 방침이나 변화에 기꺼이 협조하려는 성향을 보이고, 궁극적으로는 조직의 성과에 영향을 미친다.

기업에서는 원활한 내부 소통을 위하여 다양한 커뮤니케이션 채널을 활용하고 있다. 인트라넷, 이메일, 간담회 또는 사내보를 통해서 조직의 비전이나 변화 사항, 사내 소식 등을 알린다. 그런데도 구성원들은 조직 내 커뮤니케이션이 차단되어 있다고 말한다. 목표 달성을 위한 회사의 방침과 정책 등은 폭포수처럼 쏟아지는데, 정작 그것을 왜 해야 하는지 알 수가 없다고 한다. 그래서 지금의 일도 버겁다고 불평한다. 일을 제대로 하기 위해 필요한 자원이나 장비 등을 요구하면 묵묵부답이다. 양방향 커뮤니케이션이 이루어지지 않은 것이다.

양방향 커뮤니케이션이 잘되려면 리더와 구성원의 심리적 거리감을 줄여야 한다. 직원들에게 리더는 언제든 찾아가서 고충을 말하고 의논할 수 있는 지원자로 느껴져야 한다. 직급 차이에서 오는 심리적 거리감은 리더가 먼저 풀어 주지 않으면 벽을 허물기 어렵다.

'포춘 100대 기업' 중 하나인 퀵큰론즈Quicken Loans의 최고경영자는 직원들과 심리적 거리감을 없애기 위해 대화 창을 활용한다. 그는 사내 인트라넷에 설치된 최고경영자와의 대화 창을 통해서 회사 관련 다양한 소식을 알린다. 이 대화 창은 뮤지컬이나 스포츠 티켓을 나누어 주는 이벤트를 하는 용도로도 자주 사용된다. '목요 티켓 창'은 직원들이 최고경영자에게 직통 전화를 걸어 콘서트나 스포츠 티켓을 나누어 주는 이벤트이다. 복권 추첨을 하듯이 사번이 당첨되면, 최고경영자와 간단한 전화 인터뷰를 거쳐 티켓을 받는다. 이렇듯 빈번한 이벤트를 통해 구성원들의 가까이에 있고 언제든 대화할 수 있는 리더의 이미지를 심어 준다.

종업원이 2만 5천여 명이 넘는 텍사스인스트루먼트Texas Instrument를 방문했을 때, 엘리베이터에서 입사 3년 차의 여성 엔지니어를 만났다. 그녀에게 최고경영자가 어떤 사람이냐고 물었더니 "매우 겸손하고 언제 어디서나 만날 수 있는 편안한 사람이다."라고 대답하였다. 최고경영자를 만난 적이 있느냐고 물었더니, "한번도 만난 적이 없다."고 하였다. 그런데 어떻게 한번도 직접 만난 적이 없는 최고경영자가 겸손하고 언제든 가까이 다가갈 수 있는 리더로 비쳐질까?

이 회사는 두 달에 한 번씩 최고경영자와 함께하는 라운드테이블 미팅을 진행한다. 라운드테이블 미팅을 주관하는 부서는 간담회에 참석할 사람을 직급에 관계없이 무작위로 선출한다. 참석 인원도 40~50명으로 한정한다. 이 미팅에서는 최고경영자가 지켜야 할 원칙과 직원들이 누리는 특혜가 있다. 최고경영자는 직원들의 사적인 질문, 업무나 회사 재정 또는 정책 관련 등 그 어떤 질문에도 정직하고 성실하게 대답할 의무가 있다. 반면 참석자들에게는 어떤 안건을 제의하고 질문을 하든 인사상 불이익을 당하지 않는다는 면책 특권이 주어진다.

　이렇게 진행되는 최고경영자와의 미팅은 개인적인 질문에서 시작하여 회사의 정책이나 향후 비전, 대내외적 환경 변화 등 다양한 질문과 대답이 오간다. 한번은 참석자 한 명이 최고경영자의 연봉과 성과급의 액수를 물었다. 최고경영자는 웃으면서 "나의 연봉을 말해 주고 싶지만, 회사 규정상 연봉을 다른 사람한테 이야기하면 해고되기 때문에 말해 줄 수 없다. 그리고 나는 이 회사에 더 머물고 싶기 때문에 해고되고 싶지 않다."는 재치 있는 말로 답변하였다.

　이 일화는 회사가 정한 규정이나 방침을 최고경영자도 예외 없이 지키고 있다는 점을 구성원들에게 확실히 심어줌으로써 조직에 대한 구성원들의 신뢰를 더욱 두텁게 만들었다. 이렇게 진행된 미팅의 결과는 24시간 이내에 미국 전역의 지사와 공유되고, 직접 참석하지 않은 직원들과 간접적 만남의 효과를 가져다준다.

　국내의 많은 기업에서도 커뮤니케이션 활성화를 위해 최고경영자와의 간담회, 도시락 미팅, 현장 방문 등을 시행하고 있다. 그러나 구성원들은 형식적이고 일방적인 간담회는 불편해한다. 간담회를 주관하는 부서는 만일 하면 안 되는 엉뚱한 질문이 나와 자신들에게 불똥이 튀지 않을까 노심초사한다. 또 질문이 나오지 않을까봐 미리 질문 사항을 제출 받아 사회자가 풀어나가거나, 질문자를 미리 정하거나 또는 질문 내용을 사전 검토하여 선별한 내용만으로 간담회를 진행하기도 한다. 간담회 중에 하면 안 되는 질문을 해서 최고경영자나 임원의 심기를 불편하게 하면 당장에 "쟤, 누구야?", "다시는 내 앞에 안 보이게 해." 등의 질책으로 의사소통을 차단하는 경우도 있다. 간담회가 임원 중심으로 형식적이거나, 난감한 상황에는 답변을 얼버무린다거나, 리더의 스케줄에 따라 날짜가 바뀌거나 취소된다면 차라리 간담회를 마련하지 않는 편이 낫다.

직원들의 의견을 경청하겠다는 의도로 많은 기업이 무기명으로 불만 사항이나 제안을 올릴 수 있는 고충 처리 채널을 마련하고 있다. 그러나 무기명 고충 처리 채널은 의외로 활성화되지 않는다. 구성원들은 그런 채널을 통해 자신들의 불만이나 행동이 감시당하고 있다는 것을 알고 있기 때문이다. 끝내는 추적이 가능하다는 것을 알고 있으며, 불만을 토로하거나 이의 제기로 인해 인사상 불이익을 당한 직원이 있었기 때문에 믿지 않는다. 리더와 직원 사이에 믿음 수준이 낮기 때문에 아무리 말해 보라고 해도 직원들은 마음의 벽을 쉽게 허물지 않는다. 직원들은 학습된 마음의 벽을 가지고 있고, 리더에게 듣기 좋은 말만 하도록 학습이 되어 있다.

진정으로 구성원들의 신뢰를 얻으려면, 그들의 제안이나 질문에 대한 명확한 피드백이 있어야 한다. 그리고 그들의 제안을 단순히 포상으로만 끝낼 것이 아니라 업무에 적용해야 한다. 그래야 직원들은 경영진이나 상사가 자신들의 이야기에 귀 기울인다고 생각한다. 배터리 제조업체인 아트라스비엑스의 GWP 문화 비전은 '정직을 바탕으로 한 멋과 재미가 넘치는 일터 구현'이다. 이 비전을 만든 전 최고경영자는 5년 동안 매달 현장 직원들과 간담회를 가졌다.

직원들은 사적인 내용부터 회사의 비전이나 재정, 성과급 공유, 사무 환경 개선에 이르기까지 최고경영자와 격의 없는 대화를 나눈다. 한번은 간담회 참석자가 추석 선물을 좀 더 비싼 것으로 해달라고 건의하였다. 이에 최고경영자는 건의자에게 선물의 의미가 무엇인지 되물으면서 "선물이란 회사가 직원들의 노고에 고마움을 표시하는 정성이다. 그런데 선물을 받는 사람이 값을 정한다면 그건 선물이 아니라 뇌물이다. 회사는 직원들에게 뇌물을 줄 생각이 없다."고 진솔하게 답하였다. 또한 회사의 비전이나 직원들과 공유할 성과급 등을 정직하게 얘기하고, 목표가 초과 달성되었을 때는 약속을 지킨다.

그는 조직 내 커뮤니케이션 활성화 방안에 대해 이렇게 답한다. "직원들이 어떤 질문을 하든, 단순하고 명쾌하게 응답합니다. 직원들이 일을 잘할 수 있는데 도움이 되는 일이라면 즉시 처리하고 회사가 해줄 수 없는 일이라면 이유를 명쾌하게 설명합니다. 설령 그 순간이 불편하다고 할지라도 직원들은 지키지 못할 약속을 듣기보다는 솔직한 답변에 더 신뢰를 보냅니다. 이렇게 할 때, 직원들은 경영진을 믿고 따릅니다."

간담회를 거치면서 직원들의 질문 스킬도 향상된다고 간담회 주관 담당자는 말한다. 직원들은 자신이 예의를 지키며 이야기하는지, 자신의 의견이나 질문이 상식적으로 통하는 것인지, 이기적인 생각이나 감정이 섞여 있지 않은지 고민을 한다. 좋은 간담회는 리더와 구성원이 서로 대화를 성숙시켜 가는 과정이기도 하다.

Key Point

● 투명한 정보 공유

회사의 변동 사항이나 정보는 직급에 관계없이 현장까지 똑같이 전달해야 한다. 회사의 존폐가 달린 기밀이 아니라면, 경영 현황, 재무 구조뿐만 아니라 내외부 환경의 변화, 경쟁사 소식 등 많은 부분을 공유할수록 직원들은 조직에 더욱 협조적이다.

● 진솔한 피드백

어려운 질문이나 요구 사항에 우회적으로 표현하지 말고 진솔하게 답변해야 한다. 구성원들의 제안이나 질문, 불만 사항 등에 대해 조직은 성실하게 답변할 의무가 있다. 질문과 제안이 많다는 것은 조직을 사랑하고 있다는 증거다. 무관심한 사람은 의문도 갖지 않는다. 직원들은 돌아오지 않는 메아리에 지쳐 있다. 사소한 질문이라도 직원을 존중하는 마음으로 소중하게 다루어야 한다.

● 겸허한 커뮤니케이션 태도

리더는 권위적인 태도를 버려야 한다. 리더가 권위적이고 보수적일 때 커뮤니케이션은 일방적일 수밖에 없다. GWP의 리더는 커뮤니케이션 태도가 겸손하다. 얘기를 듣는 상대를 편안하게 느낄 때 여러 가지 이야기를 할 수 있다. 치열한 경쟁과 변화에 직원들이 빠르게 대처할 수 있게 하려면, 리더가 먼저 권위 의식을 버리고 유연한 태도를 보여야 한다. 리더가 목에 한껏 힘을 주고 있는 조직에서는 직원들이 자율적이고 창의적으로 일할 수 없다.

조직의 비전 공유와 구성원 업무의 연계

기업들은 각기 나름의 멋진 비전을 가지고 있다. 때로는 현란한 언어로, 때로는 간단명료한 숫자로 향후 십 년 이상을 내다보며 기업의 비전을 세운다. 그리고 직원들에게 비전을 설명하고 이해시키려고 노력한다. 새로 만든 비전을 액자 속에 넣어 부서마다 걸어 놓거나, 포스터를 만들어 곳곳에 붙인다. 이러한 노력에도 불구하고 대부분의 구성원은 비전을 언어 그 자체로만 받아들이는 경우가 있다.

구성원들은 회사의 비전이 자신에게 어떤 의미가 있는지, 비전이 달성되면 자신은 뭐가 달라지는지, 또 조직이 어디까지 성장해 있는지 알 수 없다. 그런 까닭에 구성원들이 공감하지 못하는 비전은 공허한 메아리에 불과하다. 공감하지 못하는 비전을 달성하기 위해 그들의 모든 것을 바치지는 않는다. 또한 아무리 멋진 비전도 시간이 흐르면 빛이 바랠 수 있기 때문에 꾸준히 공유돼야 한다.

조직에서 일방적으로 설명하거나 전달하는 비전이 아니라, 구성원들과 어떤 관계가 있고, 또한 비전이 달성되었을 때 그 결과를 어떻게 공유할 것인지에 대해 서로 공감이 일어나야 한다. 조직이 번영하고 성장하는 만큼 구성원들도 비례해서 번영하고 성장한다는 인식이 생길 때, 구성원들의 마음은 움직인다.

여기에, 리더는 비전 달성을 위한 전략이나 방향, 그리고 구체적인 수행 방법을 명확히 안내할 필요가 있다. 바다를 항해해야 할 배가 산으로 가고 있다고 느낀다면, 선원들은 선장을 믿고 따를 수 없다. 목적지는 분명한 것 같은데 어떻게 가야 할지를 모른다면 선뜻 따라나서지 않는다. 무엇을 해야 할지, 무엇을 하라고 하는지 제대로 이해하지 못한다면 좋은 결과를 낼 수 없다.

조직과 개인 비전의 공통분모가 클수록 구성원들은 비전을 달성하기 위하여 더욱 노력한다. 기업 비전이 달성되면, 매체를 통해 회사의 실적 등이 떠들썩하게 화제가 된다. 그러나 정작 직원들 주머니에 들어오는 것은 쥐꼬리만 하다거나 회사는 거듭 성장하지만 직원들은 에너지가 소모되는 부품처럼 느껴진다면, 그들의 가슴은 감동으로 울렁거리지 않는다. 조직이 번영하는 만큼 비례하여 구성원들도 물질적으로나 정신적으로 번영하는 삶을 누려야 한다.

꿈이 있는 조직, 그 꿈에 리더와 구성원 모두가 공감하고 기꺼이 동참하는 조직은 탁월한 재능을 가진 인재들에게 매력적일 수밖에 없다. 공유하는 비전은 어려운 환경에서도 구성원들을 집결시키는 동력이 되며 자발적인 몰입과 헌신을 이끌어낸다.

국내 굴지의 한 보험회사에서 GWP 조직 문화에 대한 컨설팅을 하면서 임원과 관리자, 직원을 상대로 비전과 핵심 가치 공유에 관련된 설문을 하였다.

- 회사가 추구하는 비전은 무엇인가?
- 최고경영자가 강조하는 가치는 무엇인가?
- 회사에서 중요시하는 문화적 가치나 규범은 무엇인가?
- 직장 생활을 하면서 개인이 소중하게 여기는 가치는 무엇인가?

이 네 가지 질문에 대해 임원, 관리자, 그리고 직원의 인식이 모두 달랐다. 그룹 차원의 비전과 회사의 경영 이념의 인식이 혼재되어 있었으며 비전이 구성원들의 가슴에 녹아 있지 않았다.

비전은 임직원들의 사고와 행동의 기준이 되는 핵심 가치를 도출하는 데 중요한 열쇠가 된다. 구성원들의 생각과 가치가 서로 다를 경우, 이기적인 잣대와 개인의 가치에 따라 행동한다. 구성원들이 공통 가치와 규범에 따라 행동하지 않는 일터의 경쟁력은 약해질 수밖에 없다. 조직이 비전을 공유하고 달성 방법을 명확히 제시할수록 구성원들의 응집력은 강해지며 시너지 효과를 낼 수 있다.

Key Point

● **명확한 기대 사항 전달**

경영진은 기대 사항을 정확히 전달해야 한다. 구성원들은 경영진의 의도를 오해하는 경우가 많기 때문에 기대 사항이 모호할수록 미래에 대해 불안을 느낀다. 보물섬을 찾아가는데 지도는 가지고 있는지, 목적지까지 가는 길이 구체적으로 그려져 있는지 점검해야 한다. 구성원들은 리더가 확실한 미래를 보여주고 길을 안내해 주기를 바란다.

● **비전 달성을 위한 명확한 청사진**

비전은 끊임없이 공유해야 한다. 공유하는 비전은 구성원들을 들뜨게 한다. 한 배를 타고 목적지에 도달하면, 그 결과를 구성원들과 공유하겠다는 확신을 심어 주고 비전 달성 방법을 구체적으로 보여주어야 한다. 뜬구름 잡는 목표나 갈 길이 잘 보이지 않는 비전은 불신을 키울 뿐이다.

권한 위임이 많은 일터

경영 이론에서 '권한 위임'은 낡은 용어라고 할 만큼 오래전부터 사용되는 말이다. 그런데도 국내 기업의 신뢰경영지수$^{Trust\ Index}$ 조사 결과, '권한 위임' 범주에 대한 구성원들의 긍정적인 답변은 30%가 채 안 된다. 특히 제조업에서는 15~20%에 머물고 있다. 이 통계는 아직도 한국 기업은 권위적이며 위계질서를 중시하는 경직된 조직이라는 점을 잘 보여주고 있다. 구성원들이 업무를 기계적으로 수행하며, 새로운 방법을 시도하거나 자율적으로 결정하여 추진하기 어렵다는 점을 시사한다. 아직도 소소한 것조차 임원까지 보고하고 결재를 받아야 하며, 부서 내에서 충분히 논의되고 결정된 사항도 위로 갈수록 바뀌는 것을 자주 경험한다.

그러나 사우스웨스트 항공사, 마즈 및 노드스트롬과 같은 '포춘 100대 기업'은 고객을 직접 상대하는 직원이나 생산 현장 직원들의 의견을 존중한다. 직원들에게 직무 수행에 필요한 적절한 권한을 위임해 줌으로써, 고객 서비스나 생산성 향상을 위해 다양한 시도를 할 수 있게 한다. 이런 기업에서는 표준화되고 획일적인 고객 서비스를 찾아보기 힘들다.

구성원들이 자율적으로 창의성를 발휘하기를 바란다면, 그들에게 실패하고 도전할 수 있는 기회를 주어야 한다. 그렇다면 왜 적절한 권한 위임과 공유가 어려울까? 리더의 책임지지 않으려는 보신주의적인 태도와 배타적인 이기심을 가장 큰 원인으로 들 수 있다. 리더 자신이 알지 못하는 것은 불안해서 맡길 수가 없으며, 자신만이 가장 잘해낸다는 우월감이 잠재하고 있어서 선뜻 맡기지 못한다. 또 리더 자신이 동참하지 못한 일은 상실감 때문에 맡기지 않는다.

H사의 GWP 포스터를 만들 때 일이다. 제조업의 특성상 권위적이고 경직된 조직이어서 파격적인 포스터를 준비해 충격 요법을 쓰기로 하였다. 포스터는 특정 소재를 패러디하였고, 주제는 소통에 관한 내용이었다. 최고경영자가 문구를 수정하면서까지 상세하게 보면서 결재하였다. 임직원들의 생각을 자극하고 조직 문화의 혁신이 시작을 알리기에 충분한 내용이었다. 문제는 최고경영자의 결재를 홍보 담당 상무가 뒤집었다는 데 있다. 아직 회사 문화에 맞지 않는다는 게 이유였지만, 그 이면에는 자신을 거치지 않았다는 불쾌감이 크게 작용하였다. 홍보 담당 상무는 자신의 파워를 보여주려 했으며, 문화 추진 담당자는 꺾일 수밖에 없었다. 설득이나 어떤 해명도 이미 귀를 막아버린 임원에게는 들리지 않았다.

조직에서 이와 비슷한 사례는 비일비재하다. 리더가 잠 못 자는 밤에는 직원들도 잠들 수 없다. 리더가 퇴근하지 않으면 직원도 갈 수 없다. 아무리 좋은 제안을 해도 리더가 받아들이지 않으면 그대로 버려진다. 직위에 따른 위력은 윗직급으로 올라갈수록 더하다. 새로운 시도를 하려고 할 때, 부서장이나 결정권자가 "하던 일이나 잘해."라는 한마디로 말을 막아버리면 시도조차 못하고 끝나 버린다. 구성원들이 바라는 자율적인 결정 권한은 큰 것이 아니다. 일상의 사소한 것에서 경험하고 느끼는 자율성과 권한 위임이다.

구성원들에게 주어지는 적절한 권한 위임은 주어진 목표를 보다 쉽고 빠르게 달성하기 위해서다. 이러한 권한이 리더에 의해 눌리거나, 박탈당하지 않아야 창의적인 업무 수행을 기대할 수 있다. GWP 기업은 실수를 질책하는 것이 아니라, 최선을 다한 구성원을 감싸고 실수를 학습의 기회로 삼을 수 있게 독려한다. 권한 위임은 리더가 기존의 '지시와 통제 중심의 관리 방법'을 바꿀 때 가능하다.

Key Point

- **권한 위임에 따른 명확한 책임**

구성원들에게 합당한 권한을 과감하게 위임해야 한다. 단, 권한에 따른 책임 소재를 분명히 하고, 만일 업무 결과가 기대 이하일 때는 처음 동의했던 책임의 원칙을 그대로 시행한다. 구성원들은 권한에는 책임도 따른다는 것을 알기 때문에 고민하고, 꾸준히 학습하지 않을 수 없다.

- **능력에 따른 권한 위임**

개인에게 적당한 권한인지 고민해야 한다. 리더가 구성원들의 역량과 수준을 제대로 파악해야만 알맞은 권한을 위임할 수 있다. 구성원들은 과분한 권한을 바라는 것이 아니라, 리더가 사사건건 간섭하는 것을 원치 않을 뿐이다. 또한 일단 위임한 권한에 대해서는 결과를 기다리는 인내심이 필요하다.

- **학습과 성찰**

구성원들을 재학습시켜야 한다. GWP에서는 구성원들이 권한을 잘 활용할 수 있도록 끊임없이 권한 위임과 책임에 대한 교육을 시킨다. 이 과정을 통해 직원들은 자신의 결정 사항이 조직에 기여하는지를 지속적으로 성찰하며 목표를 달성하는 데 올바르게 쓰이는지를 관찰하게 된다.

적절한 인재 배치 능력

구성원들은 조직의 인재 채용 및 인사 정책에 많은 관심을 보인다. 특히 최고경영자나 임원의 인사이동은 초미의 관심사다. 그들이 자신들에게 미치는 영향력이 매우 큰 까닭이다. 구글 공동 창업자 래리 페이지Larry Page와 서게이 브린Sergey Brin은 신입사원 채용을 매우 중요한 업무 중의 하나로 인식하고 있고, 일주일의 반 이상의 시간을 채용 인터뷰에 할애한다. 그들은 최고의 인재를 채용하여 최고의 업무 환경을 제공하면, 그에 상응하는 최고의 성과가 날 것이라는 경영 철학을 가지고 있다.

컨테이너스토어는 '한 명의 탁월한 인재가 이뤄낸 업무 성취도는 일반 직원 세 명의 성취도에 맞먹는다'는 채용 철학을 현장에서 전 직원이 실천하고 있다. 직원들은 회사의 문화에 맞는 훌륭한 인재가 들어올 때까지 서로 협력하면서 공백 기간을 채운다. 또한 채용 과정에 함께 일할 부서원들을 참여시켜서 부서의 문화에 맞는 인재를 선택할 수 있는 기회를 준다.

온라인 쇼핑몰 재포스Zappos.com의 경우, 입사 지원 당시에는 보이지 않았지만, 입사한 후에 실제로 일을 하다 보면 회사의 문화와 맞지 않는 사람들이 종종 있다는 것을 깨달았다. 재포스는 적재적소의 인사 배치가 사업 성과에 큰 영향을 미친다는 것을 알기 때문에, 실무 테스트 과정을 거치도록 채용 시스템을 갖추고 있다. 새로 입사하면 4주 동안의 신입사원 연수 기간 동안 오퍼링The Offer 프로그램을 운영한다. 연수를 받은 2주 후, 모든 신입사원은 퇴사할 수 있는 기회가 있으며, 퇴사를 희망하는 사람에게 2천 달러를 지급한다. 재포스는 직원들이 경제적인 이유 때문에 회사에 다니는 것을 바라지 않는다. 이곳에서 일하는 것을 열정적으로 원하며 애정이 있는 사람만 남기를 희망한다. 2천 달러의 비용이 발생하는 신입사원 희망 퇴사 프로그램은 재포스의 문화가 자신의 적성에 맞는지, 꼭 일하고 싶은 회사인지를 판단할 수 있는 기회를 주는 것이다. 결과적으로 이 프로그램은 계속 남아서 근무하길 희망하는 신입사원들에게도 자신의 적성을 재확인하는 좋은 기회가 되어 긍정적인 영향을 미친다.

리더의 사업 추진 역량은 인사 정책에서 잘 나타난다. 탁월한 통찰력을 갖춘 리더는 적당한 시기에 올바른 의사 결정을 내려 추진한다. 구성원들은 리더가 합리적이고 신속한 의사 결정을 내려줌으로써 업무 추진을 쉽고 재미있게 만들며, 조직의 성과를 창출하는 데 지원자가 되어 주기를 희망한다. 본인의 의사와는 상관없이 배치된 부서가 365일 바쁘게 돌아가는 데 비해 타부서의 직원들은 휴일과 정시 퇴근을 한다면, 상대적 박탈감을 느끼게 되고 리더를 불신하게 된다. 리더는 업무량에 따라 인력 배치를 공정하게 하며, 사업부·부서·구성원 사이의 갈등을 최소화시켜야 한다.

Key Point

● 일관된 인재 채용 철학

자사의 비전과 문화적 특징을 고려한 인재 채용 프로세스를 만들어야 한다. 해당 부서에서 채용 과정에 참여하는 것도 바람직하다. 같은 부서에서 함께 일하게 될 사람이야말로 입사 지원자가 부서에 적합한지 가장 잘 파악할 수 있기 때문이다.

● 올바른 인사 배치와 조정
적재적소에 인재를 잘 배치하고 조정할 수 있어야 한다. 비용 절감을 이유로 구성원들을 극도의 피로와 스트레스에 시달리게 하면서 성과를 달성하려는 리더의 욕심은 일선 현장의 상황을 제대로 파악하지 못하는 데서 비롯되며 조직 내 갈등과 불신을 심화시키는 결과를 가져온다.

윤리 경영, 일관된 성실성과 언행일치

기업의 입장에서 '윤리 경영'이란 사회적으로 지탄 받는 일을 하지 않아야 한다는 지극히 상식적인 선에서 이해될 수 있다. 최고경영자나 리더가 뇌물을 받거나, 회사 재산을 은닉한다거나, 또는 내부 프로세스를 지키지 않을 때에는 법적인 하자가 없다 할지라도 사회적 윤리성과 도덕적 책임을 면하기 어렵다. 조직의 리더는 공인이기 때문에 그들의 비윤리적 행위는 개인 문제로 치부되지 않는다. 리더의 위치에 서는 순간, 아무리 스스로는 윤리적이며 정직하게 행동한다고 하더라도, 구성원들 시각에서 비윤리적이며 부정직하다고 말한다면, 그는 비윤리적인 리더가 된다.

GWP 윤리 경영은 리더의 정직성 및 일관된 성실성으로 그 수준이 결정된다. 대부분의 리더는 기업이 정한 규정을 준수하며 정직하고 윤리적으로 행동한다. 그런데도 불구하고 신뢰경영지수를 측정했을 때, 리더의 윤리경영지수가 낮은 이유는 일관된 성실성이 결여되어 있기 때문이다. 평소에는 잘 지켜지던 리더의 정직성과 성실성은 상황이 갑자기 바뀌거나 목표 달성에 대한 압박으로 스트레스를 심하게 받을 때 일관성을 상실한다.

리더들은 종종 더 높은 목표를 달성하도록 독려하기 위하여 구성원들에게 지키지 못할 약속을 하곤 한다. 신상필벌을 명확히 하겠다고 공언했지만 개인의 사정이나 리더의 감정에 따라 수시로 마음을 바꾼다. 납기가 지연되거나 중간에 일이 잘못되어 결과가 제대로 나오지 않을 것이라고 판단되면 일관성과 원칙을 깨고 목표 지향적으로 변한다. 가끔 나타나는 행동이지만 이런 상황이 반복될 때마다 구성원들은 리더의 일관된 성실성과 정도를 의심하게 되며 리더의 윤리 의식을 의심하게 된다.

많은 기업이 내세우는 '윤리 경영'은 방대한 정책이나 방침 또는 교육을 통해 뿌리내려지는 것이 아니다. '윗물이 맑아야 아랫물이 맑다'는 단순한 원리에 맞춰 리더의 윤리적인 행동이 일관성을 유지할 때, 구성원들 또한 높은 윤리 의식을 갖게 된다는 교훈을 준다.

기업의 윤리 경영은 구성원들에게도 요구되는 중요한 덕목이다. 구성원들의 윤리 의식과 관련된 행동은 일상생활 속에서 쉽게 관찰된다. 회사 용품을 험하게 다루거나 개인 용도로 사용하는 것부터, 인정받기 위하여 지적재산권을 무시한 채 도구나 정보를 도용하는 경우까지 구성원들의 낮은 윤리의식은 기업의 윤리 수준을 저하시키는 치명적인 장애가 된다. 타기업의 핵심 기술을 마치 자신이 개발한 것처럼 모방하는 구성원들의 행태는 기업의 사회적 윤리를 저버리는 행위에 속한다. 우리나라의 일부 대기업 중에는 협력업체와의 상생을 선언하면서도, 현장에서는 전혀 다른 태도를 보일 때가 있다. 상대 입장은 전혀 고려하지 않는 대기업의 일방적인 협상은 많은 협력업체로부터 이기적인 기업이라는 불만을 사고 있다. 이런 현상은 궁극적으로 구성원들을 비윤리적으로 만들 수 있기 때문에 경계해야 한다.

구성원들의 이기적인 사고와 상대에 대한 존중과 인정에 인색한 행동 또한 자신들을 비윤리적인 사람으로 만든다. 결과 중심의 관리 방식과 지나친 비용 절감의 강요, 수단과 방법을 가리지 말고 목적을 달성하라고 요구할 때, 구성원들은 정도를 지키기 어렵다. 이런 과정에서 리더와 구성원 모두 낮은 윤리 의식을 갖게 된다.

2001년 앤론Enron Corporation은 '포춘 100대 기업'에 이름을 올렸다. 앤론은 회사의 사업 추진 역량이나 직원들의 전문성을 키우기 위한 지원이 높았으며 보상과 성과급이 타기업에 비해 월등히 높았다. 그만큼 내부의 신뢰 관계가 두터웠지만, 그해에 미국의 회계 부정 스캔들에 휘말렸다. 거대 기업을 멸망의 길로 들어서게 만든 사람은 다름 아닌 내부고발자였다. 이들은 미국 시사 주간지 〈타임〉이 선정한 역사적 인물이 되기도 하였다. 이처럼 리더는 비도덕적인 행위를 하면서 구성원들에게는 높은 윤리 의식을 요구한다면 일시적으로는 윤리적인 기업처럼 보이지만, 내부적으로 관리되지 않는 비윤리적인 행위들이 많아질 수밖에 없으며 조직 내 갈등을 조장한다. 비윤리성에 따른 조직 내 갈등은 조직의 신뢰를 와해시킨다.

'훌륭한 일터'의 리더와 구성원들은 남다른 윤리 의식을 가지고 있다. 그들은 경영진부터 현장 직원까지 모두가 회사의 정책을 지키기 위해 노력한다. 티디인더스트리스^{TD Industries}의 잭 로웰 주니어 회장은 "직원이 회사에 손실을 입히는 실수를 했다면 회사가 만회할 수 있으므로 허용할 수 있지만, 실수를 감추기 위해 부정직한 행위를 했다면 그것은 용납할 수 없다."고 말한다. 정직을 바탕으로 한 일관된 성실성은 임직원 모두가 습관화시켜야 할 신뢰 요소이다.

Key Point

● 언행일치

리더의 언행일치는 신뢰를 증대시키는 근간이다. 수시로 말을 바꾸거나, 조직의 정책이 눈만 뜨면 바뀌는 경우, 구성원들은 어느 쪽에 장단을 맞추어야 할지 갈피를 못 잡는다.

● 약속 이행

약속을 지키는 리더가 되어야 한다. 약속은 리더의 덕목을 넘어 더불어 살아가는 사회에서의 기본을 지키는 것이다.

● 업무 수행의 정도

정도를 지키는 리더가 되어야 한다. 조직의 규정과 개인의 행동이 직위나 힘에 따라 달라진다면, 규정은 구성원들을 억압하는 도구밖에 되지 않는다. 리더가 솔선수범하지 않는다면, 그 규정은 위력을 상실하게 된다.

핵심 가치 2
존중(Respect)

'존중'은 상대에 대한 진정한 관심에서 출발한다. 존중의 수준은 경영진이나 리더가 상대 입장을 얼마나 배려하는지에 따라 달라진다. 구성원들이 인격적으로 존중 받고 있다고 느끼는 정도, 업무 목표를 달성하도록 지원하고 협조하는 수준에 따라 존중의 지표가 달라진다. 또한 존중은 구성원들의 삶과 일의 균형이 이루어질 수 있도록 조직이 배려하는 애정의 정도를 반영하는 지표이기도 하다.

인격 존중, 사원은 경영진의 고객

만일 사원이 고객이라면 리더는 어떻게 대할까? 사원이 최대 주주라면, 또 최고경영자를 비롯한 임원의 인사권을 가지고 있다면 리더는 어떤 태도를 보일까? 조직에서 자주 나타나는 비인격적인 대우는 사라질 것이다. 사원은 회사의 전략을 실제로 이행해서 성과를 내는 내부 고객이다. 그런데 리더 중에는 종종 직원을 부를 때 '어이', '야'라고 호칭해 그들의 존재감을 무색하게 만든다. 일이 잘 돌아가지 않거나 개인적인 감정이 북받친다고 해서 비속어를 섞어 말하는 경우도 비인격적 대우의 예이다.

리더 중에는 평소에는 점잖지만, 질책 과정에서는 구성원을 무식한 사람으로 취급하는 사례도 흔히 보는 비인격적인 대우다. 리더의 무관심은 구성원들을 더욱 초라하게 만든다. 오랫동안 이런 대우를 받아 온 일터의 구성원들은 어느새 이런 대우를 당연한 것처럼 받아들인다. "그 사람은 원래 그래, 그래도 마음이 고약한 사람은 아니야."라고 스스로 위로하지만, 마음은 위축되어 있다. 많은 중간 리더들은 자신보다 윗직급자를 대할 때는 공손하지만, 동료 또는 부서원에게는 우월감으로 대하는 이중적 태도를 보인다. 구성원들에게 심리적 위압감으로 스트레스를 주는 리더의 전형적인 모습이다.

조직에서 인격적 모독을 느낄 때, 사람다운 대접을 받지 못할 때, 인정받기 틀렸다고 느낄 때 구성원들은 조직을 떠날 준비를 한다. GWP를 구현하는 기업은 구성원들을 존중하고 배려하는 리더의 미션을 명문화하고 있다. 인재 채용에 대한 비용 절감도 이유 중 하나지만, 일터에서의 존중 분위기는 구성원들을 자기 중심의 사고에서 타인 중심의 사고로 패러다임을 바꾸어 주기 때문이다. 타인 중심의 사고는 일터에 배려와 협력하는 업무 환경을 만든다.

관리자의 미션에 대해 킨코즈Kinko's에서는 '사원들이 업무를 수행하는 데 방해가 되는 장애 요인을 제거해 주는 것'이라고 명문화하였다. 티디인더스트리스는 '구성원들이 자율적으로 일을 잘할 수 있도록 봉사Serving하는 서번트 정신'으로 못 박고 있다. 페더럴익스프레스Federal Express는 '사원을 고객처럼 존중하면, 사원은 고객을 존중할 것이며, 고객에 대한 존중이 기업의 성과로 이어진다'고 믿는다. 그래서 미션에서 제일 먼저 나오는 것이 '사원을 가족처럼'이다.

이처럼 '포춘 100대 기업'의 리더들은 임원과 직원 또는 고객에 관계없이 일관된 태도로 상대 입장에서 생각하고 행동하는 것이 습관화되어 있다. 그들이 고객이고 최대 주주이며, 자신의 인사권을 가진 사람이라 생각하면 일터는 어떤 모습으로 바뀔까? 직원을 인격적으로 존중하고 배려하는 것이 바로 고객을 존중하고 배려하는 것이라 생각한다면, 리더의 태도와 행동은 달라질 것이다. 뿐만 아니라 직원을 질책하는 방법이 달라질 것이며 업무를 지시하고 관리하는 방법 또한 획기적으로 바뀔 것이다.

Key Point

● 중립적 언어 및 보디랭귀지

감정 섞인 발언을 삼가야 한다. 구성원들은 회사의 직원이기 전에 하나의 고유한 인격체이다. 그들은 인간으로서 인격적인 대우를 받을 권리가 있다. 구성원들이 인격적인 모멸감을 느끼며 일하는 구성원은 무의식 중에 고객을 무시하는 태도와 행동으로 전이된다는 사실을 기억해야 한다.

● 칭찬

질책보다는 칭찬을 해야 한다. 실수를 탓하기보다는 그 실수가 조직에 미치는 영향을 이해시키고 책임감을 불어넣어 주면, 구성원들은 자신의 업무에 의미를 부여하게 된다. 리더가 공개적으로 질책하는 일은 절대 금물이다. 공개석상에서 질타를 받는 순간, 구성원은 마음의 문을 걸어 잠근다.

● 역지사지

상대 입장에서 생각하고 행동하는 일터의 분위기를 만들어야 한다. 리더가 구성원들에 대해 깊이 알고 있으면 그들의 고충이나 애로사항을 보다 쉽게 해결해 줄 수 있다. 구성원에 대한 인격적 존중은 상대에 대한 진정한 관심에서 출발한다.

전문 능력 향상을 위한 지원

총알도 없는 총대만 지급하고 전쟁터에서 살아남으라고 말하는 리더가 있다면 그는 훌륭한 지휘관이 아니다. 필요한 자원이나 장비, 또는 정보의 제공 없이 무조건 목표만 달성하라고 다그친다면 그는 훌륭한 리더가 아니다. 리더의 존재 이유는 구성원들이 업무에 집중할 수 있도록 지원하면서 조직 목표를 달성해 가는 데 있다.

사무 용품 전문 유통 업체인 컨테이너스토어The Container Store는 구성원들의 전문 능력 향상을 위해 연평균 230시간 이상의 교육을 시행한다. 미국의 일반 소매 유통의 교육 시간이 연평균 7시간 내외인 것과 비교하면 엄청난 교육비를 투자하고 있다. 컨테이너스토어 매장을 방문하는 고객들은 한결같이 매장 직원들의 탁월한 식견과 감각에 감탄한다. 매장 직원 대부분이 사무 공간 활용을 도와주는 컨설턴트의 역할을 함께 수행하고 있기 때문이다. 월트디즈니The Walt Disney나 구글Google 또는 마이크로소프트Microsoft처럼 인재의 창의성이 기업의 성과에 절대적 영향을 미치는 기업들은 구성원 간의 지식, 경험 및 성공담의 공유를 통해 서로 배우는 학습 환경이 잘 갖추어져 있다. 이들 기업의 리더들은 구성원들이 가장 큰 자산이라는 점을 늘 기억하고 있다. 따라서 구성원들의 성장을 위한 투자를 가장 중요하게 여기며 지원한다.

리더는 또한 구성원들이 목표를 달성하는 데 필요한 자원이나 장비를 지원해 주어야 한다. 그런데 M사는 연구소 직원들이 365일 쉬지 않고 일을 해도 업무 처리가 제대로 이루어지지 않는 상황이다. 업무량은 폭주하고 주문은 증가하지만, 설비 증설이 쉽지 않을 뿐만 아니라 인력을 보충해서 훈련시킬 시간도 턱없이 부족한 현실에 직면해 있다. 또 S금융사는 영업 현장에서 필요한 인적 자원이나 장비가 턱없이 부족한데도 리더는 영업 목표만 강조한다.

조직은 투자 비용 대비 성과 달성의 비율을 생각하지 않을 수 없다. 그러나 턱없이 부족한 인력으로 인해 업무 부담이 너무 과중한 경우가 많다. 리더가 이런 상황을 그냥 넘기는 데에는 인력이 늘어나면 직원들이 더 게을러질 거라는 부정적인 생각 때문이다.

구성원들이 업무에서 성공하고 성장할 수 있도록 지원하는 것이 GWP의 전문 능력 향상의 핵심이다. 전문적 지원은 구성원들이 업무를 보다 탁월하게 수행하는 데 필요한 지식과 기술을 습득할 수 있게 해주는 것이다. 이러한 교육적 지원은 '학습은 곧 업무 현장의 구체적인 변화'라는 인재 육성의 철학을 바탕으로 추진되어야 한다.

기업이 승진을 위한 학점 이수나 승진의 필수 요건 때문에 실시하는 교육 지원은 돈과 시간을 낭비할 따름이다. 모든 구성원들이 승진하기 위해서 영어 점수가 필요한 것은 아니다. 영어가 업무 추진의 필수 요건이 되는 부서도 있지만, 평생 한번도 쓸 일이 없는 부서도 있다. 오히려 기타 외국어가 향후 사업 확장에 더 도움이 될 수도 있다. 누구에게나 똑같은 시간이나 내용으로 진행되는 교육 지원은 사회적 변화의 다양성에 대처하지 못한다.

> **Key Point**
>
> ● 역량 강화를 할 수 있는 공정한 기회 제공
> 구성원들에게 전문 능력 향상의 기회를 제공해야 한다. 조직 내 우수 인재를 활용하여 사내 지식 공유 제도를 강화시키는 것도 한 방법이다. 실제로 많은 기업들이 사내 명장 제도 또는 기술과 지식의 챔피언 제도 등을 통해 조직에 필요한 전문 지식과 역량 강화를 실시하고 있다.
>
> ● 시기적절한 자원 지원
> 업무 수행에 필요한 자원과 장비를 제때 지원해 주어야 한다. 필요한 장비나 지원이 제때 이루어지지 않는다면, 구성원들은 일하고 싶은 의욕을 상실한다. 일을 하면 할수록 더 밀려든다는 느낌을 받을 때, 일할 맛이 나지 않는다. 원칙적인 형평성을 내세우기보다는 업무가 원활히 이루어질 수 있도록 인적 자원이나 장비를 지원해 주어야 한다.

노력과 성과에 대한 인정

기업에서 '커뮤니케이션과 인정'만 제대로 정착된다면 GWP 조직문화는 쉽게 자리 잡을 수 있다. 그럼에도 불구하고 조직에서 가장 잘 안 되는 영역이기도 하다. 대부분의 조직에서는 인력 관련 지출이 가장 큰 비중을 차지한다. 가장 많은 비용을 투자하는 인적 자원을 어떻게 동기화시키고 격려하여 성과를 이루어낼지에 대한 기업의 고민을 해결하는 방법이 바로 '인정과 칭찬'이다.

기업은 우수한 인재들을 유지하려고 노력한다. 사회가 다변화되고 네트워크가 강화되면서 올바른 태도와 탁월한 재능을 가진 인재들을 채용하고 유지하는 일이 더욱 어려워지고 있다. 그런데 조직을 떠나는 인재들은 인정과 칭찬에 인색할 때, 권한 위임을 통해 일할 수 있는 환경을 만들어 주지 않을 때, 그리고 자신의 존재감을 제대로 평가해 주지 않을 때 미련 없이 떠난다고 한다. 구성원들의 노력을 인정하고 그들의 성과를 기꺼이 축하해 주는 활동이 많은 기업일수록 인재들의 뜨거운 열정이 느껴진다.

인정과 칭찬은 조직을 유연하고 부드럽게 할 뿐만 아니라, 우수 인재들의 이직에 따른 기회 비용의 손실을 절감하는 데 가장 효과적이다. 리더의 인정과 칭찬하는 행위는 비용을 들이지 않고도 구성원들의 헌신과 열정을 이끌어낸다.

인정받으려는 인간의 욕구는 구성원들의 행동에 큰 영향을 미친다. 자신의 노력과 성과를 인정받으면 구성원들은 스스로 동기 부여를 하고, 자신의 이야기를 경청하고 소중하게 대접 받는다는 느낌을 받으면 구성원들의 책임 의식은 높아진다.

그러나 리더들은 구성원들의 노력에 진심으로 감사하는 태도를 잘 나타내지 않는다. 그들의 의견을 경청하기보다는 자신이 결정한 방향으로 강제로 이끌어 간다. 그 순간부터 구성원들은 자신이 중요한 존재라는 사실을 잊어버린다. 경영학의 권위자인 톰 피터스Tom Peters는 리더가 구성원들의 사소해 보이는 개인 정서가 가지는 위력을 과소평가해서는 안 된다고 강조한다.

'포춘 100대 기업'의 인정 프로그램은 각양각색이다. 그들은 유치하다고 보일 정도로 다양한 인정 제도나 활동을 시행한다. 이러한 기업들은 도전하는 구성원들의 작은 성과를 칭찬하기 위해 배지를 주렁주렁 달아 주기도 하고, 고깔모자를 씌워 주며 서로 칭찬하고 격려한다.

구성원들의 다양한 노력과 성과에 대한 피드백과 인정 및 감사를 잘 표현하는 대표적인 기업으로 페더럴익스프레스가 있다. 이 회사는 브라보 줄루Bravo-Zulu, 골든팔콘, 엑설런스 서클상, 성과 중심의 보상 제도 등을 통해서 구성원들의 노력과 성과를 인정하고 감사의 표시를 한다.

리더는 왜 칭찬과 인정에 인색할까? 그것은 리더가 조직 목표 달성에 중요하다고 생각하는 요인과 구성원들의 생각에 큰 차이가 있기 때문이다. 〈직원에게 보상하는 1001가지 방법1001Ways to Reward Employees〉의 저자 밥 넬슨Bob Nelson은 구성원들을 동기화시키는 요인을 조사하는 과정에서 중요한 점을 발견하였다. 최고경영자나 리더는 구성원들의 동기를 유발하는 우선 요인은 높은 보수, 안정적인 직장 생활, 승진 및 성장의 기회, 좋은 업무 환경, 그리고 관심 업무 순이라고 지적하였다. 반면에 구성원들은 업무 결과에 대한 충분한 인정, 함께라는 소속감, 개인 문제에 대한 고충 처리, 안정적인 직업, 그리고 좋은 보수 순으로 동기화의 우선 요인을 나열하였다.

어떻게 구성원들이 의욕에 충만하고 스스로를 조직의 영웅이라고 인식하게 할 수 있을까? 그 해답은 구성원들을 인정하고자 노력하는 리더의 행위에서 찾을 수 있다. 한 예로 리더가 마음을 담은 감사의 카드를 구성원에게 건네고, 한걸음 나아가 그들의 배우자나 가족에게도 소중함을 표현하는 감사의 편지를 보낸다면, 구성원들은 목표를 달성하려는 의욕이 커질 것이다. 사내 인트라넷을 통해 노력과 성과를 공개적으로 칭찬하는 것도 좋은 인정의 방법이다. 콘서트, 영화, 스포츠 또는 뮤지컬 티켓이나 문화상품권 등을 함께 넣은 칭찬 카드도 노고를 인정해 주는 좋은 방법이다.

Key Point

- **독특하고 다양한 인정 방법 개발**
다양한 방법으로 구성원들의 성과와 노력을 인정해야 한다. 일년에 한두 번 받는 성과급은 구성원들에게 큰 감동을 주지 못한다. 구성원들의 노고에 감사하는 메일, 업무상 스트레스를 위로하는 카드, 탁월한 성과에 대한 감사와 인정의 표현을 때마다 한다면, 조직은 역동적으로 바뀔 것이다.

- **관용적 업무 환경**
어느 조직이나 실수는 허용하지도 않고 실수를 허용해서도 안 된다. 그러나 최선을 다했는데도 실수가 발생했을 때, 조직이 어떻게 대처하느냐에 따라 이후 업무 태도는 달라진다. 리더의 관용적 리더십과 포용력이 실수를 통한 배움의 기회가 되어, 도전적이고 능동적인 업무 환경을 만들어 간다.

- **협력을 통한 주인의식 강화**
직원들을 의사 결정에 참여시키고, 그들의 제안을 현업에 적용할 때 그들은 주인의식을 갖게 되고 스스로가 경영에 참여하고 있다는 자긍심을 갖게 한다.

심리적으로 안정적인 탁월한 업무 환경

구성원들은 업무를 수행하기 좋은 인프라가 갖추어져 있거나 사무 환경이 쾌적하고 중압감이 없을 때 스트레스를 덜 받는다. 어떤 리더는 구성원들이 스트레스를 받고 긴장을 해야만 실수하지 않는다고 생각한다. 통계적으로 볼 때 사람은 스트레스를 받고 긴장할수록 실수할 확률이 높아진다. 직원들은 목표 달성을 위한 적당한 긴장감은 가져야 하지만 사람과의 관계에서는 갈등과 스트레스가 적어야 실수하지 않는다. 심리적인 스트레스는 업무 창의성과 혁신을 저해하는 요소이다.

조직이 주는 압박감이나 긴장감은 구성원 간의 협력을 저해하는 요인으로 작용한다. 리더와의 심리적 벽이 높을수록 경직되고, 건의나 제안을 하지 않으며 침묵하게 된다. 자율적인 업무 분위기를 만들려면 리더의 생각과 태도가 개방적이어야 한다. 국내 기업의 임원들과 텍사스에 있는 사우스웨스트 항공사를 방문했을 때이다. 본사의 복도를 지날 때마다 여기저기서 웃음소리가 새어 나왔다. 함께 동행한 임원 중 한 사람이 정색을 하면서 구성원들이 일하러 온 게 아니라 놀러 왔다며 냉소적인 반응을 보였다. 그곳은 마치 놀러 온 사람들처럼 곳곳에서 잡담을 즐기는 장면을 볼 수 있었다. 본사 어느 부서를 방문하든 분위기는 별반 다르지 않았다. 그들은 마치 가족들처럼 편안하고 자연스럽게 일을 하고 있었다.

사우스웨스트 항공사는 타 항공사에 비해 구성원들의 1인 업무 처리량이 4~5배 많다. 그렇지만 그들은 휴가철이 되면 고향이 먼

동료를 위해 자발적으로 휴가를 반납하며 일을 대신 맡아 주려고 애쓴다. 승무원들은 승객을 즐겁게 하기 위해 기발한 아이디어를 꾸준히 쏟아낸다. 고객 불만족 처리 건수가 가장 적은 항공사, 주식투자 수익률이 타항공사에 비해 몇십 배 높은 회사, 90년대 초 항공사 불황기에 유일하게 흑자를 낸 회사, 미국인들이 취업하고 싶은 일순위 항공사 … 이런 말들은 사우스웨스트를 논할 때 붙어다니는 수식어이다.

  사우스웨스트의 창업주인 허브 켈러 전 회장은 군대처럼 딱딱한 표정으로 일하는 사람을 원하지 않았다. 직원들이 경직되어 다양성이 존중되지 않으면 회사는 더 이상 발전하기 어렵다고 생각하였다. 그래서 과다 업무에 시달리는 직원들이 즐겁게 일할 수 있는 유머가 넘치는 업무 환경을 만들고, 직원들이 서로를 제2의 가족처럼 여기며 일할 수 있는 일터를 조성한 것이 지속적인 성과 창출의 밑거름이 되고 있다.

  컴퓨터 하드 디스크 등을 제조하는 퀀텀Quantum은 경영 이념에 '탁월한 업무 환경 조성'을 명문화하였다. 퀀텀은 조직이 유연할 때에만 빠른 시장 환경 변화에 대처할 수 있다는 점을 잘 간파하였다. 이 회사는 리더의 업무 성과뿐 아니라 조직이 추구하는 서번트형 리더십을 잘 발휘하고 있는지를 직원들이 평가하게 한다. 그리고 리더의 인사고과에 리더십 평가를 50% 반영한다.

> **Key Point**
>
> ● 안전한 작업 환경
> 직장의 안전성이 보장되어야 한다. 특히 생산 라인을 갖춘 제조업의 경우, 작업장의 안전과 청결함은 임직원 모두가 책임져야 할 기본 환경이다.
>
> ● 물리적 업무 환경
> 인프라 구축이 제대로 되어 있어야 한다. 구성원들이 효율적인 동선에서 일할 수 있는 환경뿐 아니라 업무 수행에 필요한 인프라를 구축해 주어야 한다.
>
> ● 정신적 업무 환경
> 심리적으로 편안하게 일할 수 있는 분위기를 조성해 주어야 한다. 심리적인 스트레스는 구성원들의 병가를 늘릴 뿐만 아니라 정신적, 육체적인 질환을 가져오고 자율적이고 창의적인 업무 수행을 방해한다.

일과 개인 생활의 균형을 이루는 삶의 질 유지

사람들이 일을 하는 궁극적인 목적은 '조직의 목표 달성이나 번영에 기여하기 위한 것'이 아니라 '개인 삶의 행복을 영위하기 위한 것'이다. 그러나 리더들은 종종 구성원들이 조직을 위해 존재한다고 착각한다. 그래서 자신들이 사원 시절 어떻게 조직의 부름에 응답했는지를 영웅담처럼 들려주며 그렇게 행동할 것을 강요한다. 어떤 리더는 통행금지가 있던 시절, 자신의 비용으로 총알택시를 타고 출퇴근을 하였다고 자랑한다.

많은 CEO들은 지금까지 가족과 함께 지낸 시간을 손에 꼽을 만큼 조직을 위해 희생했다고 말하면서 구성원들의 나태함을 꼬집기도 한다. 현재 경영진 위치에 있는 40~50대 대부분은 야근을 조직 생활의 기본으로 여겼다. 신혼여행을 떠난 날에도 상사가 부르면 곧바로 직장으로 돌아왔다. 그들은 그런 20여 년의 세월을 지내온 지금에서야 자신의 삶을 돌아볼 수 있는 여유를 갖는다.

그런 삶이 습관처럼 굳어진 경영진에게는 회사 일이 취미이자 유일하게 할 수 있는 능력이 되어 버렸다. 오랜 세월이 지난 후, 그들이 가족 생활의 소중함을 느꼈을 때에는 이미 자녀들이 성장해 버린 후이다. 이것이 오늘날 우리나라 리더들의 모습이고 현주소이다.

리더는 자신이 일해 온 방식대로 구성원들이 일하기를 바란다. 효과적인 업무 수행 방법들이 있는데도 받아들이려 하지 않는 경우가 많다. 그래서 구성원들은 상사의 눈치 때문에 퇴근하지 못하거나 자리를 지키는 것이 바로 일하는 것이라고 착각한다. 개인 생활을 위해 휴가를 사용할 때에도 동료나 상사의 눈치를 봐야 하는 것이 현실이다. 그들은 일과 개인의 삶이 조화를 이루면서 조직의 목표를 탁월하게 성취하는 방법을 알지 못하였다.

'포춘 100대 기업'은 개인과 조직 생활이 조화를 이루면서 탁월한 성과를 창출해 나가는 표본을 보여준다. 이러한 기업들은 다양한 프로그램과 제도를 통해 직원들의 개인 생활을 보살피고 있다. 한걸음 더 나아가 퇴직하는 직원들이 은퇴 후에도 삶의 질이 유지될 수 있도록 도와주는 프로그램도 운영하고 있다. 그들은 구성원들의 개인적인 삶의 질이 높아질수록 회사 생활을 더욱 긍정적이며 적극적으로 유지한다는 것을 알고 있다.

국내 기업들도 가족 초청 행사는 물론, 자녀들의 부모 직장 방문, 가족들과 휴가를 보낼 수 있는 장소 제공, 정시 퇴근 의무화 등 다양한 방법으로 구성원들의 삶의 질을 높여 주기 위해 노력하고 있다.

사회적 분위기와 가치가 변하고 있다. 테크놀로지의 혁명적인 변화는 사회적 가치와 개인의 가치를 다양하게 만든다. 오늘날, 글로벌 기업들이 일과 삶의 균형Work and Life Balance을 강조하는 것도 사회적 가치 변화의 일면으로 보여주는 것이다. 사람이 열정적인 에너지를 지속적으로 유지하려면 균형적 삶을 유지해야 한다. 개인과 조직 생활이 균형을 유지할 때 구성원들은 업무에 에너지를 쏟아부으며 성과를 창출하게 된다.

Key Point

● 유연한 근무 환경

업무에 집중할 수 있는 시간은 한정되어 있다. 하루 내내 책상에 앉아 있는다고 일을 잘하는 것은 아니다. 야근하는 사람을 보면 하루 내내 일에 치여서 늦어지는 경우는 드물다. 특히 상사의 눈치를 보면서 퇴근이 늦는 부서를 보면 낮에는 업무에 집중하는 시간이 짧다. 그들은 어차피 퇴근이 늦으니 낮에 굳이 일할 필요를 느끼지 못한다. 일정한 시간에 직원들이 업무에 집중할 수 있도록 환경을 조성해 주어야 한다.

● 공평한 에너지 충전 기회

에너지 충전의 기회를 자주 주어야 한다. 구성원들은 목표가 달성되지 않으면 조직 생활을 하기 힘들다는 것을 잘 알기 때문에 일하는 시간을 굳이 정해 주지 않아도 그것을 달성하려고 한다. 더러는 목표 의식도 없고 성취욕도 없는 직원도 있지만 그런 사람은 극소수에 불과하다. 이러한 극소수를 기준으로 규정을 정한다면 구성원들의 열정을 이끌어내기 힘들다. 그렇지만, 모든 사람이 균등하게 기회를 가져야 하는 것은 아니다. 열심히 일하고, 성과를 내며, 조직에 기여하는 직원에게는 더 많은 기회를 주어야 한다. 사람의 에너지는 소모되는 배터리와 같다는 것을 꼭 기억해야 한다.

● 개인의 상황에 맞춘 차별화된 복리 혜택

고유한 혜택을 많이 제공해야 한다. 2008년 '포춘 100대 기업'에 랭킹되었던 스테이션카지노는 스포츠, 자동차 세차, 타이어 교환, 미용실 이용 등 일상적인 복리 혜택 101가지를 제공하고 있었다. 구성원들은 소속 기업만이 제공하는 고유한 혜택을 누린다고 생각할 때 소속감을 느끼고, 최고의 성과로 조직에 보답을 한다.

핵심 가치성 3
공정성(Fairness)

기업의 '신뢰경영지수' 조사의 신뢰 영역에서 가장 점수가 낮게 나오는 것은 언제나 '공정성' 분야이다. 공정성은 개인의 평가와 성과 보상을 포함하고 있기 때문에 리더나 구성원 모두에게 매우 민감한 범주이다. 공정성은 혜택을 받는 사람이 있으면 불이익을 당하는 사람이 있는 영역이기 때문에, 구성원들은 쉽게 이기적이고 자기 중심적인 태도를 보이며 이중적인 잣대로 평가하기도 한다.

   GWP의 공정성은 회사가 정책을 시행할 때, 구성원들이 느끼는 성과 보상, 업무 평가, 인사고과 등의 공정한 수준을 반영하는 지표이다. 또한 리더의 행위에서 나타나는 편견과 편애, 정치적 행위 또는 성별이나 학연에 따른 평등한 대우의 수준을 반영하는 지표이기도 하다.

노력에 응당한 보상

공정한 보상은 누구의 입장에서 보느냐에 따라 많은 시각 차이가 있다. 사람의 경제적 욕심은 끝이 없어서 받으면 받을수록 더 많이 받고 싶고 위로 올라갈수록 더 올라가고 싶은 본능적 욕구가 있다. 기업은 이러한 인간의 기본적 욕구를 잘 간파하여 급여 시스템, 승진·인사 시스템, 그리고 스톡옵션 등을 설계하여 구성원들의 동기를 유발한다. 구성원들은 스스로는 열심히 일하고 조직의 발전에 기여하고 있는데, 그에 상응하는 공정한 대우나 보상을 못 받는다고 생각하기 쉽다. 그래서 공정한 보상이 이루어지려면 평가 기준이 명확해야 한다. 구성원들이 자신의 업무가 어떻게 평가되는지를 더 잘 알수록 공정한 보상에 대한 공감과 이해의 폭은 넓어진다.

지속 성장을 거듭하는 기업에서 찾아볼 수 있는 공통적인 특징은 복리후생이나 급여의 기준이 동종 업계보다는 비교적 높다는 것이다. 이것은 기업이 발전하면서 개인 삶의 질을 높여 주기 위해 노력하고 있는 예라고 할 수 있다. 그러나 급여가 높고 복리후생이 잘되어 있으며, 물리적인 환경이 좋은 일터라 할지라도 반드시 GWP의 공정성이 보장되는 것은 아니다. '포춘 100대 기업'을 보면 급여가 동종 업계의 평균을 상회하는 정도인 기업도 많다. 복리후생이 동종 업계에 비해 턱없이 부족한 곳도 있다. 그러나 그곳에서 일하는 직원 대부분은 자신이 노력한 만큼 공정한 보상을 받는다고 느낀다.

아이터리스Iteris에서는 구성원들에게 자사의 급여가 동종 업계에 비해 어느 수준에 있는지를 도식화시켜 보여주고, 왜 동종 업계의 중간을 약간 상회하는 수준인지를 자세히 설명해 준다. 이를 통해 구성원들은 동종 업계의 급여 동향도 파악하고, 자사의 상황을 이해할 수 있기 때문에 급여에 대해 별 불만이 없다.

공정한 보상은 조직이 구성원들에게 분배하는 대가의 공정함을 의미한다. 일은 내가 다 한 것 같은데, 정작 승진하거나 더 큰 보상을 받는 것은 다른 사람이라는 불만이 생기면 구성원들은 헌신적으로 일할 마음이 없어진다.

홀 푸드 마켓Whole Foods Market은 임원을 포함한 구성원들의 전년도 급여(기본 급여와 보너스 포함)를 보고서 형태로 작성하여 배포한다. 이 회사의 최고경영자 존 맥케이John Mackey는 "급여 관련 정보를 공개하려면 회사의 보상 시스템이 정당하고 공평한지를 점검하게 된다. 그리고 누군가가 자신의 급여에 대해 불만을 가질 때 조직은 그것이 정당하다는 것을 증명할 필요가 있기 때문에 공정한 보상의 기준을 명확히 할 수 밖에 없다."고 말한다.

티모빌T-Mobil에서는 회사의 보상 시스템을 구성원들에게 지속적으로 교육시킨다. 구성원들이 회사의 보상 시스템을 충분히 이해하고 그 기준에 따라 일할 수 있도록 사이버 강좌를 하거나 현장을 방문하여 교육시킨다.

'포춘 100대 기업' 중 하나인 프린시플 파이낸셜 그룹The Principal Financial Group은 구성원들의 노력과 성과를 공유하는 시스템이 매우 공정하게 설계되어 있다. 이 회사에서는 임직원의 직위나 직급에 관계없이 성과급을 받는 비율이 일률적으로 정해진다. 따라서 최고경영자가 받는 성과급의 비율이나 말단 사원이 받는 성과급의 비율은 공평하다. 또한 계열사에 지급되는 성과급도 계열사의 성과에 상관없이 공평하게 적용된다. 인사담당 부사장은 "어떤 계열사는 피나는 노력을 했는데도 그들이 처한 시장 환경이나 외부 요인 때문에 성과가 제대로 나지 않는가 하면, 또 어떤 계열사는 별로 노력하지 않아도 외부 환경이 뒷받침되어 저절로 성과가 나는 경우도 있다. 이들 계열사 간 성과급의 균형이 이루어져야만 구성원들의 신뢰가 두터워지며 업무에 대한 동기가 높아진다."고 지적한다. 공평한 성과급은 계열사 간의 협력과 정보 공유의 수준을 높이며 계열사 간에 긍정적인 성장을 이루어낸다.

Key Point

● 명확한 신상필벌

공정한 보상이 이루어지기 위해서는 평가 시스템이 잘 운영될 수 있도록 리더들을 교육시킬 필요가 있다. 특히 성과급의 경우, 생색나지 않는 일을 하는 부서와 조직에서 핵심으로 여기는 부서 간의 평가 기준이나 균형을 어떻게 다룰 것인지를 고민해야 한다.

● 보상 시스템의 공감대 확산

기업의 보상 시스템에 대해 구성원들이 정확히 인지할 수 있도록 지속적인 교육과 커뮤니케이션을 해야 한다. 구성원들은 자신이 받는 물리적, 정신적 보상이 다른 사람들보다 클 때는 공정하다고 생각하고, 적을 때는 불공정하다고 생각하는 이중적인 잣대를 가지고 있다. 그러면서도 누구나 똑같이 나누어 가지는 평등한 보상을 원하지는 않는다. 따라서 조직이 만든 보상 시스템이 어떻게 운영되는지, 어떤 기준에 의해 보상이 이루어지는지를 구성원들과 지속적으로 소통할 필요가 있다.

인정받을 수 있는 기회의 평등

기업에서 직원들끼리 자주 하는 말 중에 '상사에게 한번 찍히면 영원히 찍힌다'는 말이 있다. 상사에게 잘못 보이거나, 한두 번의 실수 또는 상사의 눈 밖에 나는 행동을 보이면, 능력에 상관없이 인정받을 수 있는 기회를 갖기 어렵다는 뜻이다.

리더는 자신이 요구하는 일 또는 자신이 필요로 하는 일을 잘 처리하는 구성원들을 선호하게 마련이다. 또한 일을 빨리 처리하고 상사의 성향에 맞게 일하는 직원에게 더 많은 기회를 주게 된다. 이런 상황에서는 구성원들이 공정한 환경에서 일하고 있다고 할 수 없다. 기회조차 주어지지 않는 상황에서 자신의 능력을 제대로 발휘할 수 없는 것이다.

팀의 시너지 효과를 내려면 리더가 구성원 개개인의 능력과 관심사를 깊이 알고 있어야 한다. 자기중심적으로 그들의 능력을 판단하는 오류를 범하면 안 된다. 구성원들의 입장에 서서 깊은 애정과 관심을 가지고 관찰하면 조직의 목표 달성에 기여할 수 있는 놀라운 능력들을 많이 발견할 수 있다.

리더가 구성원들에게 능력을 발휘할 수 있는 기회를 균등하게 부여하지 못하는 이유는 내면적으로 구성원들이 부족하다는 우월감을 가지고 있기 때문이다. 사실 구성원들은 리더만큼 경험이 풍부하지 못하고 전문성도 부족하다. 그러나 그들은 리더가 미처 보지 못하는 것을 제공하기도 하며, 시대적 변화에 따른 새로운 업무 방식의 변화를 깨우쳐 주는 역할을 한다. 구성원들이 제안하고 혁신하는 여러 가지 아이디어가 조직의 성과 창출에 크게 기여하는 사례도 많다. 직원들이 재능을 발휘하기도 전에 싹부터 잘라 버린다면 그들은 숨은 능력을 발휘할 기회조차 얻지 못한다. 공정성을 높이기 위해서는 직급에 관계없이 누구에게나 능력을 발휘할 수 있는 기회가 있다는 믿음을 주어야 한다.

Key Point

● 차별 없는 능력 발휘의 기회 제공

리더는 모든 구성원들을 중요한 존재로 인식해야 한다. 그들의 능력 일부분이라도 조직에 기여할 수 있다는 믿음을 갖고 편견을 없앨 때, 구성원들은 균등한 능력 발휘의 기회를 갖게 된다. 구성원들은 주어지는 범위만큼만 능력을 발휘한다. 구성원들이 능력을 최대한 발휘하길 바란다면, 눈에 보이는 능력의 수준에 관계없이 모두가 공평한 규정에 의해 일할 수 있는 기회를 제공해야 한다.

● 구성원의 다양한 개성과 재능 인정

리더 자신의 틀과 기준에 맞추는 구성원만이 능력 있다고 평가하면 안 된다. 구성원들의 다양성과 개성을 성과 달성에 연계시키려면, 그들의 숨겨진 재능을 발굴할 줄 알아야 한다. 또한 그 재능을 조직 발전에 활용할 수 있도록 능력을 발휘할 수 있는 방법과 종류를 다양하게 제공할 필요가 있다. 구성원들의 다양성을 인정해 줄 때 조직 내 신뢰가 높아질 뿐 아니라 그들의 성취욕을 자극한다.

능력에 따른 공정한 인사고과

인사고과 부분은 임직원 모두에게 민감한 범주다. '포춘 100대 기업'의 신뢰경영지수에서도 인사고과 관련 점수는 상대적으로 낮게 나타난다. 그만큼 인사고과는 구성원들과의 신뢰 관계에 큰 영향을 미친다. 구성원들은 조직이 승진을 능력에 따라 공정하게 처리하지 않는다고 불만을 표시한다. 그런데 직원들의 업무 결과를 평가하는 리더는 개인의 능력을 평가하기 어렵기 때문에 관례에 따라 승진할 때가 된 직원에게 가점을 줄 수밖에 없다고 말한다.

인사고과 시스템이 잘 갖춰져 있다고 하더라도 평가하는 리더의 주관에 따라 공정성은 달라질 수 있다. 사람이 하는 일인 만큼 평가자의 주관이 어느 정도 반영될 수밖에 없다. 그렇다 할지라도 리더는 구성원들에게 평가 기준을 명확히 제시하고, 평가 결과를 피드백하는 과정을 거쳐 공정성을 유지해야 한다. 또한 구성원들과의 커뮤니케이션을 통해 평가 기준을 지속적으로 이해시킴으로써 평가 결과에 대한 공감대를 확산시키며 공정성의 수준을 높일 수 있다.

구성원들은 조직에 공정한 보상이나 평가를 요구하기에 앞서 부서의 성과나 회사의 발전을 위해 얼마나 노력하고 헌신하고 있는지 객관적으로 바라볼 필요가 있다.

노력과 기여도에 관계없이 평등하게 나누어 주기만 바라는 구성원들의 의식이 바뀌지 않는 한 공정한 일터를 만들기 또한 어렵다. 어떤 부서는 시간이 남아돌아서 정시 퇴근하고 원할 때에 눈치 보지 않고 개인 휴가를 쓸 수 있는가 하면, 또 어떤 부서는 주말까지 반납

하면서 일해야만 한다. 이렇듯 뿌리는 씨앗의 양이 다른데 열매는 공평하게 나누어져야 한다고 주장한다면 과연 공정한 일터가 될까?

어떤 기준으로 판단하든 개인의 승진, 급여, 그리고 복리후생과 관련 있는 영역은 공정성 논란의 불씨를 가지고 있다. 다만 리더가 공정성과 형평성을 유지하기 위하여 얼마나 노력하며 공개적인가에 따라 공정성에 대한 구성원들의 신뢰 수준이 달라진다.

회사에서는 체계적인 인사고과 시스템과 급여 시스템을 갖추어 놓은 것에 만족할 것이 아니라, 그것을 운영하는 리더가 제대로 실행하고 있는지를 점검해야 한다. 이를 위해 구성원들이 불이익을 당하지 않으면서도 평가나 승진에 대해 이의를 제기할 수 있는 시스템을 만들 필요가 있다. 이미 이의 제기 시스템을 갖춘 기업이 많이 있지만, 형식적인 경우가 많고 제대로 가동되지 않는 곳이 많다. 권위적이며 일방적인 문화가 강한 조직에서는 이러한 이의 제기 시스템이 무용지물이 된다.

인사고과에 대한 불만 비율이 높은 조직의 내부를 살펴보면 리더가 특정인을 편애하고 있는 경우가 많다. 리더의 입장에서는 일 잘하는 사람에게 잘 대할 수 밖에 없다고 이유를 대지만, 입맛에 맞는 사람들을 선호하고 그들을 중심으로 티가 나게 일을 한다면, 조직에는 아부와 험담이 많아질 수밖에 없다. 리더의 편애와 편견에 의한 차별 대우가 구성원들 간에 파벌을 만드는 결과를 가져온다. 이러한 일터는 선의의 경쟁보다는 조직 내 정치적 행위가 난무하고 헛소문과 오해가 많아진다. 이는 구성원들의 응집력을 약하게 만든다. 따라서 리더는 자신의 리더십 행위가 구성원들의 정치적 행위를 유발하지는 않는지 꾸준히 관찰하고 성찰할 필요가 있다.

Key Point

● 공정한 평가 제도의 올바른 운용

능력에 따른 평가가 이루어져야 한다. 구성원들이 자기 일에 도전하고 성취감을 맛볼 때 조직은 발전한다. 구성원들은 능력에 따라 승진이 이루어진다고 믿을 때 헌신적으로 일하려 한다. 능력 및 성과가 아닌 규정에 따른 승진 시스템에서는 직원들의 열정이 피어나기를 기대하기 어렵다.

● 리더의 평가에 대한 공정성 점검 시스템 가동

리더는 특정인에 대한 편견과 편애를 없애야 한다. 구성원들은 업무 능력이 아닌 윗사람에게만 잘 보이면 높은 평가를 받을 수 있다고 느끼는 순간, 업무에 몰입하기보다는 윗사람을 충족시키는 일에 에너지를 쏟는다. 이렇게 되면 리더는 조직의 강한 응집력을 이끌어낼 수 없고 비전 달성을 위한 시너지 효과를 창출하기 어렵다.

● 정치적 행위 배제

조직 내 아부와 험담하는 분위기를 없애야 한다. 정치적 행위 및 험담이 많은 일터는 구성원들 간에 오해를 불러일으킨다. 이는 직원들이 회사의 정책이 언제나 불공정하다고 느끼게 만든다. 조직의 비전 달성을 위한 경쟁보다는 다른 사람을 밟고 서야만 한다는 경쟁 심리는 리더의 정치적 행위에서 비롯된다. 따라서 리더가 공정성을 강화하기 위해서는 조직의 인사 평가 기준에 따라 객관적이고 공개적으로 평가할 필요가 있다.

차별과 편애를 하지 않는 일터

공정성의 문제는 급여나 복리후생, 또는 인사 제도 등에서 제기될 뿐만 아니라 일을 하는 가운데 나타나는 리더의 특정인에 대한 편애, 학연·지연에 따른 차별, 또는 성별·나이에 따른 차별 대우 등도 조직에서의 불공정을 조장하는 원인이 된다.

우리나라 기업에서는 눈에 보이지 않는 파벌이 형성되어 있는 경우가 많은데, 가장 대표적인 것이 학연과 지연에 따른 차별이다. 이 밖에 입사 동기, 같은 동호회, 같은 군부대 출신 등 다양한 형태의 보이지 않는 연계 고리가 리더의 구성원에 대한 평등한 대우를 저해하는 경우가 많다. 사람들은 자신과 공통점을 가진 사람을 더 편하게 대하는 성향이 있다. 이런 동질성이 서로의 관계를 끈끈하게 해 주기 때문에 업무를 추진하면서 다소 편의를 봐주는 현상을 반드시 나쁘다고는 할 수 없다. 다만, 이러한 연계된 관계가 지나칠 경우, 조직 내 파벌이 생기거나 편애와 편견, 그리고 불평 등이 심화될 수 있다.

기업에서 나타나는 불평등의 또 다른 예가 성별에 따른 차별 대우이다. 급여, 복리후생, 인사 제도 등이 여성과 남성 직원에게 공정하게 적용된다고 할지라도 여성의 경우 업무의 중요도 측면에서 불리한 경우가 많이 존재한다. 아직까지 우리나라의 기업은 남성 중심의 조직 문화와 일터 환경이 형성되어 있어 여성들이 능력을 제대로 발휘할 기회가 많지 않다. 따라서 여성들이 자신의 재능을 발휘하여 남성과 똑같은 인정을 받기는 쉽지 않다.

글로벌 시대의 기업 경쟁은 여성이 일하기 좋은 일터 환경을 얼마나 잘 갖추었는지에 따라 차이가 날 수 있다. 2020년 이후 조직에서는 전 세계적으로 여성 관리자나 인재가 평균 40% 이상을 차지하게 될 전망이다. 이런 인력 시장의 변화를 미리 감지한 기업들은 지금부터 여성이 일하기 좋은 업무 환경이나 시설 등을 갖추어 가기 위하여 노력한다. 그러나 아직까지 다수의 기업에서는 남성 중심의 일터 환경이 뿌리내려 있어서 상대적으로 여성들을 위한 업무 환경이나 휴게 시설 등은 미흡한 경우가 많다.

N사의 연구소를 방문한 적이 있다. 종업원 수가 만여 명이 넘지만 내부에는 구성원들이 커피 한잔을 편하게 마실 수 있는 카페테리아조차 찾아보기 힘들었다. 더욱 놀란 것은 여자 화장실에 갔을 때이다. 좁은 공간에 자리 잡은 화장실은 어두컴컴했으며 화장실 문은 마치 80년대의 공중화장실을 연상하게 만들었다. 총무팀 담당자에게 "GWP의 출발은 여자 화장실을 개조하는 데에서 출발해야 할 것 같다."고 말했더니 여사원이 5%밖에 되지 않는다고 대답하였다. 5%의 여사원들은 조직 내에서 존재감조차 없는 것 같아 씁쓸했다.

'포춘 100대 기업'은 단 1%의 구성원들을 위해서도 똑같은 대우를 해주기 위해 노력한다. 컨테이너스토어를 포함한 많은 '포춘 100대 기업'은 비정규직 사원에게조차 정규직 사원과 똑같은 복리혜택 및 대우를 해주기 위해 노력한다. 이들 기업은 성별과 나이, 정규직과 비정규직에 관계없이 구성원들 모두가 훌륭한 사람Great People이라고 자랑한다. 이런 기업의 일터를 평등하고 공정하다고 말할 수 있지 않을까!

Key Point

● 학연·지연이 없는 일터

학연이나 지연에 따른 차별 대우가 없어야 한다. 리더가 같은 학교, 같은 지역의 사람들을 더 챙기거나 때로는 그러한 이유 때문에 더 멀리한다면 구성원들은 평등한 대우를 받지 못한다고 인식한다. 리더는 함께 일하는 구성원들이 조직의 목표를 달성하기 위하여 한자리에 있다는 점을 끊임없이 강조하고 평등하게 대우해야 한다.

● 나이와 성별의 차이 인정

나이나 성별에 따른 편애를 없애야 한다. 조직은 나이가 많은 구성원의 경험이나 경륜을 조직 목표를 달성하는 데 잘 활용할 수 있다. 리더는 성별과 나이에 관계없이 누구나 인정받을 수 있는 기회를 가질 수 있도록 공정하게 대우해야 한다.

● 다문화 수용 환경

인종에 따른 차별을 없애야 한다. 글로벌 시대를 지향하는 기업은 구성원들이 다양한 문화를 경험할 기회를 주어서 열린 생각으로 타인을 대할 수 있게 해준다. 국적과 인종 등에 관계없이 우수한 인재를 채용하는 추세에 발맞춰 리더들에게는 보다 수용적인 사고와 다른 사람과의 차이를 인정하는 리더십을 교육시켜야 한다.

이의 제기의 수용

기업에는 구성원들이 평가나 업무 수행 과정에서 불공평한 대우를 받을 때 이의 제기를 할 수 있는 제도나 방침이 마련되어 있다. 구성원들이 이의 제기를 할 수 있는 제도는 비단 상하 관계뿐만 아니라 부서 간, 구성원 간에 발생하는 일들을 신속하게 처리할 수 있도록 한다. 실제로 기업들은 신문고 제도나 이의 제기 위원회 등을 만들어 공정성을 꾀하기 위해 노력하고 있다.

그런데 정작 이런 제도가 제대로 활용되지 않는 경우가 많다. 약자를 보호하기 위해 만들어진 이 제도는 오히려 이의를 제기하거나 불평등한 사건을 제보하는 사람이 인사상 불이익을 당하거나, 상사의 잘못된 판단이나 평가 때문에 불이익을 당하는 경우도 있다. 이러한 사례를 전해 듣는 순간 이의 제기 시스템에 대한 신뢰는 사라진다. 회사가 아무리 공정성 확보를 위한 제도를 잘 만들어 놓았다고 할지라도 그것을 집행하는 사람들의 생각이 바뀌지 않는 한, 이의 제기 시스템은 무용지물이 될 수밖에 없는 것이다.

조직이 획일적이고 경직되어 있으며, 지시와 통제 중심으로 운영될 때, 구성원들은 부당한 대우에 대해 건의를 하더라도 공정하게 처리될 것이라는 기대를 가질 수 없다. 리더는 구성원들에게 이의 제기를 할 수 있는 기회를 주면, 남용할 것이라고 의심한다. 임직원 간의 신뢰도가 낮으며 관계의 질이 낮기 때문에 생기는 현상이다. 그러나 GWP를 구현하는 기업들은 구성원 하나 하나의 존재와 그들의 권리를 존중해 주기 위해 노력한다.

Key Point

● 신문고제 운영

구성원들이 부당함을 호소하면, 조직은 이를 해결해 준다는 신뢰를 주어야 한다. 제도나 시스템은 만드는 것보다 더 중요한 것은 작은 것이라도 잘 수용되고 있다는 믿음을 심어 주어야 한다. 이를 위해 부당한 대우나 불이익을 당한 구성원들이 자유롭게 말하고 처리 결과를 피드백 받을 수 있는 신문고 제도를 운영하는 것도 바람직하다. 리더의 부당한 행위, 임직원 간의 비윤리적인 행위, 정치적인 행위로 인해 피해를 보는 정직한 사람들이 보호를 받을 때, 구성원들은 조직이 청렴하고 공정하다고 믿는다.

● 불공정 처리 시스템의 실질적 운용

조직의 제도나 시스템을 개인의 이익을 위해 남용할 것이라는 의심을 버려야 한다. 소수의 인원을 제외하고는 사람은 근본적으로 양심적으로 행동하고 생각하려는 성향이 강하다. 소수의 부정직하고 부도덕한 사람을 위해 규정이나 제도가 존재한다면, 다수의 정직한 사람들이 열심히 일할 수 있는 업무 환경을 조성하기 힘들다. 이의 제기 시스템은 정직한 사람을 보호하기 위한 조직의 배려이다.

핵심 가치 4
자부심(Pride)

구성원들이 주인의식을 가지고 업무에 임할 때, 조직의 성과 창출이 월등하다는 사례는 경영 관련 연구에서 자주 찾아볼 수 있다. '자부심'은 구성원들이 '자신의 업무에 주인의식과 긍지를 느끼며, 동료와 함께 팀 성과를 창출하기 위해 노력하고 있다', '기업이 사회적으로 존경 받으며 사회에 공헌하고 있다'고 느끼는 수준을 반영하는 지표이다.

자기 일에 긍지가 높은 사람들

업무 전문성보다는 '자기 일을 바라보는 구성원들의 생각과 태도'가 자긍심의 수준을 결정한다. 어떤 사람은 하나의 문제를 해결하기 위해 밤낮없이 매달리는가 하면, 또 어떤 사람은 간단한 일조차 대충 처리하여 실수를 저지른다. 일을 단순히 급여의 대가로 생각하는 사람은 일에 대해 주인의식을 갖지 못한다. 일은 자아를 성취할 수 있는 기회이며, 능력을 시험해 볼 수 있는 기회라고 생각하는 구성원일수록 업무의 종류에 관계없이 자긍심을 갖는다.

개인의 업무 결과가 조직에 기여한다는 느낌을 갖도록 리더가 격려하고 지원할 때, 또 구성원 스스로가 조직의 성장에 역할을 하고 사회에 기여한다고 느낄 때 업무에 대한 자긍심이 높아진다.

'GWP 신뢰경영지수' 조사 결과를 보면, 대부분 기업의 구성원들은 자신의 일에 높은 긍지를 가지고 있고 조직에 기여한다고 느낀다. 그러나 주변 동료들이나 상사들은 기대 이상의 노력을 하지 않는다고 인식하는 경향이 높다. 즉 자신은 노력하는데, 주변 사람들은 그렇지 않다고 느끼는 이중적 잣대를 감지할 수 있다. 각자가 노력하는 이상으로 동료들도 헌신하고 있다고 인지시키는 것은 리더의 몫이다. 리더의 편견과 편애, 공개적인 질책은 구성원 간의 경쟁심을 조장하게 되며, 구성원들의 업무에 대한 자긍심을 저하시킨다.

> ### Key Point
>
> ● 업무에 의미 부여
> 리더는 구성원의 업무에 대한 노력을 인정하고 의미 부여를 해 주어, 자신이 회사에 기여하고 있다고 느끼도록 해 주어야 한다. 사람들은 자기 일에 의미 부여가 될 때 업무에 몰입하려는 경향이 있으며 학습 성장의 의지가 높아진다. 학습 성장의 의지는 프로 의식을 갖게 하는 기초가 된다.
>
> ● 동료의 노고 인정
> 동료들의 수고를 인정해 주는 분위기를 조성해야 한다. 구성원들이 팀이나 동료들과의 관계에서 서로 노고를 인정함으로써 상대에 대한 존중과 배려가 생긴다. 존중과 배려는 구성원 간에 업무 협조를 원활하게 하고 선의의 경쟁을 불러일으킨다. 다른 사람의 노력을 인정해 줄 때 자신만이 희생당한다는 생각을 하지 않는다.

기업의 사회적 공헌 활동은 애사심으로 연계된다

기업은 사회적 또는 문화적으로 많은 공헌 활동을 한다. 기업의 사회적 공헌 활동은 기부에서 봉사활동에 이르기까지 다양하다. 사회적 공헌 활동을 많이 하는 기업은 구성원들에게 '이 회사가 아니면 안된다'는 애사심과 자부심을 심어 주고, 이직률도 낮다. 실제로 많은 기업이 팀별 또는 개인의 특성에 따라 다양한 봉사활동을 지원한다. 구성원들은 회사의 업적에 자부심을 느끼고 자신의 업무를 인정받을 때 회사를 자랑스럽게 여긴다. 기업의 대외적인 긍정적인 이미지는 직원들이 계속 근무하고 싶은 회사를 만드는 데 기여한다.

종종 최고경영자의 비윤리적인 행위나 기업의 부조리가 매체를 통해 전해질 때, 구성원들의 자부심은 급격히 떨어진다. 따라서 기업의 사회적 기여는 기술이나 제품, 서비스, 또는 기부의 범위를 넘어 내부의 윤리까지 포함하는 포괄적인 개념이다. 따라서 사회적으로 도덕적이며 윤리적인 규범에 근거해 기업을 운영할 책임도 있다.

'포춘 100대 기업'에 이름을 올린 몇몇 기업들 중에는 사회적으로 비윤리적이고 불법적인 조직 운영 때문에 기업 이미지에 큰 손상을 입었을 뿐만 아니라 구성원들의 마음에 상처를 남긴 회사들도 있다. 구성원들의 자부심은 기업의 사회적 공헌뿐만 아니라 윤리 경영에도 영향을 받는다.

Key Point

● 유급 지역사회 봉사

많은 기업들이 사회적 공헌의 일환으로 구성원들에게 파격적인 유급 지역사회 봉사 제도를 운영하고 있다. GWP의 상위권에 있는 넷앱(NetApp)에서는 전 임직원에게 연간 5일의 유급 지역사회 봉사 시간이 주어진다. 단체로 하나의 봉사활동에 참여하는 것이 아니라 개인의 상황이나 재능에 따라 다양한 봉사활동을 할 수 있다. 자녀가 학교를 다니는 경우 자녀의 학교에서 봉사활동을 할 수 있으며, 음악적 재능이 있는 경우는 그 재능을 활용할 수 있다. 봉사활동 시간을 쓰는 것 또한 자율적이어서 구성원들은 업무를 하면서도 조직이 일년 내내 사회 공헌을 하는 것처럼 느낀다.

● 공헌 활동의 내부 홍보

대부분의 구성원은 실질적으로 조직이 대외적으로 어떤 공헌을 하고 있는지 잘 모른다. 구성원들의 애사심을 높이기 위해서는 조직이 이행하고 있는 사회 공헌 활동과 구체적인 내용을 공유해야 한다. 또한 관련 아이디어를 직원 공모 하는 방법도 있다. 그러면 직원들은 자신이 조직의 활동에 동참하고 있다는 느낌을 받으며 애사심을 갖게 된다.

핵심 가치 5
함께 일하는 재미(Fun)

GWP 조직 문화를 구축할 때, 가장 쉽고 가시적인 성과를 거둘 수 있는 영역이 바로 '일하는 재미' 범주이다. '일하는 재미'는 구성원 간에 강한 동료애가 형성되어 있는 조직 분위기를 의미한다. 재미는 구성원 간의 관심과 배려, 호의와 친절, 그리고 공동체 의식이 얼마나 강한지를 측정한다. 즉, 구성원들이 함께 일하는 것이 즐겁다고 느끼는 수준을 반영하는 지표이다.

함께 일하는 재미가 넘치는 조직은 협력 수준과 정보 공유의 질이 높고, 서로의 성장과 성공을 돕는 관계 속에서 생활하기 때문에 활력이 넘치는 일터가 된다. 구성원들 간에 사랑과 관심이 넘치는 행동이 지속적이고 반복적으로 일어나면 팀 단위의 신뢰가 강화된다. 팀의 신뢰는 구성원과 조직의 신뢰 관계에 영향을 미친다.

그런데 많은 기업에서는 구성원 간의 관심과 배려를 바탕으로 한 일하는 재미를 거창한 신바람 운동이나 이벤트 등의 일회성 행사로 진행한다. 기업은 경조사를 비롯하여 단합을 위한 체육대회, 직원 가족 초청 행사, 등반, 한마음 교육, 야유회 등 이벤트를 통해 조직 내 활력을 불어넣기 위해 노력한다. 그럼에도 불구하고 신뢰경영지수 조사 결과에서 '재미' 범주는 지수가 낮게 나타난다.

회사에서 제공하는 획일적이고 일회성으로 끝나는 이벤트는 실제 업무 생활 속에서 협력하는 업무 환경을 조성하지 못하기 때문에 팀에 활력을 불어넣지 못한다. GWP의 '재미' 범주는 생활 속의 작은 사랑, 작은 관심 그리고 타인에 대한 배려를 실천하는 것이며, 팀워크를 강화하는 리더의 노력 등을 포함한다. 진정한 의미의 '재미있는 일터'는 구성원 간의 상호 관계의 질을 개선함으로써 업무 중에도 동료들과 함께 다양한 인정과 축하 활동이 많으며 서로 협력하면서 단결된 느낌을 갖는 것을 뜻한다.

그러나 국내 기업의 '일하는 재미' 수준이 낮은 이유는 업무를 벗어나면 서로 동료애를 느끼며 한마음이 되는 활동이 넘쳐나지만, 업무로 돌아오면 경쟁과 자기중심적 사고, 권위적인 업무 지시와 통제가 존재하기 때문이다.

관심과 배려가 넘치는 친근한 일터

구성원들이 서로 밝게 인사하고 관심과 애정 섞인 말을 건네는 분위기의 일터는 친근감을 높여 즐거운 마음으로 업무에 임할 수 있게 한다. 구성원 간의 관심과 배려가 넘치는 조직은 다양한 축하 활동이 많다. 또한 구성원들은 비교적 자유롭게 행동하기 때문에 조직 분위기가 유연하다. 업무 생활이 재미없고 엄격하고 획일적인 규율 때문에 개성을 살리지 못한다면, 서로에 대한 존중과 배려심도 생기지 않는다.

기업들은 축하 활동을 형식적으로 하는 경우가 있다. 생일 축하 케이크와 카드, 승진자 축하 회식, 결혼기념일에 배달되는 꽃바구니 등은 때가 되면 당연히 오는 일상적인 일일 뿐이다. 이런 틀에 박힌 축하 활동은 구성원들에게 더 이상 감동을 주지 못하며, 흥미진진한 선물이 되지 못한다.

　진정한 축하 활동은 구성원들 간에 마음이 담긴 관심과 배려가 있을 때에만 가능하다. 오데틱스Odetics는 밸런타인데이에 구성원들의 건강을 고려하여 초콜릿이 아닌 홍당무를 주고받는다. 쉰 살이 되는 사람을 위한 '50대의 날'을 정하여 하루 내내 그 세대가 즐겼던 음악을 틀어 주기도 한다. 사우스웨스트 항공사는 매달 서로의 메시지를 담은 '사랑의 릴레이'를 진행한다. 빨간 도화지에 하트를 그려 정성을 담은 메시지와 함께 옆에 앉은 동료들에게 전달하는 '사랑의 릴레이'는 업무 중간중간에 이루어진다. 시노버스파이낸셜Synovus Financial은 구성원들이 자발적으로 다른 팀을 위해 '서프라이즈 파티'를 열기도 한다. 오후 시간에 잠시 짬을 내어 특정 팀에 아이스크림을 배달하거나, 도넛을 제공하는 이벤트는 업무 스트레스를 받는 직원들을 서로 격려하는 활동으로 팀 간의 관심과 협력을 높이는 좋은 결과로 나타나고 있다.

　국내의 많은 기업에서도 여러 가지 축하 활동이나 이벤트를 만들고 있다. A사는 생산직 사원들을 위해 점심시간에 '재미삼아 리그'를 5년째 진행하고 있다. 홀라후프 챔피언, 음료수 병에 고리 던지기, 재기차기, 동전 쌓기 등 짧은 시간에 구성원들이 스트레스를 풀며 함께 웃을 수 있는 활동을 하고 있다. 이렇게 축하 활동은 부서의 특성에 따라 다양한 형태로 진행하는 것이 바람직하다. 전사적으로 행하는 한두 번의 큰 이벤트는 비용 대비 효과가 적다.

　진정한 의미의 GWP를 구현하는 조직은 진심을 담은 작은 활동을 통해 긍정적인 에너지를 쌓아간다. 또한 개인이 창의성과 개성을 살려 다양한 축하 활동을 설계한다. 구성원들의 일관성 있는 관심과 배려는 협력 관계를 강화하고 업무의 질과 성과를 높이는 데 기여한다.

긍정적이고 재미가 넘치는 조직, 구성원들이 서로에게 감사하고 격려하는 마음, 타인의 성공을 축하해 주는 분위기는 구성원들이 눈만 뜨면 달려가고 싶은 일터로 만든다.

Key Point

● 다양한 축하 활동

성공을 축하해 주는 분위기의 일터를 만들어야 한다. 리더와 구성원 간, 구성원과 구성원 간에 서로 인정하고 축하하는 일터를 만들어야 한다. 선의의 경쟁은 조직의 고성과 창출에 기여할 뿐만 아니라 개인이 전문적인 능력을 갖추는 데에도 도움이 된다.

● 유머와 존중의 업무 분위기

웃음과 유머가 넘치는 일터를 만들어야 한다. 웃음과 유머는 사람들의 생각과 행동을 유연하게 만들어 어렵고 힘든 일을 재미있게 할 수 있는 에너지를 생성시킨다.

● 일터 환경 가꾸기

창의적인 일터 환경을 만들어야 한다. 서로에 대한 작은 관심은 큰 감동을 선사한다. 개성 있는 책상 가꾸기, 가족사진이나 존경하는 사람의 사진 등으로 자신을 표현하고 팀원과 선물을 주고받으며 관심과 배려를 나타낸다. 팀 내에 계절의 특징을 살린 공간 마련, 특별한 날에 부서의 벽면을 함께 장식하는 활동을 하면서 하나가 되는 느낌을 갖는다.

상대를 인정하고 수용하는 행동

친절은 상대를 있는 그대로 인정하는 것이며 상대의 행동을 존중해 주는 행동이다. 또한 상대의 이야기에 귀 기울이며 진심을 담은 감사와 축하 인사, 먼저 돕고 호의를 베푸는 행위는 신입사원이나 전입사원들의 소외감을 없애준다. 동료 간에 보이는 호의와 친절은 격려, 감사, 칭찬, 사과 등 다양한 형태로 표현할 수 있다.

어느 신입사원의 이야기이다. 그는 출근 첫날 자신의 자리에 달린 배너를 보고 깜짝 놀랐다. "ㅇㅇㅇ씨, 우리 부서의 배치를 축하합니다."라는 문구와 함께 책상에는 신문 크기만 한 카드에 축하의 메시지와 어떤 도움을 누구에게 받을 수 있는지, 누가 어떤 분야의 전문가인지 상세하게 적혀 있었다. 뿐만 아니라, 회식 날짜와 주관하는 사람이 누구이며, 좋아하는 음식과 주량 등을 적을 수 있는 카드가 있었다. 또한 선배 사원들의 케이크 자르기, 케이크 얼굴에 묻히기 등 온종일 신입사원을 환영해 주는 분위기에 이 자리가 바로 자신이 평생 일할 자리라는 생각을 가질 수 있었다. 그는 선배들의 작은 배려와 이벤트 덕분에 출근 첫날이지만 친근하게 느끼게 되었으며, 가족의 일원이 되었다는 느낌을 가졌다.

업무가 잘 진행되지 않아 고민하는 동료나 상사로부터 질책을 받아 사기가 떨어진 동료의 책상 위에 올려놓는 위로의 한마디를 담은 격려 메시지는 스트레스를 해소시켜 주는 청량제와 같다. 또 납기를 지키지 못했거나 도움이 필요한 동료에게 힘이 되어 주지 못했을 때 미안함을 담은 한마디는 서로의 입장을 이해하고 수용할 수 있는 여유를 갖게 만든다. 동료들에 대한 친절한 행동 또한 상대에 대한 관심에서 출발한다. 상대에 대한 관심은 나 중심의 사고에서 벗어나 상대의 입장에서 생각하고 행동하게 만든다. 동료의 고충과 고민을 경청하고 해결해 주기 위해 노력하는 작은 친절은 팀을 하나로 엮어주는 윤활유가 된다.

일터의 분위기가 지나치게 조용하거나 또 서로 말하기를 귀찮아한다면 조직 문화 자체가 무겁고 경직되어 있다는 것을 의미한다. 구성원들이 이기적이고 동료들에게 무관심하다면, 또 동료의 가족이나 생활에 대해 묻는 것이 사생활 침해처럼 느껴진다고 말한다면 그 일터는 정서가 메마른 황폐한 조직이다. '친밀감이 넘치는 일터', '재미있게 일하는 조직'은 큰 이벤트나 행사로 만들어지지 않는다. 진심에서 우러나는 작은 친절은 구성원 서로에게 큰 감동을 주며 GWP 구현을 가시화시킨다.

Key Point

● 독특한 신입사원 환영 문화 구축

창의적인 방법으로 신입사원에 대한 배려를 표현해야 한다. 흔히 풍선처럼 한껏 부푼 신입사원은 바람부터 빼서 조직이 녹록한 곳이 아니라는 것을 알려주어야 한다고 말한다. 기선을 제압해야 말도 잘 듣고 앞으로 시키는 일도 군소리 없이 잘할 것이라 생각한다. 그러나 공동체의 일원이 된다는 것은 공감하는 영역이 커진다는 것이며, 한마음이 된다는 것이다. GWP를 구현하는 일터에서는 신입사원들이 보다 편한 마음으로 조직에 적응할 수 있도록 다양한 이벤트나 배려를 하고 있다.

● 전입자에 대한 진정한 배려

전입자를 외톨이로 만들면 안 된다. 신입사원보다 더 어려운 것이 전입자를 위한 배려이다. 전입자는 기존에 몸담았던 조직에 대한 향수나 그리움이 많기 때문에 새로운 부서에 적응하는 것이 더 힘들다. 그들이 새로 배치된 부서에 빠르게 적응할 수 있도록 배려하는 것은 공동체 강화를 위해 매우 중요하다. 전입자의 생각과 행동을 바꿀 수 있는 방법 중의 하나는 새로 배치된 조직 문화에 대한 이질감이 생기지 않도록 감싸 주는 동료들의 역할이 중요하다. 특히 업무 변화에서 생기는 갈등을 빠르게 해결해 주기 위해 돌아가면서 멘토의 역할을 해주는 것도 바람직하다.

우리는 하나라는 공동체 의식

공동체 의식이 강하면 구성원들을 공동의 비전과 목표를 향해 한 방향으로 정렬시키는 응집력이 생긴다. 함께 일하는 구성원들이 조직의 비전을 공유하고 공동의 가치를 지켜 나갈 때 조직 내에 일체감이 형성될 뿐만 아니라 가족과 같은 운명 공동체가 형성된다.

'일터의 재미'는 구성원들 간에 얼마나 끈끈한 정이 흐르는가에 따라 좌우된다. 동료가 보기 싫으면 함께하는 일도 재미가 없을 뿐더러 도와주고 싶은 마음도 없어진다. 사람들은 직장 생활이 어떤 것인지 잘 알기 때문에 겉으로는 서로 잘 지내는 것처럼 행동하고, 사석에서는 가까운 것처럼 행동하기도 한다. 그러나 정작 마음은 열지 않는다. 공동체 의식은 구성원들이 서로에 대해 깊이 이해하려 노력하고, 다른 사람과의 차이를 인정하지 않으면 형성되기 힘들다.

기업의 공동체 의식과 관련한 특성을 살펴보면 경조사를 챙기는 일이나 개인적으로 어려울 때 도와주는 '우리'라는 문화가 잘 발달되어 있다. 그래서 구성원의 집안에 어려운 일이 있거나, 좋은 일이 있을 때에는 내 일처럼 도와주는 가족 같은 분위기가 잘 조성되어 있다. 그런데, 막상 일터로 돌아오면 이기적인 생각과 경쟁심을 가진다. 일터의 문화가 수직적이며 위계적으로 경직되어 있기 때문이다. 타부서와의 협력 수준이 낮은 것은 물론, 자신의 시간이나 노력을 희생하면서 동료를 도와주는 경우가 많지 않다. 이런 구성원들을 보며 리더는 이기적이고 자기밖에 모른다고 말한다.

특히 젊은 세대일수록 자기 것만을 챙기려는 성향이 강해서 공동체 의식이 점점 무너지고 있다고 한탄하는 리더를 자주 본다. 그런 의미에서 이웃사촌이라는 말도 옛말처럼 느껴진다.

그러나 GWP의 공동체 의식은 구성원 개인이 서로의 눈치를 보지 않고 비교적 자유스럽게 행동하고 사고할 수 있는 일터 환경을 의미한다. 가족은 근본적인 신뢰가 형성되어 있기 때문에 가족 구성원 하나 하나가 심리적으로 편하게 행동한다. 이처럼 일터에서도 구성원들이 서로 편안하게 생각하고 협력할 때에 한 가족이라고 느낄 수 있고 성장해 간다. 이러한 일터는 조직이 팀워크에 의한 성과를 중시하고 실제 평가나 보상에 반영될 때에만 가능하다.

　GWP의 공동체 의식을 저해하는 요소로 부서 간 또는 부서 내의 이기주의를 들 수 있다. 개인의 경쟁을 부추기는 성과 시스템이나 리더의 편견과 편애가 평가나 인사고과에 반영되는 것을 볼 때, 구성원들은 서로 협력하지 않는다. 기업의 최고경영자가 특정 부문이나 사업장을 강조할 때 부서간의 협력은 기대하기 어렵다. 실제로 부서 이기주의는 조직의 목표 달성을 위한 시너지 효과를 창출하는 데 가장 큰 장애가 되고 있다. 부서 이기주의는 부서 내 구성원 간의 개인적인 경쟁심과 합쳐져 조직을 더욱 둔화시키며, 구성원들의 마음을 고립시킨다.

　가족 같은 분위기의 핵심은 경조사를 잘 챙기는 것이 아니라 일상 속에서 서로 관심을 가지고 배려하는 가운데 신뢰하는 공동체를 형성해 가는 데에 있다. 부서 이기주의나 개인 이기주의를 없애야 조직 내 정보의 흐름을 자유롭게 하고 개인의 성공보다는 조직의 공동 목표를 먼저 생각하게 만든다.

Key Point

- 협업 중심의 업무 및 평가

부서 내 또는 부서 간의 협력을 강화시켜야 한다. 지나치게 개인 경쟁을 강조하면, 성과를 창출하기 위한 보이지 않는 갈등이 심화된다. 뿐만 아니라 리더가 경쟁심을 의도적으로 조장하는 경우, 개인의 이기적이고 자기중심적인 행동이 습관화된다. 구성원들이 서로 협조하는 일터를 만들기 위해서는 상하 간의 소통 못지않게 구성원 간의 목표 공유, 지식 공유 및 자유롭게 의견을 개진할 수 있는 수평적 커뮤니케이션을 활성화시켜야 한다.

- 이타적인 일터 환경

가족적인 분위기를 만들어야 한다. 리더 중에는 일터에서 마음이 편하고 긴장감이 풀어지면 성과를 내지 못하고 나태해질 것이라고 걱정하는 사람이 있다. 직원들은 업무 스트레스는 얼마든지 해결할 수 있지만, 인간관계에서 갈등이 생기면 회사에 오고 싶은 마음이 없어진다. 서로 하나라고 느낄 수 있는 일터, 가족처럼 편안한 동료 관계는 공동체 의식을 강화시킨다.

06
GREAT WORK PLACE

조직 문화와 시스템

기업은 이윤을 추구한다. 그래서 기업의 성과 창출은 경영 평가에서 가장 중요한 기준이 된다. 기업은 이윤 창출을 극대화하기 위하여 지속적으로 업무 프로세스 및 시스템 등을 혁신한다. 그래서 기업들은 앞다투어 선진화된 업무 프로세스를 활용하여 성과 창출에 노력을 기울이고 있다. 그러나 시스템이나 제도 선진화에는 많은 비용을 들이지만, 그 제도나 시스템을 운용하는 구성원들의 생각과 행동의 혁신에는 크게 신경 쓰지 않는 경우가 많다.

조직의 성과는 제반의 시스템을 운용하는 구성원들의 업무를 바라보는 시각과 행동에 따라 결과가 좌우된다. 조직 문화는 구성원들의 공통적인 생각과 행동의 집합체라고 할 수 있다. 기업은 삶의 배경이 다른 다양한 사람들이 모여 공동의 목표를 달성하기 위해 함께 일하고 생활하는 곳이다. 기업의 지속적인 성장은 공동의 목표와 기대치가 높아져 간다는 것을 뜻한다. 구성원들은 조직의 목표와 기대치를 충족시키는 주체이다. 따라서 구성원들의 생각과 행동은 기업이 추구하는 비전과 목표 달성에 결정적인 영향을 미친다. 즉, 구성원들의 생각과 행동의 집합체인 조직 문화는 제반 시스템과 상호 작용하면서 기업의 성장 엔진이 된다.

따라서 선진화된 시스템과 조직 문화는 불가분의 관계가 된다. 시스템이 아무리 선진화되어 있다 할지라도 이를 운용하는 구성원들의 생각과 행동을 대변하는 조직 문화가 위계적이며 수동적이라면 지속적 성과 창출에는 제한적일 수밖에 없다. 조직 문화의 중요성을 심각하게 인지하는 기업들은 선진화된 시스템과 구성원들의 자발적 몰입과 헌신을 이끌어내는 GWP 조직 문화의 상호 작용을 통해 성과를 창출해 나간다.

조직에 소속된 구성원들은 일하고 받는 급여가 자신의 삶을 영위하는 수단이라는 것을 너무나 잘 알고 있기 때문에 기본적으로 맡은 바 업무는 해낸다. 그래서 조직 내 신뢰 관계가 낮은 일터 문화를 가진 기업이라도 성과를 창출할 수는 있다. 그러나 서로에게 불신이 팽배한 조직 문화는 구성원들의 생각과 행동을 소극적이며 냉소적으로 만들어 회사의 요구 사항을 적극적으로 받아들일 수 없게 만든다. 구성원들이 복지부동일 때 리더는 목표를 달성하기 위하여 직원들의 업무에 점점 더 간섭하게 되며 구성원들을 더욱 타율적으로 만든다. 리더가 밀어붙이는 형태의 관리는 구성원들로 하여금 목표 달성만을 위해 일하게 하여 심리적 스트레스만 증가시킨다. 타율적이고 위계적인 일터 문화의 후진성은 선진화된 시스템과는 서로 배타적인 현상을 보이기 때문에 조직의 성과가 높게 나타날수록 구성원들에게 더 많은 압박감과 심리적 불안감을 안겨 준다.

따라서 조직 체계나 업무 프로세스, 지원 시스템, 인사, 복리후생 등 선진적 시스템을 갖춘 기업이라도 일터의 문화 수준이 낮다면 둘 사이에 충돌이 생겨, 성과가 창출되면 될수록 구성원들의 불평 불만 또한 상대적으로 높아진다.

반면에 GWP를 구현하는 기업은 '신뢰'를 조직 문화의 보이지 않는 '핵DNA'으로 본다. 구성원들 간의 높은 신뢰는 보다 자율적이고 헌신적으로 행동하게 만든다. 이런 일터의 구성원들은 회사의 요구나 기대 사항을 적극적으로 수용하기 때문에 리더 또한 과감한 권한위임을 통해 구성원들에게 자율성과 창의성을 펼칠 기회를 준다. 높은 신뢰를 바탕으로 형성된 GWP 조직 문화는 선진화된 업무 프로세스나 시스템과 상호 보완하는 시너지 효과를 가져온다.

리더의 신뢰가 바탕이 되면 권한 위임과 자율성을 보장하면서 도전적이고 창의적인 시스템으로 업무가 추진되기 때문에 구성원의 스트레스나 불만은 최소화된다. 따라서 성과가 많이 난다고 할지라도 구성원들의 심리적 스트레스와 갈등은 그리 높지 않다. 시스템과

라보는 시각과 행동에 따라 결과가 좌우된다. 조직 문화는 구성원들의 공통적인 생각과 행동의 집합체라고 할 수 있다. 기업은 삶의 배경이 다른 다양한 사람들이 모여 공동의 목표를 달성하기 위해 함께 일하고 생활하는 곳이다. 기업의 지속적인 성장은 공동의 목표와 기대치가 높아져 간다는 것을 뜻한다. 구성원들은 조직의 목표와 기대치를 충족시키는 주체이다. 따라서 구성원들의 생각과 행동은 기업이 추구하는 비전과 목표 달성에 결정적인 영향을 미친다. 즉, 구성원들의 생각과 행동의 집합체인 조직 문화는 제반 시스템과 상호 작용하면서 기업의 성장 엔진이 된다.

따라서 선진화된 시스템과 조직 문화는 불가분의 관계가 된다. 시스템이 아무리 선진화되어 있다 할지라도 이를 운용하는 구성원들의 생각과 행동을 대변하는 조직 문화가 위계적이며 수동적이라면 지속적 성과 창출에는 제한적일 수밖에 없다. 조직 문화의 중요성을 심각하게 인지하는 기업들은 선진화된 시스템과 구성원들의 자발적 몰입과 헌신을 이끌어내는 GWP 조직 문화의 상호 작용을 통해 성과를 창출해 나간다.

조직에 소속된 구성원들은 일하고 받는 급여가 자신의 삶을 영위하는 수단이라는 것을 너무나 잘 알고 있기 때문에 기본적으로 맡은 바 업무는 해낸다. 그래서 조직 내 신뢰 관계가 낮은 일터 문화를 가진 기업이라도 성과를 창출할 수는 있다. 그러나 서로에게 불신이 팽배한 조직 문화는 구성원들의 생각과 행동을 소극적이며 냉소적으로 만들어 회사의 요구 사항을 적극적으로 받아들일 수 없게 만든다. 구성원들이 복지부동일 때 리더는 목표를 달성하기 위하여 직원들의 업무에 점점 더 간섭하게 되며 구성원들을 더욱 타율적으로 만든다. 리더가 밀어붙이는 형태의 관리는 구성원들로 하여금 목표 달성만을 위해 일하게 하여 심리적 스트레스만 증가시킨다. 타율적이고 위계적인 일터 문화의 후진성은 선진화된 시스템과는 서로 배타적인 현상을 보이기 때문에 조직의 성과가 높게 나타날수록 구성원들에게 더 많은 압박감과 심리적 불안감을 안겨 준다.

따라서 조직 체계나 업무 프로세스, 지원 시스템, 인사, 복리후생 등 선진적 시스템을 갖춘 기업이라도 일터의 문화 수준이 낮다면 둘 사이에 충돌이 생겨, 성과가 창출되면 될수록 구성원들의 불평 불만 또한 상대적으로 높아진다.

반면에 GWP를 구현하는 기업은 '신뢰'를 조직 문화의 보이지 않는 '핵DNA'으로 본다. 구성원들 간의 높은 신뢰는 보다 자율적이고 헌신적으로 행동하게 만든다. 이런 일터의 구성원들은 회사의 요구나 기대 사항을 적극적으로 수용하기 때문에 리더 또한 과감한 권한 위임을 통해 구성원들에게 자율성과 창의성을 펼칠 기회를 준다. 높은 신뢰를 바탕으로 형성된 GWP 조직 문화는 선진화된 업무 프로세스나 시스템과 상호 보완하는 시너지 효과를 가져온다.

리더의 신뢰가 바탕이 되면 권한 위임과 자율성을 보장하면서 도전적이고 창의적인 시스템으로 업무가 추진되기 때문에 구성원의 스트레스나 불만은 최소화된다. 따라서 성과가 많이 난다고 할지라도 구성원들의 심리적 스트레스와 갈등은 그리 높지 않다. 시스템과 문화의 일치는 서로 시너지 효과로 이어져 자율적인 고효율의 업무 프로세스를 촉진시키며 조직의 성과가 많이 날수록 구성원들의 자부심 또한 높아진다.

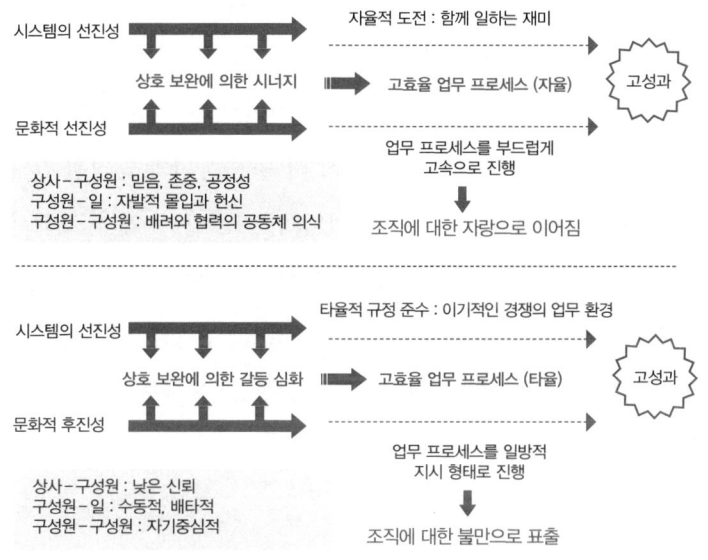

성과 창출을 위한 시스템과 문화의 관계

기업은 지속적인 성장과 번영을 추구하기 위하여 끊임없이 조직을 혁신해 왔다. 오늘날 급변하는 글로벌 시대에 기술 혁신과 신성장 동력을 만들기 위한 창의적인 전략 마인드가 어느 때보다 절실하게 요구되는 상황에서 기업들이 집중적으로 시도하는 영역이 '일터의 혁신Workplace Innovation'이다.

'일터의 혁신'은 조직 문화의 혁신으로 직결되어 구성원의 사고와 행동 변화를 위한 다양한 활동을 수반한다. 이 일터 혁신의 중심에 신뢰를 바탕으로 하는 GWP가 자리 잡고 있는데, 그것은 기업의 성과는 '결과 중심의 경영'에서 '과정의 정당성과 고성과 창출 모두가 중요시되는 새로운 경영 패러다임'이 요구되고 있기 때문이다.

GWP 조직 문화는 구성원들의 자발적 몰입과 헌신을 통해 조직의 성과를 창출해 가는 것을 궁극적인 지향점으로 삼고 있다. 지시와 통제를 기준으로 한 성과 창출은 단기적으로는 좋은 결과를 가져올 수 있지만 해를 거듭할수록 조직 내 불평 불만과 임직원 간의 긴장 관계가 심해진다는 것은 그동안 경험으로 알 수 있다. 그래서 지식·정보 시대의 글로벌 경쟁에서 기업들은 기업 성장의 핵심을 '신뢰'라고 강조한다. 따라서 앞서 가는 기업들은 GWP의 신뢰 경영 정착을 통해 상호 이해를 바탕으로 하는 조직 문화를 정착시키기 위하여 일터의 문화를 혁신해 나가고 있다.

07
GREAT WORK PLACE
조직 문화와 성과

재무적 성과

신뢰 경영을 바탕으로 하는 GWP가 주목 받는 것은 'GWP가 조직의 탁월한 성과를 지속적으로 창출하고 있으며 성과 창출이 조직 내 긴장을 고조시키는 것이 아니라 협력과 공동체 의식을 더욱 강화시킨다'는 연구 데이터가 속출하고 있기 때문이다. 또한 조직 내부의 신뢰 관계가 자연스럽게 고객과의 신뢰 관계로 이어져, 고객과 사회로부터 높은 윤리성과 도덕성을 갖춘 기업으로 존경 받고 있기 때문이다. 기업의 궁극적인 목적이 '이윤 추구와 존경 받는 기업으로서 가치 증대'라면 GWP는 이 두 가지를 충족시키는 새로운 경영 패러다임이다.

실제로 '포춘 100대 기업'의 재무 성과는 'S&P 500대 기업'이나 'Frank-Russell 3000 기업'에 비해 월등하게 나타나고 있다. '포춘 100대 기업'의 재무 성과를 10년 간 비교 분석해 보았을 때, 1.5배에서 최고 2.5배까지 차이를 보이고 있다. 더욱 놀라운 사실은 해를 거듭할수록 차이가 더 벌어진다는 점이다. GWP를 구현하는 '포춘 100대 기업'은 이처럼 재무 성과, 조직의 효율, 기업 성장률 등 여러 측면에서 높은 지표를 보여주고 있다. 이는 신뢰 문화의 기반이 튼튼한 기업일수록 외적인 환경 변화에 크게 좌우되지 않으며 지속 성장 가능한 기업으로 번영할 수 있는 강한 동력이 있다는 점을 시사한다.

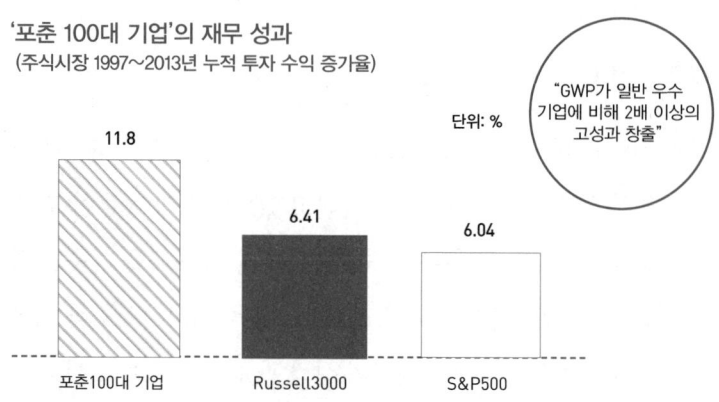

GWP 조직 문화를 만들어 가는 기업들은 해마다 놀라운 성장률을 보인다. 특히 2014년 '포춘 100대 기업'에 선정된 기업들의 평균 성장률은 일반 기업들보다 평균 3배에서 5배까지 증가하고 있다. 세계 경제의 불황은 최근 2년 동안 기업의 저조한 성장률에서 찾아볼 수 있다. 미국 노동부의 통계에 따르면 2012년 미국 기업의 평균 성장률은 1.6%, 2013년에는 3.2%에 그쳤다. 반면 신뢰 경영을 구현하는 '포춘 100대 기업'의 경우, 2012년에는 평균 6%의 성장, 2013년에는 15.4%의 높은 성장률을 보이고 있다. 2년 동안 훌륭한 일터의 문화를 가진 기업들이 그렇지 않은 기업에 비해 거의 5배에 가까운 성장률을 나타내고 있다. 이것은 조직 내의 탄탄한 신뢰 관계가 구성원들로 하여금 빠르게 변화를 수용하고 자발적인 노력과 헌신이 넘치는 일터의 환경 때문인 것으로 볼 수 있다.

'포춘 100대 기업'의 평균 성장률

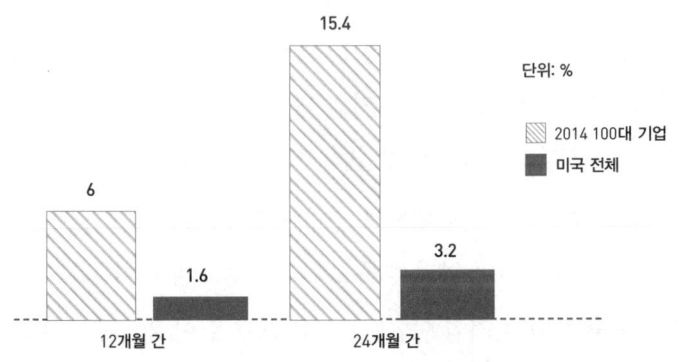

* 자료제: 《GPTW Institute 연구 보고서》 미국 노동부 통계와 2014년 포춘 100대 기업의 통계 분석 결과

낮은 이직률

조직은 언제나 우수 인재를 채용하고 이를 유지하기 위하여 노력한다. 이직률이 높으면, 채용 비용과 교육 비용이 증대될 뿐 아니라, 기업 이미지에도 나쁜 영향을 미친다. 또한 신규 채용한 인원은 업무 숙달까지 일정 시간이 걸리기 때문에 조직의 목표 달성에 지장을 초래한다. 2013년 글로벌 GPTW(Great Place to Work) 의 연구 결과에 따르면 '포춘 100대 기업'의 이직률은 미국 산업계의 평균 이직률에 비해 65%나 낮은 현상을 보이고 있다. 제조업 중심의 '포춘 100대 기업'은 2013년 이직률이 평균 5.8%인 반면 일반 제조회사는 10.5%로 거의 두 배이다.

'포춘 100대 기업'에 속한 의료서비스 분야 기업은 일반 의료서비스나 병원의 17.1 %에 비해 3분의 1 수준인 6.0%로 낮은 수준이고, 또한 정보통신 분야는 일반 기업의 16.2%에 비해 2분의 1 수준인 8.0%를 보이고 있다. '포춘 100대 기업'의 수위를 달리고 있는 쌔스인스티튜트(SAS Institute)나 구글(Google)은 3% 이내를 나타내고 있다. 건설업도 이직률이 비교적 높은 분야인데, 일반 기업이 거의 20%에 육박하는 반면, '포춘 100대 기업'에 속한 기업은 8.7%로 낮다.

특이한 점은 금융서비스 및 보험사의 경우 '포춘 100대 기업'이나 일반 기업 모두 10% 내외로 큰 차이를 보이지 않고 있다. 교육, 컨설팅 등 지식서비스업의 경우 2분의 1 정도의 차이를 보이고 있는데 '포춘 100대 기업'이 10.4%, 일반 기업이 26%를 나타내고 있다. 산업별로 볼 때, 관광업에 종사하는 구성원들의 이직률이 가장 높게 나타나는데 일반 기업의 경우 38%, '포춘 100대 기업'도 24.5%를 나타내고 있다.

GWP 조직 문화를 구축해 가는 기업들은 한결같이 채용과 훈련에 드는 비용이 크게 절감된다고 말한다. 특히 우수 인재의 이직률이 일반 기업보다 훨씬 낮기 때문에 고부가가치를 창출하는 인재를 많이 유지할 수 있다는 점을 강조한다.

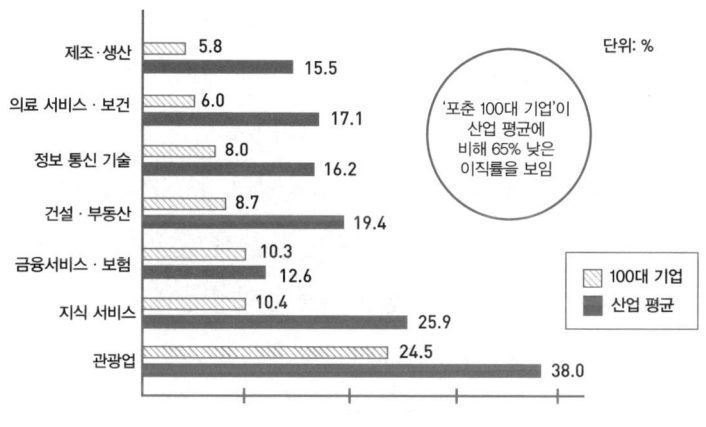

'포춘 100대 기업'과 일반 기업의 산업별 이직률 비교

* 자료제공 : 2013년 Great Place to Work Institue®

신뢰지수 향상과 기업의 수익성 증대

GWP 조직 문화의 핵심은 신뢰 구축이다. GWP 조직 문화의 수준을 측정하는 데 쓰이는 신뢰경영지수Trust Index©는 '일하기 좋은 포춘 100대 기업'의 조직 문화를 평가하는 데 사용되고 있다. 신뢰지수

조사는 크게 다섯 가지 영역에서 구성원들의 조직과 리더에 대한 신뢰 정도를 측정한다. 경영진의 리더십 행위와 조직을 운영하는 과정과 결과에 대한 구성원들의 신뢰를 측정하는 '믿음^{Credibility}', 조직이 구성원들을 존중하는 활동과 시스템을 얼마나 갖추고 있는가를 측정하는 '존중^{Respect}', 구성원들의 성과에 대한 보상과 업무 추진 과정에서의 공정성과 형평성을 측정하는 '공정성^{Fairness}', 구성원들의 업무와 조직에 대한 충성도를 측정하는 '자부심^{Pride}', 그리고 구성원 간의 배려와 협력을 바탕으로 한 팀워크를 측정하는 '함께 일하는 재미^{Fun}' 영역이 신뢰경영지수 평가 영역이다.

GPTW Global의 연구 결과에 따르면 2002년도 '포춘 100대 기업'의 평균 신뢰지수는 60점을 넘지 못하였다. 같은 해 일하기 좋은 100대 기업의 평균 수익은 100억 달러 정도였다. 2005년도 '포춘 100대 기업'의 평균 신뢰지수는 껑충 뛰어올라 75점 이상이 되었다. 기업의 신뢰지수 향상에 따른 수익성 증대는 800억 달러로 4배 정도의 증가세를 보였다.

2009년 리먼 브라더스 사태가 전 세계 기업을 강타하여 세계적인 경기 불황을 가져왔을 때에도 '포춘 100대 기업'의 평균 신뢰지수는 80점 이상의 높은 점수를 나타냈으며 이에 따른 수익성 향상 또한 1000억 달러로 지속적인 수익 증가를 보여왔다. 이러한 조직의 신뢰 수준 향상은 GWP 조직 문화를 만들어 가는 기업들에게 해를 거듭할수록 더 높은 수익성을 가져다주었다. 2012년에는 세계 경제가 리먼브라더스 사태 이후로 아직도 경기 불황에서 벗어나지 못하고 있었음에도 불구하고 '포춘 100대 기업'의 평균 신뢰지수는 85점 수준의 높은 점수를 보여주었으며 이에 따른 기업의 수익 또한 평균 2,330억 달러에 이르는 높은 수익성을 가져다주었다.

이런 연구 결과는 조직 내 신뢰 관계의 수준이 기업의 수익성 증대에 직접적인 영향을 미치고 있음을 시사한다. 나아가 GWP가 조직의 지속적인 성과 창출의 기반이 되고 있음을 보여준다.

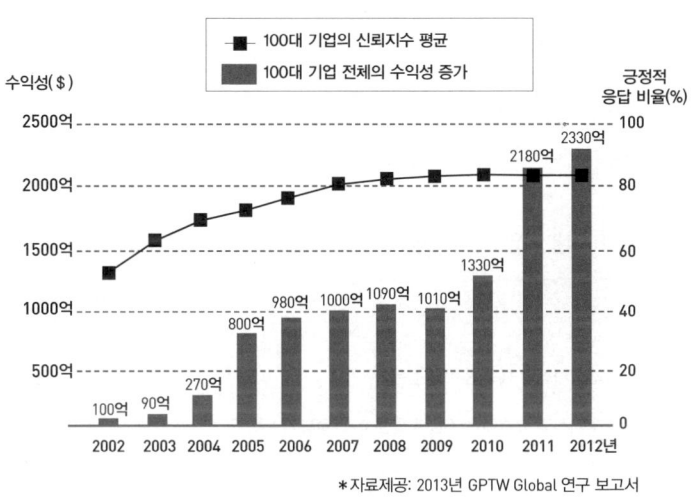

* 자료제공: 2013년 GPTW Global 연구 보고서

애사심과 협업 수준

GWP에서 구성원들의 태도를 살펴보면 몇 가지 공통적인 특성을 발견할 수 있다. 우선 구성원들이 강한 주인의식을 가지고 있어서 회사를 자랑스럽게 말하며 일에 대해 강한 자긍심을 보인다. 특히

회사의 정책을 긍정적으로 수용하며 자신의 업무와 연계시키려는 노력을 한다. 그들은 동료의 업무를 도와주기 위해 기꺼이 자신의 시간과 노력을 희생한다. 또한 업무에 대한 높은 윤리 의식과 책임감을 행동으로 보여준다. 이런 기업의 구성원들은 강한 공동체 의식이 있기 때문에 여느 일반 기업들보다 협업이 잘된다.

GPTW Global 연구 보고서에 따르면 일하기 좋은 기업 순위가 100위 이내인 경우와 100위에서 200위 사이에 있는 경우를 비교할 때 조직에 대한 애사심과 구성원 간의 협업 수준은 현격한 차이를 보이고 있다. GWP는 구성원들의 열린 커뮤니케이션을 지원하며 정보 공유의 수준을 높여 주기 때문에 구성원끼리 서로 목표 달성을 도와주는 환경을 만든다.

'포춘 100대 기업'의 애사심과 협업 수준

질문	2013년 포춘 100대 기업	응모 기업 중 100대 기업에 들지 않은 회사
현재의 회사에서 계속 일하고 싶은가?	84%	66%
동료가 자신의 요청에 협조할 확률은 어느 정도인가?	87%	72%

*자료제공: 2013년 GPTW Global 연구 보고서

탁월한 고객만족

기업의 성과는 고객만족과 밀접한 관계가 있다. 페더럴익스프레스 Federal Express가 GWP 조직 문화를 구현하는 이유는 경영 철학에서 비롯된다. 페더럴익스프레스에서는 회사가 직원을 존중하여 대우하

면, 구성원들은 고객을 존중하고 만족시킬 것이기 때문에 구성원의 만족과 행복이 조직 문화의 최우선 과제로 등장한다. '포춘 100대 기업'은 이처럼 구성원들의 업무 수행이 곧바로 고객만족의 결과로 나타나는 것을 알기 때문에 구성원들이 보다 적극적이고 도전적으로 몰입할 수 있는 일터 환경을 구축하기 위하여 노력한다.

코넬 대학의 사이먼Simon 교수에 따르면 '포춘 100대 기업'의 고객만족도 결과는 미국 일반 기업의 평균 고객만족도에 비해 2.3~3.0% 더 높게 나타난다. 뿐만 아니라 동종 업계의 평균치보다 4.0~4.6% 더 높게 나타나고 있다. 또한 병원이나 보건 시스템에 대한 환자의 만족도 조사 도구인 HCAPS Hospital Consumer Assessment of Healthcare Providers and Systems의 결과에 따르면 〈포춘〉지가 선정한 일하기 좋은 병원들에 대한 환자의 만족도는 국가의 평균 병원보다 4.6% 더 높게 나타났으며, 다른 사람에게 병원을 추천할 의향이 있는가에 대한 조사 결과는 국가의 평균 점수보다 6.3% 높게 나타나고 있다.

이처럼 GWP 조직 문화는 고객만족 수준을 높여 기업을 신뢰하고 충성도 높은 고객층을 넓혀 가는 데 지대한 영향을 미친다.

낮은 산업재해 사고 발생률

GWP는 고성과 조직을 지향하기 때문에 목표 달성에 대한 스트레스는 어느 정도 가질 수밖에 없다. 그러나 동료와 협업이 잘되고 임직원 간에 두터운 신뢰가 쌓여 있다면 압박감이나 스트레스는 줄어든다. 또한 심리적 안정은 업무 중 실수나 사고 발생률을 줄이는 데 큰 도움을 준다.

실제로 '일하기 좋은 기업' 선정에 응모한 기업들 중에서 신뢰지수 점수에 따라 분석한 결과, 신뢰 수준과 사고 발생률의 관계에서 두드러진 특징을 찾아볼 수 있다. 신뢰지수 점수가 65~70점에 분포된 5개 기업 중에서 4개 기업의 산업재해 사고 발생 건수가 연간 400~700건에 분포되어 있다. 그러나 신뢰지수가 높을수록 기업의 산업 재해 사고 발생 건수는 현저하게 줄어들어 연간 100건 이하로 낮아지는 현상을 볼 수 있다. 이처럼 GWP는 조직 내 사고를 현저하게 낮추는 효과를 가져온다.

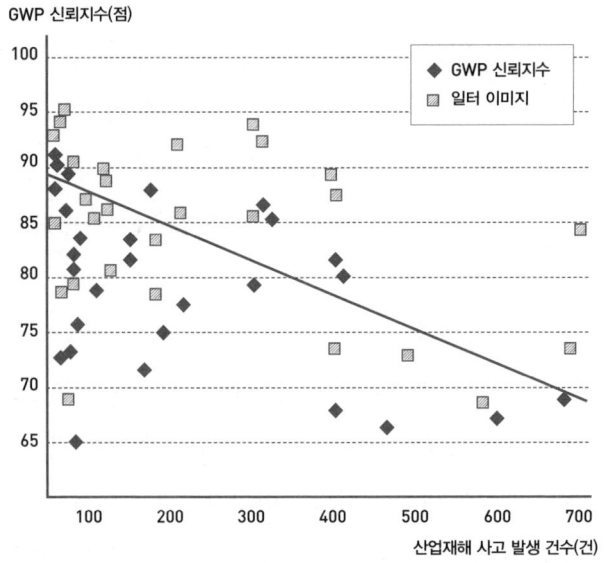

신뢰 수준 향상에 따른 산업재해 발생률 감소

*자료제공: 2013년 GPTW Global 연구 보고서

'포춘 100대 기업'은 재무적 성과뿐 아니라, 산업재해 발생률도 낮고, 우수 인재의 이직률 또한 매우 낮다. 조직의 구성원에 대한 존중과 배려는 구성원들의 탁월한 고객 서비스로 연결된다. 그래서 굳이 고객만족 슬로건을 내세우거나 애써 포장하지 않아도 충성스러운 고객을 월등히 많이 보유하고 있다. 또한 우수 인재들의 입사 지원율이 일반 기업보다 몇백 배 높아 즐거운 비명을 지른다.

그러나 GWP는 이러한 직접적인 성과보다도 무형의 자산 즉, 구성원들의 강한 응집력과 자발적 몰입, 헌신, 그리고 창의적인 열정을 일터에서 뿜어내고 있다는 점에 주목할 필요가 있다. 이렇게 신뢰를 바탕으로 하는 GWP 경영은 전 세계로 퍼지고 있고, GWP 조직문화를 측정하는 신뢰경영지수는 글로벌 스탠다드로 우뚝 서 있다.

기업이 구성원들의 몰입과 헌신을 이끌어내고, 협력을 끌어내려면 무엇보다도 신뢰가 전제되어야 한다. '일하기 좋은 포춘 100대 기업', '일하기 좋은 EU 100대 기업', '일하기 좋은 대한민국 100대 기업'은 조직 내부의 신뢰를 보이지 않는 경영 자산으로 인식하고 이를 강화하기 위한 활동에 심혈을 기울인 결과 조직 내부적으로나 외부에서나 존경 받는 기업의 이미지를 공고히 하고 있다.

Chapter 2

GWP의 핵심DNA
'신뢰'

01
GREAT WORK PLACE

신뢰

전설적인 이집트의 파라오 람세스는 청년 시절에 자신을 죽이려던 사람과 맞서 싸우다가 살인을 했다. 그는 죄책감에 방랑 생활을 하다가 어느 날 아버지 세티 왕 앞으로 불려 갔다. 람세스는 아버지 앞에서 자기가 사람을 죽였다고 말하면서 자신을 죽이려고 했던 주범을 찾고 싶다고 말했다. 그러나 세티 왕은 "어떤 상황에서든 살인은 삶을 파괴하는 것이다. 네가 가장 아끼던 개를 신에게 바치고 용서를 빌어라."라고 했다. 람세스는 아버지의 말에 따라 손에 돌멩이를 쥐고 개를 바라보았다. 아무것도 모르는 개는 자신을 쓰다듬고 사랑

해 달라고 호소하는 듯이 반갑게 꼬리를 흔들며 람세스에게 달려들었다. 그는 차마 개를 죽이지 못하고 손에 쥐고 있던 돌멩이를 내려놓았다.

"못하겠습니다."

세티 왕이 물었다.

"너의 대답이 무엇을 의미하는지 알고 하는 말이냐?"

"저는 다시는 궁으로 돌아가지 않겠습니다. 왕자의 자리도 버리겠습니다."

"개 한 마리 때문에 너의 자리를 포기하겠다는 것이냐?"

"이놈은 제게 신뢰를 보여주었습니다. 저는 이놈을 지켜 주어야 합니다."

왕은 람세스의 말에 만족해했다. 그들은 언덕의 중턱에 나 있는 좁은 오솔길을 따라 올라갔다. 바위투성이의 험한 산봉우리까지 올라가 눈 아래 펼쳐진 넓은 채석장을 함께 바라보면서 세티 왕이 조용히 말했다.

"네가 만일 개를 죽였다면 너는 가장 천박한 파괴자가 되었을 것이다. 너의 신뢰가 넘치는 행동으로 인해 너는 하나의 단계를 넘어섰구나!"

만일 자신이 람세스와 같은 처지였다면, 어떤 결단을 내렸을까? 죄를 용서 받고 왕자의 지위를 유지할 수 있다면 그까짓 개한테 돌멩이 하나 던지는 것쯤은 대수롭지 않게 생각하지는 않을까? 산다는 것은 수많은 사람과 사람, 사람과 집단, 또 사람과 자연이 관계를 맺으며 삶을 영위해 가는 것이다. 사람은 관계를 맺어갈 때 특정 사고와 가치, 그리고 행동을 서로 공유하게 된다.

　이 과정에서 싹트는 것이 '신뢰Trust'이다. '신뢰'는 마치 양동이에 낙수가 떨어지는 것과 같아서 관계를 맺어 가는 사람들 마음 속에 믿음 또는 불신의 느낌으로 차곡차곡 쌓여 간다. 사람과 사물의 관계에서는 사물에 대한 불신이 생기면 바꾸거나 없애버리면 된다. 그러나 사람이라는 유기체가 모여 이루는 집단에서는 각자가 생각에 따라 행동하기 때문에 내부에 불신이 싹텄다고 해서 물건처럼 단순하게 없애거나 바꿀 수 있는 게 아니다. 유기체적 관계 속에서 생겨나는 서로에 대한 믿음 또는 불신은 생명체처럼 뿌리를 내리고 자라난다.

　특히 일터에서 뿌리내리고 있는 신뢰는 그저 생겨난 것이 아니다. 그것은 조직 내의 다양한 관계 속에서 시간을 두고 뿌리내리고 자라난 구성원들의 생각과 행동의 결과물이다. 일터에서의 신뢰는 람세스와 충견 사이에 뿌리내린 신뢰와 별반 다르지 않다. 조직에서 구성원들의 생각과 행동은 신뢰의 질을 높여 주기도 하며 낮추기도 한다. 조직 내의 신뢰는 양동이에 채워진 빗물처럼 계속 채워 주지 않으면 시간이 흐를수록 증발하게 된다.

　이런 '신뢰'를 어떻게 정의할 수 있을까? 신뢰에 대한 정의는 사랑에 대한 정의만큼이나 다양하고 어렵다. 사람들은 각기 다양한 생각과 느낌을 가지고 관계를 맺어 가기 때문에 일정한 기준으로만 신뢰를 정의하거나 높낮이를 단정할 수 없다. 그러나 일반적으로 신뢰가 있는 일터의 공통적인 모습과 신뢰가 있는 관계에서 느끼는 감정은 정의할 수 있다. 물과 같은 신뢰라는 존재는 때로는 사람과의 관계를 멀어지게 만들기도 하고 아주 가깝게 느껴지게 하기도 한다. '신뢰'는 신뢰를 하는 사람과 받는 사람 사이에서 관계의 질을 대변한다. 신뢰는 두 사람의 관계에서 한 사람이 다른 사람의 행동을 믿고 따를 때 형성된다. 이렇게 형성되는 신뢰는 겉으로 드러나지 않지만 두 사람을 이어주는 접착제 역할을 한다. 조직에서 두 사람의 관계는 다시 동료와 동료, 직원과 관리자, 직원과 경영진과의 관계로 세분화될 수 있다.

피라미드형의 조직 구조에서 신뢰를 측정할 수 있는 요소는 관계에서 발생하는 '심리적 거리감'이다. 〈서번트 리더십의 비밀〉의 저자인 이관응 박사의 '켈의 법칙 Kel's Law'에 따르면 조직의 상하 관계에서 심리적 거리는 직급간 거리의 제곱에 비례한다. 구성원과 구성원의 직급간 거리를 1로 볼 때, 직급 차이에 따른 구성원과 관리자의 거리는 2가 된다. 이때, 구성원과 관리자의 심리적 거리감은 4가 되지만, 구성원과 임원의 직급에 의한 거리가 3이 될 경우, 둘의 관계에서 나타나는 계층 간의 거리감은 9가 된다. 구성원과 최고경영자의 관계에서 직급 간의 거리는 4이지만, 심리적 거리감은 16이 되는 것이다.

이처럼 조직에서 직급 간의 거리가 멀어질수록 양자 사이에 존재하는 심리적 거리감은 기하급수로 멀어진다. 신뢰를 쌓아가는 데에 가장 중요한 것은 '심리적 거리감의 축소'이다. 심리적 거리감을 줄이면 서로가 가깝고 편안하게 느낄 수 있기 때문에 진정성 있는 소통을 가능하게 만든다.

'신뢰'를 뜻하는 Trust는 독일어인 Trost에서 비롯된 단어인데 '편안함comfort'을 뜻한다. 〈트러스트Trust〉의 저자인 후쿠야마Francis Fukuyama에 의하면 신뢰는 '조직에서 상대방이 보편적 규범에 근거하여 규칙적이고, 정직하고, 또 협력할 것'이라는 기대 수준을 의미한다.

조직에서 임직원 간의 정직과 협력 및 규정 준수는 성장과 발전의 원동력이 된다. 그래서 후쿠야마는 기업 조직에서 신뢰야말로 가장 중요한 경영 자산이라고 말한다. 피터 드러커Peter Ferdinand Drucker도 조직은 직위에서 오는 힘이 아니라 신뢰의 바탕 위에서 만들어질 때 강해진다고 강조한다.

스티븐 코비Stephen Covey에 의하면 신뢰는 구성원을 연결하는 접착제이며 효과적인 커뮤니케이션을 위한 가장 중요한 요소이다. 그에 따르면 신뢰가 높아지면 조직의 업무 속도가 빨라지고 비용은 절감되는 효과를 가져온다.

와슨 와이어트 연구Watson Wyatt Study에 따르면 신뢰가 높은 기업은 신뢰가 낮은 기업에 비해 성과가 286% 높게 나타난다. 신뢰가 조직의 성과에 미치는 영향은 존 헬리웰John Helliwell의 연구에서도 나타나는데 신뢰가 10% 증가했을 때 구성원들의 만족도는 그들의 급여가 36% 증가했을 때와 같다. 그런가 하면 영국의 〈타임즈Times〉지는 '포춘 100대 기업' 중에서 상위 10%의 기업과 하위 20% 기업의 가장 큰 차이점은 '신뢰'라고 강조한다.

  이처럼 일터에서 신뢰가 기업의 성과와 지속적인 성장에 얼마나 중요한 자산인지는 여러 경영학의 구루^{Guru}나 연구 결과를 통해서 수없이 쏟아져 나오고 있다.

02
GREAT WORK PLACE

신뢰와 GWP 조직 문화

테크놀로지의 발달로 사회의 변화 속도는 점점 빨라지고 있다. 초일류 기업들은 감당하기 어려울 만큼 방대한 지식·정보화 시대에 발맞춰, 시스템의 혁신에서 벗어나 일터 문화의 선진화에 힘을 모으고 있다. 이는 일터에서 '신뢰' 문화의 구축은 조직 성과의 원천이며 성장의 동력이라는 점을 깊이 인식하고 있기 때문이다.

스티븐 코비에 따르면 신뢰야말로 조직에서 모든 힘과 영향력의 원천이다. 신뢰는 보이지 않는 성장 동력이 되는 동시에 활력과 즐거움을 심어 준다. 글로벌 초일류 기업들이 GWP의 조직 문화를 가장 중요한 혁신으로 강조하는 것은 GWP 조직 문화의 핵^{DNA}이 '신뢰'이기 때문이다.

'포춘 100대 기업'의 선정을 주관하고 있는 로버트 레버링$^{Robert\ Levering}$은 초일류 기업의 가장 큰 문화적 특징을 조직 내의 신뢰 기반으로 꼽는다. 레버링에 의하면 GWP를 구현하는 기업의 구성원들은 공통적인 특징을 보인다.

- 서로가 이해하고 협조하려는 노력이 돋보인다.
- 서로의 배경과 경험이 다르다는 것을 인정하고 차이를 존중한다.
- 개인의 장점만 강조하는 것이 아니라 건전한 비판을 거리낌 없이 해주며, 그 비판을 기꺼이 수용한다.
- 문제 해결 방식이 창의적이며 서로 협업하려는 의지가 높기 때문에 성과 창출의 시너지 효과가 크다.
- 의견이 충돌할 때도 갈등을 심화시키지 않으며 함께 일을 처리한다.
- 공동 목표를 향한 하나의 지향점을 바라보기 때문에 다른 구성원들이 성공적으로 일을 끝낼 수 있도록 기꺼이 헌신하고 희생한다.
- 구성원들 사이에 정직하고 높은 윤리 의식의 공감대가 형성되어 있다.

일터에서 신뢰의 선순환 사이클은 임직원 간의 관계의 질을 높여 GWP 조직 문화를 정착시키는 데 결정적인 영향을 미친다. 신뢰가 높은 일터에서는 임직원 사이에 심리적 거리감이 좁기 때문에 소통이 잘 이루어지고, 정보 공유도 매우 원활해진다. 정보의 공유가 다양하게 이루어질수록 구성원들은 서로 협업하려는 노력을 더 많이 하게 되어 협력의 질이 높아지며 이것은 조직의 고성과 창출로 이어진다.

한편 조직에 대한 신뢰도가 낮으면 제도나 정책, 또는 경영 방침에 대한 불신을 더욱 증폭시킨다. 이런 현상은 내부에 이기적이고 배타적인 분위기를 조성하고, 리더는 지시와 통제를 강화하여 구성원을 견제하게 된다. 그 결과 구성원들의 자율성은 약화되고 지시받기 전에는 움직이지 않는 조직 문화가 자리 잡는다.

신뢰를 바탕으로 한 권한 위임이 현장 사원 중심으로 잘 이루어지고 있는 대표적인 글로벌 회사로 노드스트롬Nordstrom을 들 수 있다. 현 최고경영자인 블랙 노드스트롬은 "나의 회장직이라는 타이틀은 법적으로 필요하기 때문에 존재할 뿐 특별한 위엄을 가지는 것은 아니다."라고 말한다. 그는 "우리 회사는 가족적이며, 서로에게 두터운 믿음이 존재하는 곳"이라고 자랑한다. 100여 년 전 1901년에 미국 시애틀에서 작은 신발 가게로 출발했을 때, 창업주가 내세운 작은 경영 철학은 '고객만족'이었다. 이 철학을 실천하기 위하여 노드스트롬은 초창기부터 액자에 걸리는 거창한 구호가 필요한 게 아니라, 현장에서 직원들에게 고객을 만족시킬 수 있는 권한을 주어야 한다고 보았다. 그 철학은 신발 가게에서 오늘날 글로벌 패션을 주도하는 고급 백화점으로 성장하고 전 세계적으로 사업을 확장할 때에도 변함없는 경영 철학으로 세대를 이어왔다.

블랙 노드스트롬 회장에 의하면 회사의 방침은 매우 간단하고 명료하다. 임직원들은 자신의 판단에 따라 옳다고 생각하면 즉시 행동으로 옮기면 된다. 현재 미국에서만 32개 주에 직원 6만여 명의 대기업으로 성장했지만, 성공적인 업무 수행을 위한 권한은 여전히 현장 직원들에게 있다. 6만여 명의 직원들은 다른 기업들처럼 일정한 규정 등에 근거해서 일하는 것이 아니라 각자 개성에 따라 다양한 방법으로 고객 서비스를 한다. 회사는 '고객만족'을 실천하기 위해서는 이들에게 서비스하는 구성원들이 즐겁게 일하는 환경을 만들어야 한다고 생각한다.

노드스트롬이 다른 백화점들과는 달리 현장 직원들에게 과감하게 권한을 위임한 것은 인재에 대한 최고경영자의 철학이 남다르기 때문이다. 이 회사는 사규가 몇 장밖에 안 되는 특이한 곳이다. 최고경영자에 의하면 어느 사회나 조직이든 5% 내외의 부정직하고 비도덕적인 사람들은 존재한다. 그것이 사람 사는 세상이다. 하지만, 나머지 95%의 사람들은 양심에 따라 도덕적으로 행동하며 정직하려고 애쓴다. 사회의 규범이나 조직의 사규는 95%의 정직하고 도덕적인 사람들을 위해서 존재하는 것이다. 사규가 두꺼울수록 조직의 업무는 더뎌지며, 구성원들은 수동적이고 소극적으로 될 수밖에 없다. 노드스트롬은 고객을 직접 상대하는 직원들이 보다 신속하고 창의적으로 서비스를 하기 위해서는 방해되는 규제 사항이 없어야 한다는 점을 강조한다.

그래서 업무의 첫 번째 규정이 '어떤 상황에서든 자신이 옳다고 생각하는 판단에 따르라'이다. 두 번째 규정은 다시 첫 번째 규칙으로 돌아가는 것이다. 두꺼운 사규는 직원들을 두렵게 만들 뿐이며, 창의적이고 적극적인 업무 태도에 장애가 된다.

노드스트롬은 고객 서비스를 위한 회사의 미션이나 가치 등을 따로 설정해 놓고 있지 않다. 형식적이고 권위적인 것을 배제하는 것은 임직원 사이에 두터운 신뢰가 있기 때문이다. 직원들은 리더가 자신을 믿어 주기 때문에 더욱 열정적으로 일하게 된다고 말한다. 노드스트롬의 문화를 이야기할 때 직원들은 열정, 동기 부여, 혁신, 헌신, 즐거움, 권한 위임, 충성심, 긍정 에너지, 팀 워크 등을 나열한다. '신뢰'는 이처럼 구성원들이 스스로 헌신하고 혁신하며 긍정의 에너지를 뿜어내게 만든다.

이 회사에서는 신규 채용을 할 때 인터뷰를 별로 중요하게 여기지 않는다. 말은 잘해도 일을 못하는 사람이 많기 때문이다. 그래서 회사는 신규 채용보다는 기존 구성원들을 유지시키는 데 95%의 노력을 쏟고 있다.

1958년에 설립된 고어텍스^{W.L. Gore & Association}의 창업주는 조직 내의 심리적 거리감을 줄이기 위하여 당시에 이미 수평적 조직을 만들었다. 50여 년 전의 사회적 상황으로 볼 때는 상상할 수 없는 파격적인 조직 구조였다. GWP 조직 문화를 만들기 위하여 고어가 강조하는 핵심 가치와 경영 철학은 '타성에 젖을 수 있는 일상적인 업무 수행 방식에 항상 도전하는 것'이다. 또한 구성원 간, 부서 간, 공장 간의 협업을 강조하며 창의적이고 재미있게 일하는 문화를 만들어 간다. 이를 위해 최고경영자 스스로가 업무 중 절반 정도의 시간을 현장에 할애하고 있다.

고어텍스의 신뢰를 기반으로 한 GWP 조직 문화는 직급 중심이 아니라 관계 중심의 문화를 초기부터 정착시키려고 노력한 데에서 그 뿌리를 찾아볼 수 있다. 구성원들을 호칭할 때 협력자Associates로 부르는 것도 서로의 네트워크를 직급보다 더 중요하게 여기기 때문이다. 이 회사에서 리더는 나이나 근속 연수에 따라 정해지는 것이 아니라, 추종하는 구성원들이 많은 사람을 임명한다. 이것이 오늘날 수평적 조직 구조를 성공시킨 요인이다.

조직은 직원들이 올바른 판단을 할 것이라고 믿기 때문에 그들이 성장하도록 협조한다. 고어텍스가 강조하는 네트워크의 핵심은 구성원 개인이 최고를 뛰어넘도록 서로에게 도전하고 격려하면서도 개인뿐만 아니라 팀이 성공할 수 있도록 협력하는 업무 환경을 만드는 것이다. 그렇기 때문에 거대한 조직 구조를 거부한다. 공장 한 곳의 최대 인원은 250명을 넘지 않도록 하는데, 그 이유는 서로 소통하고 정보를 공유하면서 눈에 보이는 협업이 이루어질 수 있는 단위 조직을 만들기 위한 것이다. 이런 일터의 구조는 단기적으로는 성과를 내는 조직으로 강화시키며, 장기적으로 조직의 탁월한 재무적 성과와 강한 팀워크를 만들고 있다.

고어텍스의 GWP 조직 문화 혁신은 의사 결정 기준에서도 찾아볼 수 있다. 첫째 기준이 되는 '자유Freedom'는 직원들 스스로 자율적으로 생각하고 판단하며 행동할 수 있도록 한다. 둘째, '공정성Fairness'은 어느 쪽으로 기울거나 누군가가 불이익을 당하는 일이 없고 골고루 능력을 발휘할 수 있는 기회가 주어지는 결정인지를 생각하게 한다. 셋째, '헌신Commitment'은 의사 결정이 이루어지면 각자가 약속을 지켜야 한다는 것을 의미한다. 마지막으로 '경계Waterline'는 설령 의사 결정이 되었다 할지라도 의구심이 생기면 도움을 청하거나 심지어 최고경영자에게도 의문을 제기하여 실수를 최소화시킨다.

고어텍스의 구성원들은 GWP 조직 문화의 특징을 '계급과 차별이 느껴지지 않는 것'이라고 말한다. 즉, 신뢰 형성의 가장 중요한 요인인 심리적 거리감이 느껴지지 않는 조직이다. 그래서 GWP 조직 문화를 통해 구성원들의 협업 에너지를 하나의 정점인 조직의 목표 달성으로 집중시킨다. 리더십은 직급이 아니라 업무를 중심으로 이루어지기 때문에 리더로 인한 구성원들의 심리적 스트레스는 매우 낮다. 평가 시스템에서 동료의 평가가 70% 반영되는 이유도 '협업 문화가 강조되기 때문이다. 이 평가는 수평적 보상 제도를 통해 근무 연수에 관계없이 동일하게 적용된다.

신뢰가 높은 조직에서 보이는 특징 중 하나는 문서 작성이나 관리에 많은 시간을 들이지 않는다는 점이다. 고어 또한 권위를 배제하며 직원들의 자유는 책임을 수반하도록 하고 있다. 이 회사에서 동료와의 관계는 그 무엇보다 중요하다. 직원들은 협업이 잘될 수 있도록 서로를 깊이 이해하기 위하여 노력한다. 또한 서로를 건설적으로 발전시킬 수 있는 업무 환경을 만들어 간다. 이 과정에서 고어의 '협업 문화'는 GWP의 가장 중요한 요소로 자리 잡고 있다.

글로벌 초일류 기업 중 하나인 마즈$^{Mars, Incorporated}$ 역시 사람 중심의 기업 문화를 설립 초기부터 만들어 왔다. 마즈의 신뢰를 바탕으로 한 GWP 조직 문화는 열린 커뮤니케이션에서 꽃을 피운다. 최고경영자와 구성원들 간에는 형식을 갖추지 않은 비공식적 커뮤니케이션이 일상적으로 이루어진다. 이때 직원들의 이야기는 완전한 비밀이 보장된다. 최고경영자가 경청만 한다는 것은 매우 어려운 일이지만, 마즈의 리더는 가치가 충분히 있다고 말한다.

현장 직원들과 격의 없는 대화를 통한 현장 중심의 경영은 구성원들과 그의 가족이 자랑스럽게 여기는 조직 문화를 만들어 가고 있다. 실제로 이 기업의 퇴직자들은 마즈를 매우 자랑스럽게 여긴다. 전 세계적으로 7만5천여 명의 종업원을 거느린 마즈의 GWP 행동 원칙은 첫째는 '품질^{Quality}'이다. 이것은 비단 생산뿐만 아니라 경영 전반에서 품질을 강조한다. 채용에서부터 품질의 개념이 도입되는 마즈는 최고의 직원을 채용하면 굳이 관리하고 감독할 필요가 없다고 생각한다. 그래서 중앙집권적인 채용 및 업무 프로세스를 배제한다. 둘째는 '책임^{Responsibility}'이다. 구성원들은 스스로 문제를 해결하고 사안을 결정한다. 조직은 구성원들이 모든 면에서 조직의 성과 창출을 위하여 독립적으로 결정하고 자신이 결정한 일에 책임지게 하는 일터 문화를 만들어 가고 있다. 셋째는 '성숙된 태도^{Mutuality}'이다. 이기적인 행동이 아니라 구성원 서로가 윈-윈$^{win-win}$ 하는 업무 수행을 한다. 넷째는 '효과성^{Efficiency}'이다. 마즈가 수직적인 조직 구조를 배제하는 이유는 구성원들의 지혜로운 자원 활용을 적극적으로 지원하기 위해서이다. 직원들이 업무 효과를 높이기 위하여 최고경영자에게 부담 없이 다가가 사안을 이야기하거나 논의할 수 있는 소통 문화가 정착되어 있다.

마즈는 정직한 문화를 만들고 지속시키며 올바른 일을 하기 위하여 끊임없이 노력하고 있다. '신뢰'를 기반으로 한 GWP 조직 문화를 통해서 구성원들은 서로를 존중하고, 조직은 그들의 가치를 믿고 공정하게 대우하는 업무 환경을 만들어낸다. 마즈의 직원들은 어떤 직무든 나름의 가치가 있다고 생각한다. 그래서 본인이 원하면 어떤 부서든 무슨 일이든 도전할 수 있다. 조직 차원에서는 설령 위험 부담이 있다 할지라도 개인의 재능과 능력을 존중하여 뜻을 펼칠 수 있도록 실속 있는 순환 근무제를 활발하게 활용한다.

신뢰를 근간으로 하는 GWP 조직 문화는 구성원들의 공동체 의식을 높이는 효과가 있다. 또한 높은 신뢰의 선순환 과정은 궁극적으로 기업의 시장 경쟁력을 확보하게 한다. 신뢰는 구성원들의 사고와 행동에 지속적으로 영향을 주는 요인이며 조직 문화의 핵심이다.

03
GREAT WORK PLACE

신뢰와 기프트워크

일터에서 신뢰를 향상시킬 수 있는 구체적인 툴Tool은 기프트워크 Giftwork이다. 말 그대로 '자신의 일을 상대에게 선물하듯이 하는 것'을 의미한다. 우리 속담 중에서 '주는 대로 받는다', '되로 주고 말로 받는다', '말 한마디가 천 냥 빚을 갚는다' 등에는 기프트워크의 뜻이 그대로 담겨 있다. 다른 사람에게 선물을 받는다는 것은 언제나 기분 좋은 일이다. 일반적으로 선물은 상대에 대한 고마움이나 감사의 뜻으로 상대에게 관심과 배려를 표현하는 방법이다. 선물은 주는 사람과 받는 사람 모두를 즐겁게 한다. 상대에게 마음에서 우러나는 선물을 주었을 때 기분이 상하거나 다투는 경우는 없다. 선물을 주고받을 때의 느낌과 감정을 일터로 가져온 것이 기프트워크이다. 기프트워크가 자리 잡지 못한 일터의 구성원들은 조직이 정한 방침과 규정에 따라 업무를 통상적으로 처리한다. 이 과정에서 구성원들은 상대보다는 자신의 이득과 성장을 우선적으로 생각한다.

대체로 구성원들에게 가장 큰 동기가 되는 것은 일한 대가로 받는 급여이다. 그래서 그들은 규정을 지키고, 윗사람이 시키는 대로만 하면 위험 부담이 적기 때문에 굳이 자기 일에 도전하려 하지 않는다. 그러나 GWP에서는 일반적인 일터의 모습과는 달리 구성원들이 개인적인 이익이나 성장 못지않게 함께 일하는 상대와의 관계를 중요하게 생각한다. 그래서 구성원들은 서로 성장을 도우며 호의적인 관계를 유지하기 위한 행동을 하게 되는데 이 행동은 일터에 긍정적인 변화를 가져오며 조직 내 신뢰를 향상시킨다. 로버트 레버링Robert Levering에 의하면 '기프트워크'는 '일터에서 목표를 달성해 갈 때, 리더나 구성원이 그들의 관계에서 조직이 기대한 것 이상을 서로에게 베푸는 상호 작용'이다.

"훌륭한 일터를 만들기 위하여 어떻게 깊은 신뢰 관계를 쌓을 수 있을까?" 이 질문의 해답을 찾기 위하여 레버링은 오랫동안 현장 연구를 해왔다. 매년 40여 개 국가의 5천여 개 기업에서 2백만여 명의 구성원을 대상으로 신뢰 수준을 조사하고 있는데 이 조사를 통해서 최고의 일터를 가진 기업들의 일하는 모습을 연구할 수 있는 유일한 자료를 마련했다. 이 자료에서 레버링이 찾아낸 것은 GWP는 저절로 만들어지지 않는다는 점이다. 수많은 설립자와 기업의 CEO를 인터뷰하면서 일관되게 발견한 것은 훌륭한 일터를 만드는 직접적인 요인은 리더들의 의지와 행동에 있다는 것이다.

그렇다면 리더의 어떤 행동이 신뢰 구축에 절대적인 영향을 미칠까? 레버링의 연구 결과에 따르면 기업들이 단순히 우수 기업의 베스트 프랙티스Best practice나 탁월한 복리후생 등을 모방한다고 해서 '훌륭한 일터'가 되지는 않는다. 한 기업에서 효과를 보는 활동이나 프로그램이 다른 기업에서도 똑같은 효과를 나타내지는 않기 때문이다. 단순히 공짜 점심을 제공하거나 직원 마일리지, 스톡옵션을 준다고 해서 GWP가 되는 것은 아니다. GWP를 만드는 것은 무엇을 하느냐보다는 어떻게 하느냐가 중요한 차이점이라는 것을 '훌륭한 일터'를 갖추고 있는 기업들에서 찾아볼 수 있다.

'어떻게how'라는 것은 무엇을 의미하는 것일까? 레버링은 30여 년 동안 GWP 연구를 해오면서 변하지 않는 공통점을 발견했다. 훌륭한 일터의 구성원들은 한결같이 "조직과 리더가 자신들을 하나의 인격체로 대우해 준다."고 말한다. 경력 사원들은 "이전의 회사는 직원들을 기계적으로 대했다."고 말한다. 그들은 급여나 복리 혜택이 좋아서가 아니라 혜택들이 자신들에게 어떻게 전달되는지에 따라 자신이 인간적 대우를 받는지 아닌지를 느낄 수 있다고 강조한다.

어떤 기업에서는 급여일에 최고경영자가 각 부서에 감사의 편지와 함께 사탕을 돌리는 노력을 기울인다. 또 다른 기업은 구성원들에게 급여일을 알리고 한 시간 일찍 퇴근시키기도 한다. 이런 노력 덕분에 구성원들은 회사에서 단순히 급여만 받는 것이 아니라 리더의 감사하는 마음까지 받는다고 느낀다. 이에 보답하듯 구성원들은 스스로 더욱 노력하겠다는 마음을 갖게 된다.

대부분 사람들은 직장에 첫발을 들여놓을 때, 높은 기대감과 더불어 최선을 다하리라는 각오로 출근한다. 그러나 막상 첫 출근을 했을 때 어떤 일이 벌어지는가? 입사 서류를 작성하고, 책상을 배치받는다. 이어서 해야 할 일이 무엇인지 설명을 듣는다. 또 선배들은 그들에게 필요한 정보를 제공하고 환영 회식 날짜를 정한다. 이것은 일반적으로 신입사원이면 누구나 겪는 일이다.

그러나 '훌륭한 일터'의 신입사원들을 인터뷰해 보면 "마치 가족의 일원이 되었다고 느꼈고 따뜻한 환대를 받았다."고 말한다. 단순히 출근 첫날만을 의미하는 것은 아니다. 그들은 자신들의 아이디어가 어떻게 받아들여지고 격려를 받는지 이야기한다. 경력 사원들은 "이전 직장에서는 아이디어가 자주 무시될 뿐만 아니라 설령 수용된다고 할지라도 자신의 노력을 경영진이나 상사가 고마워하지 않았다."고 말한다.

'훌륭한 일터'의 리더들은 새로 배치된 직원의 첫 출근을 환영하기 위하여 직원들에게 아이디어를 구한다. 뿐만 아니라 구성원의 가족이나 배우자가 아픈 경우 어떻게 보살펴줄 것인지 서로 고민한다. 그들은 일상적으로 조직이 기대하는 이상으로 구성원을 위해 무언가를 한다. 이러한 리더의 자발적 노력은 개인이 단순히 조직의 자원이라는 생각을 넘어 하나의 인격체로서 가치 있는 존재라고 느끼게 해준다. 시간이 흐름에 따라 이런 선순환의 상호 작용은 리더와 구성원들이 단순히 업무를 지시하고 수행하는 관계를 뛰어넘어 신뢰의 문화를 만들어 간다.

'훌륭한 일터'가 탁월한 성과를 내고 있는 것은 이러한 기대 이상의 노력과 행동이 넘쳐나기 때문이다. 이처럼 기프트워크는 리더와 구성원이 서로 조직이 기대하는 이상의 노력과 행동을 함으로써 상호 관계의 질을 높여 가는 것을 의미한다.

'기프트워크'는 조직의 특성이나 업종, 리더와 구성원들의 생각과 행동에 따라 다양한 형태로 나타날 수 있기 때문에 방법과 내용을 표준화시킬 수는 없다. 다만 조직 내에서 얼마나 많은 기프트워크가 이루어지는지에 따라 조직의 신뢰 수준이 결정된다. 기프트워크는 신뢰 수준에 영향을 미치며 신뢰는 GWP의 수준을 결정하는 핵심 요인이다. 사람들은 자신이 일한 이상의 대가를 받을 때 자신의 숨은 역량을 최대한 발휘한다. 이것이 사람과 동물이 구별되는 점이다.

일터에서 '기프트워크'는 조직에서 생활하는 리더와 구성원 모두의 행동에서 비롯된다. 기프트워크는 가시적으로 눈에 띄지 않을 수도 있지만, 결과는 구성원들을 기분 좋게 만든다. 때로는 구체적인 결과로 나타나지 않지만, 조직 내 관계의 질을 높이는 데 결정적인 영향을 미친다. 조직에서 기프트워크가 활발하게 일어나려면 조직과 구성원 모두가 각각 가지고 있는 이익이나 특혜를 조금씩 양보해야 한다. 일상적인 업무 방식에서 조금만 시각을 달리 하면 얼마든지 기프트워크를 행할 수 있다. 다만, 기프트워크를 실행하는 사람은 지금보다 좀 더 많은 시간과 노력, 열정이 필요하고, 무엇보다도 기프트워크가 풍요해지려면 서로에 대한 배려와 관심을 습관화해야 한다.

'기프트워크'는 훌륭한 일터를 만드는 특별한 방법으로 일터에서 리더와 구성원들이 조직이 기대하는 것 이상의 노력과 열정을 꽃피운다. 개인의 업무는 주도적이고 창의적이어야 한다. 이를 위해 조직의 리더는 직원들이 효과적으로 소통할 수 있게 해 주고, 기계적으로 일하는 것이 아니라 자율적인 의사 결정을 하고 개인의 성장을 위해 일할 수 있도록 도와주어야 한다.

많은 기업이 개인의 경쟁을 통해 조직의 목적을 달성하는 시스템과 제도를 운영하고 있다. 복잡다단한 현실에서 직원들이 자신의 이익을 극대화하기 위하여 다른 사람에게 손해를 입히는 경쟁적 게임을 계속한다면 조직과 구성원, 리더와 구성원, 구성원과 구성원 간의 상호 작용은 각기 이익을 포기하지 않게 된다. 이 현상은 일터의 문화적 갈등을 심화시켜 경직되고 이기적인 조직 문화를 토착화시킨다.

조직 내의 신뢰 관계는 서로가 무언가를 기꺼이 포기할 수 있는 문화를 만들 때에만 강화될 수 있다. 신뢰 관계가 강화되면 상호간의 협력이 높아져 개인의 능력 향상뿐만 아니라 갈등을 최소화하면서 조직의 높은 성과를 창출할 수 있다. 구성원들의 협력을 강화하는 것은 수 세대 동안 계속되고 있는 기업 경영의 목표이다.

그럼에도 불구하고 기존의 경영 이론은 대부분 거래적 관점에서 노동이라는 것을 바라보고 협력을 추구해 왔다. 더 정확히 표현하면, 많은 경영 이론가들은 동기 부여 방법으로 경영자의 힘을 희생하기보다는 일정 선을 넘지 않는 통상적이고 외형적인 일부분만 양보하면서 구성원들의 협력을 얻으려 하였다. 이것은 기프트워크 관점에서 보면 구성원들에게 신뢰를 주지 못하는 하나의 동기 부여 기술일 뿐이다.

진정한 협력을 이뤄내기 위해서는 경영자와 구성원 모두가 기꺼이 양보할 수 있는 제도와 시스템, 그리고 일터 문화를 바꾸어 가야 한다. 함께 참여하는 기프트워크가 바로 훌륭한 일터를 경영하는 방법이다. 복잡하고 변화가 극심한 오늘날 기프트워크는 그 어느 때보다 조직의 성장에 필수 요건이 되고 있다. 구성원들이 창의와 도전, 그리고 자율적 권한과 책임을 가지고 일하기를 원한다면, 직원들이 스스로를 기계라고 느끼게 해서는 안 된다. 기프트워크는 신뢰를 쌓아가는 방법이며, 신뢰는 구성원들의 자발적 몰입과 헌신을 이끌어내어 조직의 탁월한 성과를 만들어 가는 핵심 요소인 동시에 조직의 가장 중요한 자산이다.

Chapter 3

신뢰의 DNA
'기프트워크'

01
GREAT WORK PLACE

자발적 몰입과 헌신이
고성과 창출

자발적 몰입과 동기 부여는 돈으로 살 수 없다

이직을 고려 중인 사람들이 맨 처음 하는 말은 "일한 만큼 보상이 주어지지 않는다."이지만, 정작 깊은 이야기를 나누어 보면 결국은 '일work'로 귀착된다.

내가 하는 일을 다른 사람들이 제대로 알아주지 않는 경우, "내가 하는 일이 정말 일다운 일인가 하는 의문을 하루에도 수십 번씩 하게 된다."는 말을 자주 한다. "먹고사는 걸로 말하자면 굳이 지금의 직장이 아니어도 어디서든 일은 할 수 있다."고 하는 구성원들이 많다. 그러나 '훌륭한 일터'의 구성원들은 대부분 "내가 하는 일이 조직의 성장에 기여하고 사회적으로 의미 있다."고 말한다. 구성원들의 일에 대한 동기 부여는 자신이 왜 그 일을 하고 있는지를 명확하게 이해하는 데에서 출발한다.

GWP를 구현하는 기업에서는 직원들에게 일의 의미를 부여해 주는 활동 첫 번째로 '투명한 정보 공유'를 꼽고 있다. 조직 내부의 변동 사항, 시장 환경, 고객의 변화 등을 현장에 있는 구성원들까지 잘 이해하고 있다. 이처럼 가감 없는 정보 공유를 통해 직원들의 일에 대한 몰입도를 높인다. 또한 여타의 소문이나 업무 이외의 정치성이 있는 행위 등을 줄여줄 뿐만 아니라 협업할 수 있는 분위기를 만들어 준다.

두 번째로 구성원들이 하는 일이 단순한 노동이 아니라 매우 의미 있는 일이라는 것을 수시로 확인시키고 강조한다. 조직의 목표나 기대 사항을 그저 회의 석상이나 월례회의 또는 게시판을 통해 전달하는 것에 그치지 않는다.

구성원들의 업무가 조직의 보다 상위 목표나 사업 성공에 어떤 연관성이 있는지 이해시키기 위해 다양한 방법을 시도한다. 고객이 조직이나 직원에 대해 이야기하는 것을 그대로 들려 주기도 하고, 목표 달성과 직원들의 노력 사이의 연관성을 도표나 데이터를 통해 보여주기도 한다. 뿐만 아니라 조직의 미션을 교육이나 동영상, 이메일, 인트라넷 등을 통하여 강화시키는 활동도 한다. 이러한 활동은 직원들로 하여금 그저 주어진 일을 수행하는 사람Task-taker이 아니라 자신의 일이 조직에 미치는 영향을 되새기게 한다. 조직이 하는 일이 사회와 시장 경제에 미치는 영향이나 기여도를 강조하기도 하며 구성원들에게 조직의 비전을 각인시키기 위해 팀워크 활동을 추진한다.

세 번째로 구성원들의 자발적 몰입을 유도하는 동기를 부여하기 위하여 일의 결과만 강조하지는 않는다. 업무 수행 절차에도 가치를 부여해 평가하고 결과를 공유한다.

조직의 핵심 가치를 대변해 주는 모범 사례 등을 자주 공유함으로써 조직은 구성원들이 노력하는 과정 또한 중요한 요소로 인정해 Recognition 준다는 인식을 갖게 만든다. 조직의 핵심 가치가 구성원들의 업무 수행의 기준이 되게 하려면 지나친 결과 중심의 포상 사례나 평가 제도 등을 개선해야 한다.

'결과가 그 사람의 인격'이 되는 조직에서는 구성원들의 협업과 자발적 아이디어, 제안의 공유를 기대하기 어렵다.

일에 대한 열정은 열린 소통에서 시작된다

일반적으로 기업에서는 직급에 따라 공유해야 할 정보가 나뉘어진다고 생각한다. C사에서는 한 사업본부가 어려움을 겪게 되자 인원을 줄일 뿐만 아니라 향후 사업 자체를 접으려는 계획을 가지고 있었다. 그런데 그러한 사실을 최고경영자와 본부장 이외에는 누구도 알지 못한 채 조금씩 인력이 줄어들자 직원들은 영문도 모른 채 불안에 휩싸이기 시작했다. 시간이 지나면 어차피 알게 되겠지만 미리 이야기해서 불안을 가중시킬 필요가 없다는 것이 리더들의 생각이었다. 하지만, 사업이 원활하지 않을 때, 업무량이 줄어들기 시작할 때 구성원들은 이미 대대적인 개편이 있을 것이라는 것을 알아차렸다.

폭풍이 몰아치기는 할 것인데, 어떤 형태로 닥칠지 모를 때 사람들은 어떤 생각으로 일터로 향할까? 또 이런 상황을 지켜보는 타 본부의 직원들은 조직에 대해 어떤 생각을 할까? 결국 직원들은 업무에 대한 관심보다 외적인 변화에 촉각을 세웠다. 사업이 악화되는 상황에서 구성원들이 업무에 대한 애착이 없어지니 조직은 이중으로 어려움을 겪었다.

신뢰가 기반이 되는 GWP 조직에서는 똑같은 상황에서 일을 처리하는 방법이 다르다. 열린 커뮤니케이션을 통해 조직 구성원들이 받는 충격을 완화시킬 뿐만 아니라 타부서나 본부의 임직원들에게 주는 심리적 불안감을 해소시킨다. GWP 기업들은 사업 부진 때문에 인력을 축소해야 할 때, 조직을 변경하거나 구조적으로 변화를 시켜야만 할 때 등의 상황을 수시로 구성원들과 공유한다.

때로는 최고경영자가 해당 사업부의 구성원들과 간담회를 통해 진솔한 대화를 나눈다. 그 과정에서 구성원들은 인력이 축소될 때 누구도 예외 없이 그 대상이 될 수밖에 없다는 현실을 인식하게 된다. 어려운 이야기일수록 경영진이 발 벗고 나서서 구성원들과 대화를 하는 기업과 그저 기본 정보만 알려주는 기업의 구성원들 중 누가 더 조직에 애착을 가지고 끝까지 최선을 다할까?

구성원의 열정을 불러일으키는 소통 방법은 직급에 관계없이 조직의 목표와 현재 상황에 대한 의견을 서로 교환하는 것이다. 월례회의나 정기적인 회의뿐만 아니라 비정기적이고 수시로 경영이나 영업 현황 및 경쟁사 동향에 대한 이야기를 주고받는다. 임원들은 현장을 수시로 방문하여 업무 사항을 점검하는 것이 아니라 최고경영자의 경영 비전이나 회사의 전반적인 사항을 구성원들에게 전달하고 중간 간부들이 놓친 부분이 있는지 살펴본다. 이런 기업에서는 자사의 모든 뉴스를 미디어보다 구성원들에게 먼저 알려준다.

경청은 구성원을 협력적 파트너로 만든다
많은 기업의 경영자는 회사를 경영하는 데 있어서 구성원들이 협력적 파트너가 될 수 없다고 말한다. 경영자의 이런 생각은 자신과 구성원들이 거래적 관계에 있다는 인식에서 출발한다. 거래는 언제나 갑과 을이 있으며, 갑은 특정 대가를 지급하고 을은 그 대가만큼 무언가를 해주어야 한다. 즉, 고용주와 피고용주의 관계에서 구성원들은 자신이 받는 급여의 대가만큼 노동을 제공해야 한다. 경영자가 놓치고 있는 변화 사항이 있다고 하더라도 적극적인 의견을 개진할 필요가 없다.

'포춘 100대 기업'의 상위권에 드는 기업의 구성원들은 자신이 단순히 급여를 받고 일해 주는 피고용인이라는 느낌을 받지 않는다. 그것은 경영자들이 구성원들과 진정한 상생 관계를 맺기 위하여 노력하기 때문이다. 단지 직원들을 부를 때 멤버member 또는 파트너

patner라는 단어로 바꾸는 것에 그치지 않고, 직원들의 의견 등을 다양한 방법으로 적용하여 회사 경영에 동참시킨다. 일반 기업들에서 흔히 볼 수 있는 회사 목표와 관련된 형식적인 간담회나 회의는 찾아보기 힘들다. GWP를 구현하는 기업에서는 다양한 경로를 통해 구성원들이 자유롭게 질문하고 비판하거나 의견을 표출할 수 있는 장치를 마련한다. 조찬 미팅이나 점심 간담회는 물론 경영진이 직접 현장을 수시로 찾아가 구성원들의 의견이나 생각을 경청하기도 한다. 이 과정에서 경영진과 많은 리더는 직접 고객을 대하거나 생산에 참여하는 구성원들의 의견을 존중한다. 설문 조사나 인터뷰는 그저 구성원들의 반응을 살피기 위한 것이 아니라 경영에 직접 반영하고, 그에 대한 결과를 구성원들에게 피드백한다. 그러나 많은 기업들이 인트라넷이나 이메일 등을 통해서 조직의 변화 사항을 전달하고 또 의견을 수렴하지만 형식에 그치는 경우가 많다.

'일하기 좋은 기업'은 구성원들의 창의성을 장려하는 업무 환경을 만든다. 업무에 영향을 미치는 조직의 결정 사항 등에는 직원들이 직간접적으로 의견을 표출할 수 있도록 브레인스토밍이나 면담, 회의 등을 자율적으로 조성할 수 있는 환경을 만든다. 특정 이슈에 대해서는 투표를 실시하기도 하며 상사와의 업무상 갈등이 개인의 평가나 성과에 영향을 미칠 경우, 이의를 제기할 수 있는 시스템을 갖추고 있다.

기업들이 다양한 경로나 시스템을 통해서 구성원들의 생각이나 비판, 아이디어를 경청하고 기업 경영에 반영할 때, 구성원들은 자신이 조직에 기여하고 있으며 회사의 발전을 위해 동참하고 있다는 긍지를 갖게 된다. 구성원들을 협력적 파트너로 인정할 때 그들은 조직을 위해 기꺼이 시간과 노력을 할애하며 헌신한다.

2020 초일류 기업의 인재 확보전

작은 인정과 감사가 기업 발전의 핏줄이다

요즘 기업의 문화 활동에 '감사 운동'이라는 말이 자주 등장한다. 얼마나 감사할 줄 모르는 조직이면 감사 운동을 할까? 신바람 운동, 감사 운동, 칭찬 릴레이 등 사람들이 일상에서 느끼는 소소한 행복을 과연 조직에서 집단적으로 추진해야 할까? 그렇게 해서 생활 속에 뿌리내린다면 그 또한 가치 있는 운동임에는 틀림없다.

그런데 일상생활에서 습관처럼 주고받아야 할 칭찬이나 감사, 격려, 즐거움 등이 전사 운동으로 표준화되고 획일화되어 전개되는 경우는 그 운동의 동력, 즉 관리자의 관심이나 지시 등이 느슨해질 때 슬그머니 사라진다. 이러한 활동은 작은 곳에서 자발적으로 출발하여 풀뿌리처럼 번져 나갈 때 그 가치가 빛이 난다.

포상 제도 또한 의례적인 형식으로 진행되는 기업이 많다. 그러나 GWP는 구성원들의 노력과 성과에 대한 감사를 다양하고 독특하게 표현한다. 먼저 직원들이 업무 외의 시간을 할애하거나 노력하는 것에 대한 고마움을 진지하게 표현하는 분위기를 키운다. 정례화된 인정 제도나 시스템뿐만 아니라 직원들이 기대하지 않는 방법으로 고마움을 표현한다. 구글에서는 동료들끼리 서로의 노력에 보상할 수 있는 '동료 포상' 시스템을 운영하고 있다. 또한 구성원들의 노력에 대한 포상이 개인, 부서 단위로 자주 이루어진다.

페더럴익스프레스의 관리자들은 스티커를 가지고 다니며 구성원들의 성과나 노력을 인정하는 의미로 사용한다. 보고를 잘한 경우, 고객의 요구 사항을 아주 특별한 방법으로 해결해서 감동을 준 경우, 다른 동료의 업무를 도운 경우 등 관리자는 수시로 구성원들의 수첩이나 옷에 스티커를 붙여준다. 조직에서는 스티커 숫자에 따라 감사의 선물을 준비한다. 또한 연말에는 스티커의 숫자에 따라 조직의 히어로[hero]를 선정해 모든 구성원들의 영웅적 이미지로 부각시킨다. 어떤 기업에서는 포상을 명명할 때, 개인을 부각시키거나 재미있고 창의적으로 작명함으로써 포상 과정을 축제의 분위기로 만들기도 한다. 최고경영자가 개인에게 직접 감사 카드를 쓰기도 하고, 본부나 부서에서 축하해 줄 수 있도록 지원하기도 한다. 그런가

하면 다양한 명예의 전당을 만들어 구성원들에게 자부심을 심어 주기도 한다. 이처럼 GWP에는 조직 생활에서 생기는 여러 성과에 대한 다양한 인정 제도가 생활화되어 있는 경우가 많다.

인재 육성은 미래가 아닌 현재를 위한 투자다

다국적기업인 코카콜라는 2020 코카콜라 사업 비전을 정립하면서 비전 달성을 위하여 직원들이 일하기 좋은 환경을 구축해 가고 있다. 코카콜라는 GWP를 구축해야 하는 첫 번째 이유로 해를 거듭할수록 초일류 기업들이 우수 인재를 확보하기 위한 쟁탈전을 벌일 것이라는 점을 들고 있다. 코카콜라는 외부의 환경 변화가 조직의 일터에 미치는 영향을 연구하면서 우수 인재들이 능력을 발휘하고 결과를 인정받을 수 있는 업무 환경과 시스템을 만들어 가고 있다. 인재들은 조직이 직원의 경력 개발과 미래 성장을 위해 투자하는 데 인색할 때 이직을 생각한다.

기업들은 기본적으로 구성원들의 업무 스킬이나 지식을 제공하는 정도의 교육 프로그램을 제공한다. 그러나 GWP의 인재 육성은 현재 업무 관련 교육이나 프로그램보다는 구성원들의 관심사와 재능을 발견하고 발전시킬 수 있는 학습 환경을 만드는 데 초점을 두고 있다. 구성원들의 업무적 전문성뿐 아니라 개인적인 성장을 위한 '사원 성장 프로그램'을 통해 조직의 미래 비전 달성에 필요한 인재를 미리 준비한다.

많은 기업이 제도적으로는 대학과 연계하여 학위 과정 또는 전문가 과정, 자격증 취득 과정 등을 마련해 놓고 있지만, 실질적으로 혜택을 받는 직군이나 직급은 정해져 있는 경우가 많다. 탁월한 인재를 채용한다고 할지라도 조직 문화가 지식을 공유하고 자기계발 계획을 세워 필요한 교육이나 코칭, 또는 도서를 구입하여 공부할 수 있는 풍토를 수용하지 못한다면, 탁월한 인재도 결국은 조직의 평균 능력 인재로 전락할 수밖에 없다.

조직의 인재 육성 시스템은 외부 환경의 변화에 맞춰 민첩하게 변화할 수 있어야 한다. GWP는 인재 육성이 성과 창출에 직접적으로 기여할 수 있게 하기 위해 먼저 '조직의 비전과 미래 사업 전략에 맞는 핵심 역량'을 명시하고 있다. 또한 구성원들 중에 잠재적 역량을 가진 인재 풀pool을 만들어 지식과 스킬을 공유하는 다양한 학습 공동체learning community를 운영하고 있다. 조직 내부의 순환 보직을 통해 구성원들이 역량과 재능에 따라 자유롭게 어떤 일이든 도전할 수 있는 기회를 제공할 뿐만 아니라, 새로운 업무를 맡은 구성원들의 능력을 성장시키기 위하여 전문 지식과 경험 전수를 위한 스페셜 멘토링Special Mentoring 제도를 운영한다. 이런 다양한 인재 육성 프로세스를 통해 미래를 위한 교육 투자뿐 아니라 조직의 성과에 직접 기여할 수 있는 인재 육성 환경을 만든다.

03
GREAT WORK PLACE
미래 경쟁력은 인재와 팀워크

기업 성공의 출발은 인재 채용 철학에 있다

'포춘 100대 기업'의 상위권에 드는 기업들의 인재 채용 철학은 액자 속에 걸린 문구가 아니라 실제 채용 과정에 반영되어 있다. 컨테이너스토어에는 '한 명의 탁월한 인재가 이뤄낸 업무 성취도는 일반 직원 세 명의 성취도에 맞먹는다 One great employee equals to three good employees'는 인재 채용 철학을 실천하고 있다. 이것은 본사뿐만 아니라 지점에서 직원을 채용할 때에도 그대로 적용된다. 지점에서 신규 채용을 할 때는 해당 지점 직원이 우선적으로 인터뷰를 해서 지점의 문화에 적합한 인재인지를 판단하고, 최종 채용될 때까지 각자 업무를 분담하면서 기다린다.

'2014년 일하기 좋은 포춘 100대 기업'의 1위를 차지한 구글 또한 사람이 가장 중요한 자산이라는 점을 강조한다. 구글은 '세계 최고의 인재를 뽑아 최고의 대우를 한다The world best employee, the world best treatment'는 채용 철학을 구현하고 있다. 구글은 업무 능력이 탁월할 뿐만 아니라 사회적으로도 잘 적응하는 사교적인 사람을 선호한다. 지적으로 탁월한 것은 기본이며 독특한 성과를 내는 사람, 유연한 사고를 가진 사람, 그리고 무엇보다도 구글이 어느 경쟁사보다도 탁월한 서비스를 제공할 수 있다고 믿는 사람을 원한다. 그래서 구글은 '할 수 있는 사람과 할 수 없는 사람'으로 구분되는 간단명료한 인재 채용 원칙을 가지고 있다. 누구든 자신보다 뛰어난 사람을 추천하여야 하며 조직은 기존 인재보다 더 뛰어난 사람을 채용할 의무를 가진다.

탁월한 능력을 가졌다 할지라도 단순히 직업을 원하는 사람은 뽑지 않는다. 혼자서 일하는 사람보다는 조직이나 팀과 함께 성장할 수 있는 사람을 뽑는다. 일벌레보다는 여러 분야에 관심을 가지고 있는 사람, 혼자만 잘하기보다는 다른 사람에게 동기를 부여하는 사람, 팀워크를 중요하게 여기는 사람 등을 중요시하는 구글은 단지 자리를 채우기 위하여 사람을 뽑는 일은 절대 하지 않는다.

많은 기업이 거창한 인재 상을 세우고 있다. 그러나 실제 인재 채용 과정에서 조직이 추구하는 인재상을 검증하기란 쉽지 않다. 특히 팀에 필요한 인재를 해당 팀원들이 검증하는 과정을 거치는 기업은 많지 않다. 일반적인 기업들이 사람을 채용할 때 능력과 경험을 먼저 본다면, GWP 기업은 회사의 문화에 맞는 인성을 갖춘 사람인지, 조직과 함께 성장할 수 있는 재능을 가진 사람인지를 먼저 점검한다. 사람이 가장 중요한 자산이라는 말은 누구나 하지만 중요한 자산의 가치를 충분히 활용하는 조직은 많지 않다.

다양한 축하 활동으로 공동체 의식을 강화한다
'재미있는 일터'를 만드는 일은 팀에서 해야 할 몫이다. 일상생활 속에서 구성원들이 서로 조금만 관심을 가지고 살펴보면 축하하고 위로할 일들은 많다. 동료가 승진했을 때, 전입해 오거나 전출해 갈 때, 업무 스트레스에 시달리는 직원을 격려할 때, 약속이나 납기일을 지키지 못해 미안할 때, 동료에게 고마움을 표현할 때, 생일이나 각종 기념일을 축하할 때 등 직원들에게 얼마나 창의적이고 세심하게 배려하는지에 따라 공동체 의식은 달라진다.

 늘 똑같은 생일 파티를 하는 팀과 생일 당사자의 관심과 취미를 고려한 생일 파티를 하는 팀은 업무를 추진할 때 어떤 차이를 보일까? 조직이나 팀에서 일어나는 다양한 축하 활동은 내용보다는 실행 방법이 팀워크에 더 큰 영향을 미친다. GWP는 축하 활동의 방법을 구성원들과 함께 고민한다. 그래서 같은 내용의 축하에 대해서도 팀의 개성에 따라 다양한 방법으로 나타난다.

 강한 팀워크를 쌓기 위해서 리더와 팀원은 자기 팀에 맞는 축하 내용과 방법을 개발하여 팀 문화로 정착될 때까지 지속적으로 추진할 필요가 있다.

성공과 실패를 함께 공유할 때 팀 파워는 발휘된다

조직이 구성원들과 성과를 공유하는 방법으로는 급여 조정, 보너스, 성과급, 경조사비 지급 등이 있다. 많은 기업에서는 성장했을 때의 이러한 성과 공유보다는 사업 불황 때 위기의 결과를 공유하는 데 더 적극적이다. 구성원들은 조직이 승승장구할 때 자신도 함께 성장하고 혜택을 받고 있다고 느끼지만, 조직이 불황을 겪을 때에는 불안감을 몇 배로 더 심하게 느낀다.

GWP를 구현하는 기업들도 시장 상황에 따라 구조조정을 할 뿐만 아니라 위기 경영을 한다. 그럼에도 불구하고 조직에 대한 구성원들의 신뢰가 유지되는 것은 기업 경영의 현황이 투명하게 공유되기 때문이다. 사업 부진으로 급여가 감소되거나 인력의 재배치가 일어날 때, 어쩔 수 없이 인력을 감축해야 할 때 등의 상황을 여과 없이 공유하고 의견을 나눈다.

팀워크는 좋은 성과만 공유하는 것이 아니라 실패의 결과도 함께 공유할 때 서로 제안과 개선 방법 등을 토론하면서 더욱 강해진다. 조직의 비전이 팀의 목표와 어떻게 연계되고 있는지, 팀 목표는 개인의 업무와 어떻게 연계되고 있는지, 또 구성원 개인의 업무 결과는 팀 성과에 어떤 영향을 미치며 결과는 어떻게 공유되는지가 명확할수록 팀 파워는 강해진다.

GWP는 구성원들의 역량이 최고로 발휘될 수 있는 업무 환경을 조성하며, 강한 팀워크를 발휘하여 조직의 목표를 달성할 수 있도록 일터 환경을 지속적으로 혁신해 간다. 일터 혁신의 근간에는 '신뢰의 문화'가 뿌리내려 있다. 이런 기업들의 문화 활동을 들여다보면, 의외로 다른 많은 기업들처럼 다양한 활동은 찾아보기 힘들다. 그럼에도 불구하고 구성원들이 조직과 팀에 깊은 신뢰를 나타나는 것은, 일방적이고 형식적인 GWP 활동이 아니라 구성원들의 자발적 몰입과 헌신을 이끌어내는 기프트워크 실행이 오랫동안 뿌리내려 있기 때문이라는 것을 발견하게 된다.

Chapter **4**

신뢰의 GWP를
만들어 가는 기업

신뢰가 기준이 되는
'일하기 좋은 100대 기업'

조직 내에서 구성원 간의 신뢰가 기준이 되는 '포춘 일하기 좋은 100대 기업', '일하기 좋은 EU 100대 기업' 및 전 세계 45개국에서 발표하는 자국의 '일하기 좋은 기업'을 선정하는 데 사용되는 글로벌 기준은 신뢰지수Trust Index©, 구성원의 코멘트 점수, 그리고 실제로 실행 중인 기프트워크 활동의 세 가지에 초점이 맞추어져 있다. 그중에서도 문화지수Culture Audit©는 조직 내 모든 정책이나 활동에서 '사람이 가장 중요한 자산'이라는 철학을 구현하는 수준을 보여주는 매우 중요한 분석 결과이다.

'일하기 좋은 기업'은 회사의 상황에 맞는 문화 활동을 일관성 있고 지속적으로 실천함으로써 구성원들에게 신뢰를 얻는다. '일하기 좋은 기업'의 문화에서는 구성원이 하는 업무를 '조직에 주는 선물Gift'로 받아들인다. 그들이 당연히 해야 할 '의무responsibility'로 생각하지 않는 것이다. 경영진이 구성원들의 업무를 의무사항으로 받아들이면 구성원들 또한 그에 준하는 수준까지만 의무와 책임을 다하게 된다. 공동 목표를 향해 업무를 수행하는 리더와 구성원 사이에 기프트워크 상호 작용이 일어날 때 서로에게 더 많은 것을 해주고 싶어한다. 리더가 구성원들의 업무나 활동에 대해 보다 관용적이고 개인의 가치를 소중하게 대할 때, 구성원들은 상응하는 방법으로 회사에 보답한다.

일터의 문화 활동은 다양성variety, 독창성originiality, 특정 집단이나 계층에게만 주어지는 혜택이나 활동이 아니다. 임직원 모두가 일정 부분 참여할 수 있는 포괄성all-inclusiveness, 사람에게 감동을 주는 진정한 행동human touch, 그리고 믿음, 존중, 공정을 향상시키는 통합성integration을 중요하게 생각한다. 조직 내 문화 활동은 같은 테마라도 업종과 임직원의 특성, 그리고 기존 관습에 따라 그 방법이 달라진다.

다음에 소개하는 기업들의 신뢰 구축을 위한 조직 문화 활동은 겉으로 보기에는 여느 기업에서나 볼 수 있는 것들일 수 있다. 그러나 깊이 들여다보면 이런 활동을 정착시키는 과정에서 구성원들의 무관심과 불만, 새 옷을 입는 데 대한 불편 호소 등의 사항을 인내심을 갖고 극복한 결과로 볼 수 있다. 명시되지는 않았지만 이미 리더와 구성원, 구성원과 구성원 사이에 기프트워크가 상당히 높게 시행되고 있는 것을 알 수 있다. 오랜 시간을 거치면서 조직 내 신뢰 구축의 한 방편으로 정착된 각 기업의 문화적 활동의 내용과 특징을 소개해 본다.

골드만삭스

주요업종 **종합 금융서비스**
설립연도 1869년
종업원수 약 15,000명

최고의 인재가 강한 팀워크를 발휘한다

골드만삭스Goldman Sachs에 취업하는 것은 낙타가 바늘구멍을 뚫고 지나는 것 만큼이나 어렵다. '일하기 좋은 포춘 100대 기업'의 상위권에 드는 다른 기업들도 마찬가지이다.

골드만삭스의 우수 인재 채용의 첫 번째 비결은 철두철미한 면접 과정이다. 응시자들은 홈페이지를 통해 무엇을 생각해야 하는지, 또 면접을 어떻게 준비해야 하는지에 대한 막연해 하는 경우가 많다.

골드만삭스에서의 인재상은 어떤 상황에 마주했을 때 옳고 그름을 판단할 기본 인식을 갖췄는지, 슈퍼스타가 되기보다는 팀플레이어가 되려는 의지가 있는지, 어떤 업무든 알고 싶어하는 열정적인 자세를 갖췄는지를 중요하게 여긴다. 업무에 필요한 일처리 능력은 회사가 키워줄 수 있지만, 기본적인 인성과 의지와 같은 개인의 내면은 회사가 바꿔 주기 힘든 부분이기 때문에 더욱 중요한 것이다. 골드만삭스는 이렇게 채용한 유능한 인재들이 있어서 함께 결정하고 업무를 수행하는 팀워크가 가장 강한 기업이다.

소위 똑똑하다고 하는 사람들은 자존심이 강해서 혼자 일을 처리하고 그 결과를 인정받기를 원하는 경우가 많다. 탁월한 인재들이 모인 집단에서 협업과 팀워크가 잘 안 되는 이유이다. 그러나 골드만삭스의 직원들은 '동료들이 매우 협조적이어서 투자 관련 고급 정보까지 서로 주고받으며 협조하는 놀라운 일터'라고 자랑한다. 더욱이 경쟁사에서 온 사람들에게조차 겸손하고 협력적인 분위기를 다른 투자 증권사와 다른 골드만삭스만의 신선한 차이점으로 꼽고 있다.

골드만삭스만의 직원들은 "동료들은 모두 자기 분야에서 최고인데 매우 겸손하다."고 자랑한다. 이것은 월스트리트에서는 좀처럼 찾아볼 수 없는 분위기이다. 골드만삭스와 경쟁사의 차이점은 우수한 인재에 있는 것이 아니라, 월스트리트에서 흔히 보이는 적대적 감정이 없을 정도로 존경 받는 기업이라는 사회적 인식이 자리 잡고 있다는 것이다.

뿐만 아니라 직원들은 이곳을 치열한 환경 속에서도 친근한 분위기와 팀워크를 지향하며 어떤 프로젝트든 협력적으로 이루어내는 일터라고 자랑한다. 재능 있는 사람들이 서로를 존중하고 자부심을 가지는 일터에서 탁월한 성과가 나지 않는다면 이상하지 않을까? 어느 한 사람도 혼자서 공적을 차지하려 하지 않는 진정한 협업이 업무 수행 방법의 핵심인 일터, 모두가 최고의 전문가로서 능력을 겸비하고 있는 일터, 조직을 위해 일하는 것이 즐겁고 자랑스러운 자부심 강한 일터 … 골드만삭스가 세계 최고의 투자증권 회사의 명성을 유지하고 있는 것은 당연한 일일 것이다.

말보다 실행이 앞선다

경제 불황이 지속되고 있는 상황에서도 골드만삭스는 다른 투자사보다 불황기가 짧고 타격이 적은 편이었는데, 가장 큰 이유는 그들만의 남다른 리더십 때문이다. 최고의 인재들이 두뇌를 모은 팀 결정과 판단력, 개인의 능력에 의존하지 않는 가치가 기업을 불황 속에서 빠르게 탈출시켰다. 탁월한 재능을 가진 리더들은 좋은 말과 제안을 하기보다는 공유하고 협력하고 다른 부서의 프로젝트에 기꺼이 협업하는 태도와 행동으로 구성원들이 동참할 수 있게 만들었다. 이러한 리더의 행동은 평상시에도 '함께 행동하는 골드만삭스인'의 문화로 정착되어 있다.

골드만삭스는 삶의 배경이 다르고 문화가 다른 사람들이 함께 협업하며 강한 팀워크를 이끌어낼 수 있도록 지원하는 '연구회'를 운영하고 있다. 이 연구회의 결과는 다양한 상황에서 팀워크를 가장 잘 지원할 수 있는 개념을 정립하고 훈련하는 교육 프로그램 개발에 사용한다. 리더들이 부문간 협업에 적극적이며 솔선수범하는 행동은 임원과 구성원들이 함께 일하는 업무팀에서 찾아볼 수 있다.

리더는 구성원들이 토론에 활발하게 참여하며 자신의 아이디어를 자유롭게 공유하도록 격려할 뿐만 아니라 임원들은 진지하게 이야기를 듣고 피드백한다. 이런 활발한 토론은 다른 증권사나 은행 등 비교적 보수적인 업무 수행 매뉴얼을 가지고 있는 기업에서는 찾아보기 힘들다. 각 분야의 전문가들이 고객들을 돕기 위해 최고의 팀워크로 일하기 때문에 언제나 고객 충성도를 최상으로 유지할 수 있다.

최고를 뛰어넘는 인재를 육성한다

골드만삭스는 복잡하고 어려운 채용 과정을 거쳐 입사한 인재들을 조직 목표를 달성하기 위한 하나의 소모품으로 생각하지 않는다. 그들의 능력이 지금도 탁월하지만, 거기에 머무르지 않고 자신의 최고 능력에 도전할 수 있도록 지속적으로 성장과 개발을 지원하는 다양한 프로그램을 운영하고 있다.

그중 하나로 흥미로운 것은 기업의 사회적 기여에 구성원들을 참여시키는 것이다. 골드만삭스는 공익 서비스 프로그램을 운영하고 있는데, 조직에서 최고 성과를 낸 구성원들이 이 프로그램에 참여할 수 있다. 그들은 업무뿐만 아니라 전혀 다른 환경에서 리더십을 개발할 수 있는 기회를 갖게 된다. 이 프로그램에 발탁된 사람들은 런

던에 있는 마리큐리 암치료센터, 마닐라에 있는 아얄라재단, 또는 뉴욕의 공립학교 재단 등에 근무하면서 자신의 또 다른 능력과 리더십을 개발한다.

그들의 지식과 전문성 그리고 재무적인 지원이 필요한 곳이라면 세계 곳곳에 지원할 뿐만 아니라 이런 지원을 통해서 직원들은 자신의 재능을 재발견할 수 있는 기회를 가질 수 있다.

골드만삭스의 사회적 기여는 직원들의 재능 기부를 넘어 그 능력이 현장 속에서 발휘되고 개발될 수 있도록 다양한 프로그램을 제공하면서 구성원들이 현실에 안주하는 것이 아니라 끊임없이 자신의 최고 능력에 도전하도록 만든다.

넷앱

주요업종 정조 테크놀로지-데이터 저장 및 관리
설립연도 1992년
종업원수 약 7,426명(미국), 약 5,624명(글로벌)

정직은 내부뿐만 아니라 고객에게도 전달되는 경영 철학

넷앱NetApp의 CEO 댄 워멘호븐Dan Warmenhoven은 '넷앱'이라는 기업이 탁월한 성과를 내는 구성원들이 매력적으로 느끼며 오래도록 일하고 싶은 일터로 자랑하는 곳이 되도록 노력한다고 말한다. 물론 고객에게 탁월한 가치와 역량을 제공함으로써 제품이나 서비스, 상호 관계가 증진되는 가운데 충성 고객을 많이 확보해 가는 기업을 추구한다. 이 회사는 설령 자사에 불이익을 가져다준다 할지라도 고객에게 정직해야 한다는 것을 생명처럼 여기고 있다.

넷앱의 윤리성과 신뢰가 생활 속에서 기준이 되고 실천하고 있는 사례는 무궁무진하다. 한 예로 한 대기업의 데이터를 저장하고 관리하는 프로젝트의 입찰 과정에서 수위를 다투는 경쟁사와 겨루게 되었다. 그 프로젝트의 규모를 볼 때 요구하는 기한 내에 납기를 맞추는 것은 현실적으로 불가능하였다. 그러나 워낙 규모가 큰 프로젝트였기 때문에, 넷앱에서도 처음에는 경쟁사처럼 납기를 맞출 수 있다고 하였다. 그러나 내부에서 깊은 논의를 해본 끝에, 고객에 대한 윤리성과 정직의 가치가 수주를 하는 것보다 더 중요하다는 의견에 따라 해당 프로젝트를 포기하였다. 그 뒤 경쟁사가 수주하여 프로젝트를 진행하였으나, 납기를 못 맞추는 문제가 발생하였다. 결국 고객사는 넷앱의 고객에 대한 신뢰에 깊은 인상을 받아 다시 넷앱을 선택하였으며 지금까지 20여 년이 지난 후에도 지속적으로 거래가 이루어지고 있다.

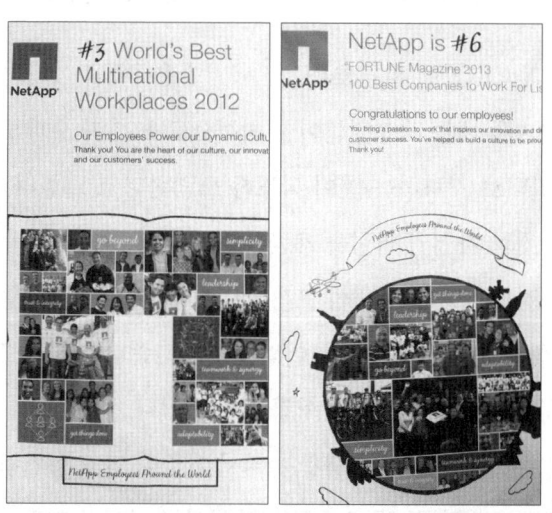

왼쪽_2012 세계의 우수 다국적기업, 오른쪽_2013 포춘 100대 기업 선정

넷앱은 고객사를 갑과 을의 관계가 아닌 상호 신뢰하는 파트너로 생각한다. 이런 경영 철학은 넷앱이 빠른 기간 내에 성장할 수 있는 기반이 되었다. 월가Wallstreet의 기업 분석가들은 넷앱의 성공을 '탁월한 제품과 위계 구조를 타파하고 구성원에게 권한과 책임을 부여한 권한 위임형의 조직 문화가 결합된 것'이라고 말한다. 정직을 바탕으로 한 신뢰의 일터는 처음 창업자의 아픈 경험에서 다져진 것이다.

1994년 CEO로 임명된 톰 멘도자Tom Mendoza는 IT 업계답지 않게 구성원 간에 협력하는 조직 문화를 강조하였으며 열린 사고와 창의성을 뿌리내리는 데 노력하였다. 그는 리더들에게 매일 15~20명의 일 잘하는 직원을 추천하도록 하여 명단을 받은 뒤, 직접 그들에게 감사와 칭찬의 전화를 하였다. 이런 사소한 리더십 행동을 통해 구성원들이 '일할 맛 나는 일터'를 만드는 데 심혈을 기울였다. 몇 년 전 1천여 명의 관리자들이 함께하는 프로그램이 있었는데, 이때 자신의 부하 중에서 일 잘하는 직원을 CEO에게 추천한 적이 있는 관리자는 손을 들어 보라고 했다. 모든 관리자들이 손을 들었고, 이런 조직 문화 속에서 구성원들은 상호 신뢰를 바탕으로 열정의 꽃을 피우고 있다.

수평 조직의 실체는 오픈 커뮤니케이션

이 회사의 특징 중 하나는 구성원들이 일하는 공간이 큐브 형식으로 되어 있다. CEO의 공간 또한 오픈된 큐브 중의 하나이며 이런 물리적인 환경은 윗사람의 권한을 밑으로 내려 오픈 정책을 구현하고 있다는 점이다. 회사의 기밀이 될 수도 있는 사항들을 다른 IT 기업들은 윗선에서 차단하지만, 넷앱은 모든 자료를 전 구성원들과 공유하고 있다. 이는 구성원과 조직 간의 두터운 신뢰가 바탕에 깔려 있기 때문에 가능하다. 또한 사업이 불황일 경우에도 이를 숨기거나 단순히 위기만을 조장하는 것이 아니라 구성원들에게 이를 구체적으로 공개함으로써 구성원들이 목표를 달성하기 위해 긴장하고 지속적으로 생각하면서 일하게 한다. 이러한 소통은 CEO와 구성원 간에도 수시로 진행되고 있다.

뿐만 아니라 신입사원과의 소통을 매우 중요시하는데, 이는 그들이 회사가 중요시하는 문화적 가치를 생활 속에서 실천할 수 있도록 훈련을 시키기 위한 것이다. 매달 진행되는 '토스트 미팅'을 통해 경영진과 신입사원과의 만남을 지속적으로 한다. 이 미팅에서 경영진은 회사에서 필요로 하는 것과 회사에 대한 구체적인 정보를 알려주며 신입사원들이 궁금해하는 점들과 사적인 부분까지 그들의 의견을 들어주고 이를 업무에 반영해 주기 위해 노력한다. 본사뿐만 아니라 일정 인원 이상의 직원이 있는 해당 지역이나 국가에도 본사 경영진이 직접 방문하여 '토스트 미팅'을 진행한다. 이 과정에서 신입사원과 조직이 서로 간의 공감대를 형성하는데 특히 경영진이 직접 움직이는 이유는 누구나 편하게 접촉하여 고민과 문제를 해결하고 얘기할 수 있다는 생각을 가질 수 있도록 만들기 위한 것이다.

대부분의 기업이 경기가 불황이거나 사업이 잘 안 되는 경우 소통의 문을 닫는다. 그리고 일방적으로 위에서부터 내려오는 전달 사항이나 위기 고조형의 내용만이 구성원들에게 들린다. 이때 구성원들에게는 구조조정이나, 비용 절감, 인력 재배치 등 좋지 않은 이야기들만 소통되기 때문에 사기가 저하되고 구성원들은 더욱 이기적으로 변한다.

하지만 넷앱의 경우에는 오히려 열린 소통을 더 강화하여 구성원들이 빠르게 위기 의식과 긴장감을 느끼게 하여, 다른 기업보다 더 빠른 회복의 계기를 만들고 있다. 그 결과 넷앱은 2008년 리먼 브라더스 사태를 겪으면서 경기가 불황으로 치달을 때에도 사업의 성공은 조직 문화와 사람이라는 생각을 버리지 않았다. 그리하여 경기가 나빠 다른 회사는 보너스 지급이 정지되었을 때에도 넷앱은 고성장을 통해 성과급을 지급할 수 있었다. 넷앱은 경영진의 열린 소통과 리더의 과감한 권한 위임이 '일하기 좋은 기업'의 가장 중요한 핵심이라는 점을 강조한다.

자신의 아이디어를 실험하고 공유할 수 있는 자유가 넘치는 곳

구성원들에게 먼저 이 회사의 좋은 점이 무엇이냐고 물으면 자신의 업무에서 새로운 개념을 맘껏 실험할 수 있고 그 아이디어를 동료들과 공유하며 어떤 질문이든 자유롭게 주고받을 수 있는 조직 문화라고 한결같이 말한다. 그들은 주변에 보면 자신의 업무 효율성을 위해 아이디어를 적용할 수 있는 자유가 허용되는 기업을 찾아보기 힘들다고 말한다. 그렇지만 넷앱에서는 자신의 업무 목표를 달성하기 위하여 스스로 결정할 수 있는 사항과 자율성을 많이 보장 받고 있다.

이처럼 열린 조직 문화에서는 정치적 행위나 아부 또는 험담으로 인해 상처 받는 구성원들이 없다. 이것은 넷앱에서 볼 수 있는 특이한 점으로, 회사가 성장하고 규모면에서도 놀라운 확장을 하고 있음에도 불구하고 초기에 다져진 협업과 존중, 그리고 강한 팀워크의 정신이 더욱 단단해지고 있다.

넷앱의 관리자들은 모두 기업가적인 리더십을 발휘하고 있다. 각 지역이나 국가의 최고 장들은 그들만의 자율성이 온전히 보장되고 있다. 목표는 같되, 접근 방법은 독일이나 일본 및 기타 국가의 문화적 특성에 따라 모두 다르다. 본사는 이러한 자율성이 본사의 기능을 단순화시키고 있다고 믿는다. 구성원들은 자신이 어디서 일하든 넷앱인으로서의 기업가 정신을 맘껏 발휘할 수 있다. 다만, 공통으로 추구하는 넷앱의 경영 철학과 가치, 신뢰, 자부심, 재미있는 일터 문화는 그대로 유지되도록 모든 활동이 진행된다.

구성원 경력 개발의 꽃 커리어 파워 프로그램

넷앱의 조직 문화는 신뢰, 윤리, 서번트 리더십을 기반으로 강한 팀워크를 자랑하고 있는데, 특히 전사 차원에서 이루어지는 GWP 문화활동 중에서 커리어 파워Career Power 프로그램은 넷앱 구성원들의 전문성 강화를 위한 자랑스러운 프로그램이다. 구성원 전원에게 제공되는 경력 개발 프로그램인데 지극히 현실적이고 실용적으로 구성되어 있어 임직원들에게 환영 받고 있다.

이 프로그램을 통해 구성원들은 언제나 지금 자신의 역량이나 지위, 조직 내에서 어느 수준에 와 있는지를 확인할 수 있다. 이를 바탕으로 자신이 어디로 가기를 원하는지 또 어떻게 그곳에 도달할 수 있는지, 조직이 자신에게 어떤 지원을 해 주기 원하는지 등을 상의하고 자신의 경력을 쌓아갈 수 있도록 짜여져 있다. 이것은 조직이 구성원들의 능력 향상을 위해 전폭적으로 지원하는 인재 육성 시스템이다. 대표적인 프로그램으로 IOCC$^{InsdieOut\ Coaching\ Community}$를 운영하고 있으며 온라인 학습을 통해 자기 학습을 강화하고 있다. 자기 학습 방법으로는 GROWpads, preparation checklists, conversation planners 등 다양한 도구들이 제공되고 있다.

구성원들의 자부심을 고취시키는 유급 봉사 제도

넷앱은 '포춘 100대 기업'의 선정 도구인 신뢰지수$^{Trust\ Index}$를 구성원들의 신뢰 조사 도구로 일관성 있게 활용하고 있다. 여기서 구성원들이 무엇보다도 조직에 고마워하고 또 자랑스럽게 여기는 것이 바로 연간 5일 동안 쓸 수 있는 유급 자원봉사 제도이다.

구성원들은 자원봉사 장소나 방법을 자유롭게 선택할 수 있다. 특히 자녀가 학교에 다니는 구성원들 경우에는 자녀 학교에 자원봉사함으로써 자녀와 시간도 보내고 봉사도 하며 급여도 받는 삼중 효과를 톡톡히 누리고 있다. 이처럼 자신이 처한 환경과 평소의 관심사가 결합되어 사용할 수 있는 유급 자원봉사 제도를 통해 구성원들은 일과 삶의 균형을 꾀하기도 한다.

또한 넷앱은 간식 문화가 GWP의 일환으로 되어 있는데 화요일은 과일 데이, 금요일은 베이글 데이 등을 정해서 매주 다양한 간식문화를 즐기고 있다. 뿐만 아니라 자신의 목표 달성이 명확하다면 유연근무제를 통해 가정이나 다른 장소에서 업무를 수행할 수도 있다.

회사의 CEO는 넷앱의 사업 성공이 구성원의 덕분이라고 말한다. 복지 혜택이나 기업이 주는 선물 등은 다른 기업들도 얼마든지 잘하고 있다. 하지만, 구성원들과 함께해낸다는 '재미'는 사람들의 감정, 함께한다는 즐거움, 일을 좋아하는 마음 등이 결합되지 않으면 느끼기 어렵다. 넷앱의 임직원들은 함께 일하고 성취하며 좋은 결과를 만들어내고 서로에게 감사하는 GWP가 생활화되어 있다.

이 기업에서는 놀라울 정도로 협업이 잘 이루어지고 있다. 구성원들은 관리자들이 자신들의 처지를 이해하고 돕기 위해 최선을 다한다고 말한다. 그래서 일하는 시간이 유동적이어도 개의치 않는다. 넷앱에서는 항상 웃고 있는 사람들을 많이 볼 수 있으며 서로 신뢰하기 때문에 열심히 일하는 모습을 쉽게 찾아볼 수 있다. 뿐만 아니라 밑에서부터 올라오는 커뮤니케이션이 자연스럽게 일터로 녹아들어 구성원들은 최고의 결과를 만들기 위한 제안과 개선안을 한껏 쏟아내고 있다. 구성원들은 누군가가 도움을 요청할 때 "그것은 당신의 일이야."라고 말하는 경우가 없다. 넷앱은 어떻게 해서든 도와주기 위해 서로 노력하는 가운데 팀워크의 즐거움을 만끽하는 독특한 IT 기업이다.

쌔스인스티튜트

주요업종 비즈니스 인텔리전스(Business Intelligence) 솔루션
설립연도 1976년
종업원수 약 6,040명(미국), 약 5,700명(미국 외)

SAS의 성공 비결은 사람이다

쌔스인스티튜트SAS Institute의 회장 짐 굿나잇Jim Goodnight은 "SAS의 모든 비즈니스는 사람에서 시작된다는 믿음에서 출발했다."고 말한다. 또한 SAS의 특별함은 기술력이나 IT 솔루션 노하우가 아니라 바로 '사람'이라는 점을 창사 이래 지금까지 일관되게 강조하고 있다. 많은 기업이 '사람이 가장 중요한 자산'이라고 주장하지만 그 말은 액자 틀에 들어 있는 공허한 메아리에 불과한 경우가 많다. 그런 까닭에 SAS만큼 탁월한 결과를 만들어내지 못한다.

SAS의 CEO는 직원들이 제품의 질을 최고로 유지하며 고객 감동 서비스를 훌륭하게 해내고 있다고 칭찬하고 고마워한다. SAS의

특별함은 사람, 품질, 그리고 서비스를 존중하는 것이며 이 가치는 모든 업무와 임직원의 행동에 배어 있다.

  SAS의 직원들은 리더에 대한 신뢰로 가득 차 있으며 조직의 장기적인 발전을 확신하고 있다. 직원이라면 누구든지 자신이 맡은 업무 목표를 달성할 수 있도록 회사가 적극적으로 지원하고, 전문가가 되기 위해서는 원하는 만큼 학습 기회를 제공 받을 수 있다. 직원들은 회사의 성공이 개인의 성공과 미래에 매우 중요하다고 여기며 자신의 아이디어와 창의성을 유감없이 발휘한다. 그렇기 때문에 "일하기 좋은 직장인가?"하는 질문에 98%의 임직원들이 그렇다고 응답하는 회사이다.

구성원과 직접적이고 정직한 커뮤니케이션을 한다

신뢰가 기본이 되는 GWP를 만들기 위하여 짐 굿나잇 회장은 틀에 박힌 연설을 피한다. 직원들과는 직급에 관계없이 직접적으로 대화하기를 즐기면서 질문을 듣고 기꺼이 답변을 한다.

  정직한 문화를 강조하는 SAS 경영진의 커뮤니케이션 원칙은 구성원들과 직접적이고 정직하게 정보를 공유하며, 그들의 질문에 진솔하게 답변할 뿐만 아니라 구성원들에게 아이디어와 피드백을 구한다. 그래서 SAS에서는 1 대 1 대화나 소규모 그룹의 미팅을 자주 볼 수 있다.

  리더들은 필요에 따라 대그룹, 소그룹 등으로 나누어 아이디어를 구하기 위한 블로그를 만들 뿐 아니라, 이 블로그는 일반인에게도 공개하고 있다. 블로그를 활성화시켜서 업데이트가 되면 직원들은 이것을 읽고 피드백한다.

SAS에서 독특하게 운영되고 있는 이 블로그에는 리더들이 방송 토크쇼 중의 하나인 '래리 킹 라이브Larry King Live'라는 프로그램을 모방한 리더십 라이브 쇼가 진행되고 있다. 라이브 웹캐스트를 이용해 만들어진 이 프로그램에서 사회자는 시사 관련 주제로 SAS 리더들을 인터뷰하며 질문을 한다. 라이브로 이루어지는 SAS 라이브 쇼에서 제작진은 청중 여론 조사를 실시하며 미국 내뿐만 아니라 글로벌 구성원들이 공유할 수 있도록 프로그램을 운영한다. 여기서 직원들은 리더의 생각을 엿볼 수 있다. 또한 웹캐스트의 요약본은 회사 내부 웹에 올려 전 직원들과 공유한다.

리더와 직원들은 회사의 정직한 질문과 대답 시간, 정보의 직접적인 공유, 아이디어 제안과 피드백 등 정면 돌파형 커뮤니케이션을 통하여 조직의 핵심 가치를 자신들의 행동 기준으로 생활화하고 있다. 구성원들은 "일터가 어떻게 바뀌어야 하는지 지금 생각하지 않는다. 내게 아이디어가 떠오르면 그것을 리더에게 피드백할 것이다. 리더는 내 아이디어를 심사숙고할 것이다."라고 확신한다.

직원들과 직접적이고 정직한 커뮤니케이션을 통해 조직의 가치를 공유하며 웹캐스트와 같은 도구를 통해 경영진이나 리더와 쉽게 접근할 수 있는 라이브 채널은 SAS만이 가지고 있는 독특한 커뮤니케이션 문화이다.

조직의 비전은 명확하고 직접적으로 모두에게 전달된다

'훌륭한 일터'를 가진 기업들이 그렇듯이 SAS의 채용 정책과 원칙은 특별하다. 이 기업만이 추구하는 채용 정책은 '최고The Best'인데 명확한 업무 역량을 가진 사람을 채용하는 것이 특징이다. SAS는 무엇보다도 5대 핵심 가치에 맞는 사람을 뽑는다. SAS의 직원이 되려면 먼저 고객의 요구에 집중하는 사람이어야 하며 신속하고 민첩하게 행동하는 사람, 혁신적이고 신뢰할 수 있는 사람이어야 한다.

SAS는 인재 채용을 마치 결혼과 같은 절차로 본다. 첫만남을 하고 마음이 맞으면 서로를 알아가는 기간을 갖고, 약혼하고 정식으로 결혼하는 것처럼, SAS는 이런 과정을 겪으면서 회사에 들어온 후에도 지속적으로 구성원을 성장시켜 가는 '온 보딩on boarding' 절차를 거친다.

SAS는 모든 직원을 특별하게 만들기 위하여 직원들에 대한 기대 사항을 명확하고 직접적으로 전달한다. 이러한 기대 사항을 반영하여 회사의 정책이나 경영 활동에 직원들의 생각과 아이디어를 직간접적으로 구하는 시스템을 갖추고 있다. 어떤 프로젝트든 직원들은 자신의 역량이 된다고 여기면 참여할 수 있다. "조직이 구성원을 특별하게 대하면 구성원은 조직을 특별하게 만들어낸다."는 CEO의 특별한 생각은 동종 업계의 수준에 맞는 보상과 고용 환경을 조성하려고 한다.

많은 직원들은 SAS에서 오랫동안 전문가로 일하고 있는 이유 중 하나로 '유연한 근무 환경'을 말한다. 직원들은 개인 사정에 따라 휴가를 쓰거나 집 또는 다른 장소에서 일하는 것이 전혀 문제가 되지 않는다. 직원들은 아름다운 캠퍼스와 좋은 사람들과 함께 일하는 것을 자랑스럽게 여긴다.

특별한 업무 환경, 건강한 환경이 고성과를 창출한다

노스캐롤라이나에 위치한 SAS의 캠퍼스를 보면 거기서 일하고 싶은 생각이 저절로 들 만큼 아름다운 건물과 재미있게 지은 빌딩들을 볼 수 있다. 산책로나 운동 시설, 캠퍼스 내에 있는 병원은 SAS가 여기서 일하는 사람들을 얼마나 배려하는지 알 수 있다. 그런데 SAS는 이 시설들을 지역 사회를 위하여 개방하고 있다는 점이 다른 기업들과 차별된다.

본사에 있는 피트니스센터는 직원들이 시간에 구애되지 않고 언제든 원하는 시간에 이용할 수 있다. 지사에 근무하는 직원들에게는 지역에 있는 피트니스센터의 회원권을 제공한다. 직원들은 "조직이 개인의 일과 삶이 조화를 이룰 수 있도록 배려하며, 가족적인 분위기 속에서 동료와 열심히 일하고 또 열심히 노는 것까지 완벽한 '구성원 존중 패키지'를 갖추고 있다."고 자랑한다.

SAS의 직원들은 열거할 수 없을 정도로 많은 복리후생을 단순히 자신들에게 주는 혜택으로만 여기지 않는다. 그들이 보다 안전하고 편안한 환경에서 역량을 맘껏 발휘할 수 있도록 조직이 진정으로 배려해 주는 것이라는 것을 알고 있다. '모든 사람은 소중하고 특별한 존재'라는 기업의 경영 철학이 깔려 있는 복리후생은 직원들에게 더욱 특별한 느낌으로 다가온다.

SAS의 임직원 중 95% 이상이 'SAS는 정신적, 정서적으로 건강한 일터'라고 신뢰지수Trust Index© 조사에 응답하고 있다. 조직은 건강한 업무 환경을 제공하는 데 드는 비용보다는 업무 환경으로 인해 스트레스를 받는 직원에 대한 걱정을 더 많이 한다.

기업을 넘어 '사회의 보다 나은 미래'를 위해 기여한다

SAS는 일반인들에게도 '사람을 존중하는 기업'의 모범 사례가 되고 있다. 모든 잣대에서 SAS는 앞서 간다. 이직률은 산업 평균을 훨씬 밑돌고 있으며, 우수 인재의 입사 지원은 월등히 높다. 고객 요구나 서비스에 대응하는 데 가장 짧은 시간의 기록을 가지고 있다. SAS의 CEO가 만들어 가는 '신뢰의 GWP'가 기반이 되어 해마다 목표 이상의 성과를 달성하고 있다. 리더와 구성원은 자율적이고 창의적인 방법으로 업무를 추진하며 고객을 관리하고 있다.

SAS는 사회적 책임 기업으로 에너지 절약, 친환경 활동 등 사회 공헌 활동을 구성원들과 함께하고 있다. 학교 교육에 필요한 웹 기반의 커리큘럼을 만들어 무상으로 지원하고 있을 뿐만 아니라 캠퍼스 내에 유치원, 초·중·고등학교를 운영하면서 지역 주민들에게 봉사하고 있다.

사람을 존중하고 그 사람들이 긍정적인 차별화를 만들 것이라는 믿음, 성과의 공평한 공유, 업무에서의 평등주의 정신, 좋은 제품을 위한 아이디어를 끊임없이 제안하는 임직원들이 지금의 성공을 만들어내고 있다. 구성원들을 최고의 자산으로 여기는 CEO의 경영철학은 단지 구호에 그치는 것이 아니라 경영 전반에서 구현되고 있다.

동부생명

주요업종 **생명보험업**
설립연도 **1989년 4월**
종업원수 **약 516명**

동부생명은 1989년 미국 Aetna보험과 합작하여 동부애트나(Aetna)라는 이름으로 출범하였다. 이후 1995년에는 세계적 금융 전문 그룹인 프랑스 AXA사로 합작 파트너를 변경해 보험을 넘어선 그 이상의 선진 금융 기법을 습득해 왔다. 2001년에 AXA의 보유 지분을 인수하여, 순수 국내 보험사로서 제2의 도약을 시작하였다. 1999년 이후 15년 연속 흑자 경영을 이어오고 있으며, 특히 수입보험료 증가율 및 운용 자산 이익률에서 상위 수준을 지속 유지하고 있다. 이러한 성장은 고능률 남성 조직 중심의 FP영업 채널을 비롯하여 DM, 방카슈랑스, AM 등 각 채널의 균형 있는 발전이 있었기에 가능했다. 2007년부터 6년 연속 업계 상위 등급의 민원 평가를 받을 만큼 고객 중심 경영에 앞장서고 있고, 계속해서 상품 및 판매 채널의 다양화를 통해 '고객이 신뢰하는 경영 효율 1등 보험사'라는 비전을 이루기 위해 끊임없이 전진하고 있다.

스스로 생각하고 발전하는 인재 육성

동부생명에서는 입사 초기에 동부의 핵심 가치에 대한 교육을 체계적으로 진행함으로써 조직 적응력을 높이고 빠른 시간 안에 실무에 접할 수 있도록 유도한다. 이를 위해 신입·경력 입사자를 대상으로 온·오프라인 교육을 실시하는데 온라인은 1개월, 오프라인은 3주의 교육 기간을 거친다. 이 밖에도 다양한 제도를 마련해 개인의 역량을 강화시키는 것은 물론 조직과 상생할 수 있도록 다각적으로 시도한다.

'Think Day'는 매월 팀에서 해결해야 하는 과제를 선정한 후, 이를 창의적으로 해결하는 대표적인 조직 문화 활동이다. 회사는 직원의 몰입과 전원 참여를 이끌어내기 위해 외부 장소 활용을 적극 권장하고 지원한다. 업무 공간을 벗어나 해결 과제에만 몰입할 수 있는 환경을 제공하기 위해서이다. 이를 통해 구성원들의 자발적인 참여와 협업 활동을 이끌어내고 창의적으로 문제를 해결할 수 있도록 돕는다. 이는 '사업부 통합 Think Day'로도 발전하여 반기별로 전 직원이 목표를 공유하고 해결 방안을 제시한다. 이로써 본사와 현장 사이에서 으레 벌어지는 소통의 간극을 줄이고 업무를 명확히 분담해 순환하는 조직을 만들어 나가고자 한다. 'Think Day'가 여타의 소통 시스템과 다른 것은 신입사원에서 임원에 이르기까지 목표를 서로 공유하고 자신의 의견을 말한다는 데 있다. 상하 조직적 분위기 속에서는 말단 직원이 발언하기 쉽지 않은데, 'Think Day' 때만큼은 상하 직위를 막론하고 자유롭게 문제점을 지적하고 개선을 위한 의견을 제시할 수 있다.

'Good Morning Meeting'은 매일 아침 부서별로 업무 시작 전에 미팅을 하는 활동이다. 이 시간에 중요 이슈를 공유하여 직원들의 협력을 이끌어내고, 편안한 분위기에서 개인적인 관심 분야를 공유하면서 유연한 조직 문화를 만드는 데 기여하고 있다.

'Monthly One Do'는 매월 팀장이 주도하여 한 가지씩 업무를 개선해 나가는 제도이다. 제도 개선, 비용 효율, 전산화 등을 주요 개선 과제로 하여 팀별 개선 활동을 지속시켜 나간다. 우수 사례는 'GWP 행복발전소'에 등록하고 포상함으로써 전 직원이 좀 더 적극적으로 참여할 수 있도록 유도한다.

다음으로 'Work Board'를 두어 수시로 개인별 업무 현황을 게시판에 작성하고 공유하여 좀 더 자발적이고 투명한 업무 관리가 이루어지도록 전 구성원이 노력하고 있다. 또한 계획, 개선, 돌발 업무에 대해서도 더욱 체계적이고 유연하게 대처할 수 있도록 한다.

각자의 업무를 공유하면서 개인과 사업부, 팀 업무가 전체적으로 일관성을 유지하게 되며, 이를 통해 전략적으로 업무를 관리하고 구성원 간에 효율적인 협업 체계를 구축하여 불필요하거나 중복되는 업무를 줄이려고 한다.

위의 프로그램 모두 개개인이 조직에 좀 더 자발적으로 참여하고 다양한 루트로 소통할 수 있게 돕는다. 사람의 생명을 다루는 기업으로써 단순히 이윤을 창출하는 집단을 넘어 조직원의 현재와 미래까지 함께한다는 데 기업의 가치를 두고 있음이 다양한 프로그램에서 여실히 드러난다.

피드백을 넘어 멘토링으로 …

동부생명에는 눈에 띄는 소통 프로그램이 많다. 우선 '한마음 협의회'에서는 분기별로 경영진과 구성원 대표가 모여 경영 현황을 공유하고 구성원의 건의·애로 사항 등에 대해 피드백을 한다.

CEO와 팀장(관리자) 간에도 반기별로 소통의 자리를 마련하여 팀별 주요 이슈에 대해 의견을 교환하고 매월 CEO가 직접 현장을 방문하여 구성원의 건의·애로 사항을 듣고 그들을 격려하기도 한다. CEO의 현장 방문은 자칫 불편해 보일 수도 있으나 필터링 없는 VOE$_{\text{Voice Of Employee}}$(직원의 목소리)를 접수하고 즉각적인 해결책을 제시함으로써 '직원 중심의 회사 경영'이라는 인식을 심어 주고 있다.

또한 '직원 제안 제도$_{\text{e-VOC}}$'를 운영하여 업무 중에 발생하는 문제에 대한 제안을 접수하고 개선하는 활동을 하고 있으며, 기존의 관행을 타파하고 업무 개선 아이디어를 발굴하는 CEO 직속 사내 컨설팅인 '창의 포럼'을 운영하고 있다. '문제의 본질이 무엇인지는 실무자만이 가장 잘 알 수 있다'는 취지에 따라 해당 문제에 대한 실무자(전문가)와 경영진이 같이 고민하고 문제에 대한 해결책을 만들어 가는 프로그램으로 'One Stop Solution 포럼'을 신설하기도 했다.

동부생명의 제도는 무엇보다 우수 인재의 역량을 개발하고 발전시키는 데 더 큰 목적을 두고 있다. 많은 기업에서 구성원의 조직 이탈에 대해 고민하는데, 그 원인을 살펴보면 대부분 사람과의 관계에 문제가 있는 경우가 많다. 그래서 동부생명에서는 신입사원들이 조직에 적응할 수 있도록 팀 문화, 기본적인 업무 지식, 조직 문화 등에 대해 멘토링을 하여 일터에서 빠른 시간에 안정감을 찾도록 도와준다. 특히 잠재적 우수 인력에 대해서는 직무의 깊이를 달리 하여 직무 만족도를 높이는 등 개인 성장에 초점을 맞춘 멘토링을 진행한다. 더불어 임원들의 특별 관리를 통해 조직 내 갈등 관리, 후배 육성 등 관리자 기초 지식을 전수 받는다.

또한 인재의 입사 당시뿐 아니라 대리, 과장, 임원이 되기까지 다양한 직급에 맞게 멘토링을 함으로써 인재의 역량을 더욱 강화하고 확대시켜 나간다. 멘토링은 구성원 간에 발생할 수 있는 갈등을 해결하고 개인의 성장에 도움을 줄 수 있는 강력한 프로그램으로, 동부생명은 이러한 멘토링의 효과를 적극 활용하고 있다. 이것이야말로 단기적인 성과에만 급급하는 여타 기업의 멘토링과 구분되는 동부생명만의 특별한 인재 멘토링 시스템이라 할 수 있다.

조직과 가족에게 사랑 받는 직원

임직원 간의 소통을 중시하는 동부생명의 기업 의식은 다양한 복지 제도에서 여실히 드러난다. 직원 모두가 가족 사랑을 실천할 수 있도록 제도적 지원 장치가 필요함을 인식하고 연간 1회 '가족 사랑 반차 휴가'를 부여한다. 직원의 결혼기념일, 배우자 생일, 자녀 생일 등 Life Event에 유급 반차 휴가를 쓸 수 있는 제도이다. 또한 매주 수요일은 유연한 직장 분위기를 만들 수 있도록 'Fun Day'로 지정하여 정시 퇴근을 유도하는데, 직장 내 동호회 활성화 및 가족과 함께하는 시간을 보장하고자 하는 의도이다.

특히 자녀를 둔 부모인 경우에는 '직원 자녀 캠프'와 '아빠가 쏜다' 프로그램으로 자녀와의 유대 관계를 높이는 데 지원을 아끼지 않는다. '직원 자녀 캠프'는 전 직원의 자녀를 대상으로 2박 3일 동안 여름 캠프를 운영하는데, 다양한 체험 활동을 통해서 자녀에게 부모의 일터에 대한 이해를 도와준다. '아빠가 쏜다'는 매월 우수 직원을 선정하여 해당 직원 자녀의 학교를 찾아가는 이벤트이다. 학교를 찾아가 '아빠 자랑'을 해 주고, 자녀의 학급에 피자를 배달시켜 줌으로써 '가족에게 자랑스러운 아버지(어머니)' 이미지를 심어 준다.

이 밖에도 질병이 발생했을 때 질병 치료 목적의 휴가(연 2개월) 및 휴직(연 6개월)을 유급으로 부여하고, 직원 가족(부모, 배우자, 자녀)의 질병, 사고, 노령에 대해서도 가족을 돌보기 위한 휴직(연 90일)을 신청할 수 있도록 배려한다. 또 직원 본인이 질병이 발생했을 때에도 회사의 단체 보험을 통해 치료 비용을 지원해 주는 등 회사 차원에서 직원의 안전과 건강을 위해 다방면의 지원을 아끼지 않는다.

이러한 다양한 복지 제도를 통해 동부생명이 단순히 직원의 신체적인 안전과 건강을 넘어 정신적인 행복에도 초점을 맞추고 있음을 알 수 있다. 특히 직장 생활로 인해 소원해질 수 있는 가족이나 지인과의 관계를 회복할 수 있도록 돕고 있는 점이 인상적이다. 이를 통해 삶의 질이 높아져 즐거운 직장 생활을 하는 데 큰 도움이 되고, 개인의 인생이 행복해지는 선순환이 이루어지는 것이다.

한번 동부 가족은 영원하리!

동부생명에서는 'Get the right people on the bus'라는 목적을 가지고 4단계에 걸쳐 채용 활동이 이루어지고 있다. 1단계 면접관 교육에서는 해당 직무의 팀장급을 면접관으로 선발하여 면접관 교육을 받게 한다. 면접 시 활용될 수 있는 인터뷰 유형, 면접 오류 예방책, 면접 시 활용할 수 있는 기술을 중점적으로 교육한다. 2단계는 입사 지원자의 직무 역량 검증을 위한 PT 면접이다. 역량 모델링을 활용하여 지원자가 해당 직무에 적절한 역량을 보유하고 있는지를 검증하는 것이다. 3단계는 선배와의 대화 자리를 통해 조직 적응력을 사전에 검증하고 친밀감을 형성할 수 있도록 돕는다. 마지막으로 4단계는 동부그룹 핵심 가치 중심의 최종 면접이다. 임원 면접을 통해 지원자가 동부그룹의 핵심 가치에 부합하는 인재인지 최종 판단하는 단계이다.

동부생명 채용 시스템의 장점은 선발 후에 더욱 눈에 띈다. 보험 업계는 영업 중심의 조직임에도 불구하고, 최근 10년간 대졸 공채 입사자를 분석한 결과 영업 현장 배치는 총 입사자의 7% 수준, 나머지는 영업 지원 직무 및 기타 경영 지원 직무로 배치되었다. 그에 따라 신입사원이 일선 영업을 직접 경험할 수 있는 프로그램이 필요하다고 판단하여 세 단계에 걸쳐 신입사원 사내 입문 교육 및 현장 배치를 진행하고 있다. 1주 차에는 보험의 기초와 회사 정책을 이해하는 단계이고, 1개월 차에는 영업 채널 현장을 다양하게 체험한다. 이 단계가 지나면 영업 현장으로 인사 발령을 낸다. 보험 영업을 직접 경험하게 함으로써 현장의 실상을 이해하도록 하기 위한 것이다.

신입사원은 4개월 동안 현장 배치를 통해 느낀 점을 바탕으로 개선점을 도출하고 해결책을 제시하는 테마 연구 과제를 발표한다. 해당 과제는 발표로 끝나는 것이 아니라, 현장에서 적용 가능한지 즉각 검토하고 실행으로 옮기게 함으로써 스스로 일에 대한 성취감을 맛볼 수 있게 한다. 이러한 사내 입문 과정을 끝마치고 나서야 지원한 직무에 따라 부서별 배치가 이루어진다.

대부분 기업에서 신입사원을 뽑는 데 많은 공을 들이고 있다. 하지만 그렇게 공을 들인 인재는 조직에 대해 완벽히 숙지하지 못한 상태에서 자신의 업무나 환경에 불만을 느끼게 되고, 애써 채용한 보람도 없이 이직을 하기도 한다. 동부생명은 신입사원 선발에서 입사 후 6개월까지 체계적인 시스템을 통하여, 회사와 자신의 업무를 적극적으로 알아 갈 수 있게 도와줌으로써, 조직과 업무에 있어서 맞춤형 인재로 성장할 수 있는 발판을 마련해 준다.

성과를 최대로 높여 개인·기업·사회에 이바지

성실히 일만 한다고 해서 꼭 좋은 성과를 내는 것은 아니다. 분명 높은 성과를 내기 위해서는 그에 따른 미션과 보상이 적절히 이루어져야 한다. 동부생명은 일방적으로 직원들을 몰아붙이는 것이 아니라 성과를 최대한 높일 수 있는 다양한 장치를 마련하기 위해 애쓰고 있다. 미션과 보상에 따른 여러 프로세스를 통해 직원을 독려하고 이렇게 이루어진 성과는 개인과 기업을 넘어 사회에 돌려주어 기업의 성공적 선순환 모델을 보여준다.

대표적으로 '생산성 개선 인센티브 제도'는 조직의 성과가 우수한 경우, 성과를 독려하고 보상하기 위해 생산성 향상 격려금을 지급하는 것이다. 전사 관점의 조직 목표와 팀, 개인별 목표를 일관되게 정렬하여 목표 달성 의지를 고취시키고 성과에 대하여 공정하게 보상함으로써 직원들의 성과 달성에 대한 동기를 부여한다.

다음으로 '영업직군 인센티브 제도'는 영업 조직의 목표 달성 의지를 높이고 영업 중심의 조직 문화를 구현하기 위한 인센티브 제도(분기 또는 매월)로, 개인의 목표 달성도에 따라 인센티브가 제공된다. 이러한 '성과 중심 평가 제도'는 팀의 BSC와 연동한 개인별

MBO를 설정하고 달성도를 기준으로 성과를 평가하여 보상(연간)하는 것이다. 이를 통해 상위 조직의 목표와 연관된 개인 목표를 설정하고 달성도를 점검해 각자의 노력에 따른 성과를 최대화시키는 데 목적을 둔다.

조직은 각 구성원이 유기적으로 관련을 맺고 움직여야 한다. 하지만 그와 동시에 각 개인이 자신의 역량을 자유롭게 발휘하고 키워 나가야 하는 장이기도 하다. 그렇기 때문에 자신이 몸담고 있는 조직에서 자신의 성과에 대해 물질적·정신적으로 정당한 피드백이 이루어진다면 누구든 최선을 다하기 마련이다. 동부생명은 이러한 현대인들의 가치관을 분석하여 그들의 성과에 부합하는 보상 제도 마련에 노력하고 있다.

동부생명은 직원들과 이익을 공유하는 것과 더불어 사회 공헌에도 많은 공을 들이고 있다. 이는 단순히 이익을 내는 조직에 머무르지 않고 '사람답게 쓴다'는 목표를 그대로 실천하는 것이다. 동부생명의 '천사랑 봉사단'은 결손아동 보호시설을 지원하면서 지역별로 자매결연 사업을 추진하고 있다. 또한 천사랑 분교 및 방과 후 교실을 지원하며 현재 전국적으로 그 규모를 확대해 가고 있다. 어려운 환경 때문에 치료에 어려움을 겪고 있는 심장병 환자의 수술비 지원과 함께 천사랑 마라톤 대회, 줄넘기 축제, 헌혈 행사 등을 통해 사회 공헌의 질적, 양적 성장에 애쓰고 있다.

내부 구성원은 물론 사회에도 큰 나눔을 실천하는 동부생명이야말로 올바른 경제 생태계의 중요한 버팀목이라고 할 수 있다.

웃음 넘치는 활기찬 일터 만들기

뜨거운 컴퓨터 열기로 가득한 공간, 조용한 가운데 때론 나른하게 때론 신경질적으로 들리는 자판 소리, 어딘가 불편한 듯 들리는 헛기침 소리, 종이 넘기는 소리…. 대부분 직장의 사무실 풍경이다. 너무 고요해서 기침 한번 하기도 눈치가 보일 정도여서, 때로 외부에서 손님이 방문하면 너무 정적인 분위기에 화들짝 놀라기도 한다.

동부생명은 이러한 사무실 분위기를 개선하기 위한 방법을 고민했고, 그 결과 고안한 것이 바로 '동부체조'이다. 매일 아침 8시 50분이면 사내 방송을 통해 엄정화의 '페스티벌'이 흘러나온다. 활기차게 하루를 시작하자는 의미를 담아 개사한 대중가요가 흘러나오면 전 직원이 모두 자리에서 일어나 체조를 시작한다. 처음에는 모두가 어색한 몸짓에 웃음을 참지 못하기도 했으나 이제는 익숙해졌다. 체조를 하면서 어제의 피로가 풀리고, 동료 간 파이팅도 외치고, 사무실 분위기는 한층 활기차진다.

'동부체조'는 단순히 눈에 보이는 효과만을 위한 것이 아니다. 이를 통해 아침 업무 시작 시간에라도 서로를 보며 밝게 웃고 몸을 움직이며 더욱 기운을 북돋워 주는 데 그 의미가 있다.

로이포스

주요업종 초고압 케이블 내도용 테이프 제조 및 국내외 판매
설립연도 1996년 12월 28일
종업원수 약 45명

로이포스는 1979년에 '포리머'로 시작하여 1996년에 '로이포스'로 사명을 변경하면서 세계적 기업과 어깨를 나란히 하게 되었다. 초고압 케이블 내도용 테이프를 공급하는 중소 제조-수출 OEM 업체로, 주요 생산 제품은 직물 원단에 자체 기술력으로 배합된 반도전성 물질을 입힌 테이프 류이다. 초고압 전선 구축은 국가 기반 사업과 밀접한 관련이 있는 대규모 프로젝트이기 때문에 각국의 전력청과 연관 있는 공룡 기업들이 주고객층이다.

  작지만 강한 조직을 강조하는 로이포스가 여기에 소개된 데에는 부도난 회사의 직원으로서 그 회사를 책임져야 하는 상황을 겪은 CEO의 남다른 철학 때문이다. 함께하던 직원들이 회사를 맡아 달

라고 애원할 만큼 회사 생활에 헌신적이었던 강정태 사장은 당시 갖은 어려움 속에서 이 회사를 맡았으며, 그때 스스로 다짐한 것은 직원들에게 믿음을 주는 사람이 되는 것이었다. 지금도 임직원에게 사람답게 살 수 있는 환경을 만들어 주어야 한다는 신념으로, 소규모 기업이지만 다양한 복리후생과 업계의 수준에 뒤떨어지지 않는 급여 체계를 갖추었다.

현재 로이포스는 여타 대기업에 비해 규모는 작으나 튼튼한 내부 조직과 양질의 제품 생산으로 경쟁력을 높여 가고 있다. 무엇보다 단순히 '직장'이라는 개념을 넘어 마음을 나누는 가족 같은 분위기, 자아실현의 장으로서 큰 의의를 두고 있다. 이러한 노력이 직원들의 남다른 애사심을 이끌어냈고, 모두가 회사의 성장에 적극적으로 앞장서는 조직 문화가 형성되면서 회사와 개인 모두가 행복한 상생의 효과를 이루어내고 있다.

마음을 하나로 모으는 '블로그파이 구호' 외치기

"즉시 하는! 로이포스! 반드시 하는! 로이포스! 될 때까지 하는! 로이포스! 사랑한다! 로이포스! 로이포스! 파이팅!"

로이포스 사업장에서 울려 퍼지는 우렁찬 함성은 바로 '블로그파이 구호'이다. '블로그파이'란 로이포스의 로고 색상 Blue, Light Blue, Orange, Green, Red, Yellow의 첫 글자를 따 오고 'Become Lofty Organic Global Resources for You', 즉 '귀

하의 고결한 유기체적 국제 재원이 되기 위하여'라는 뜻으로 구성된 선언이다. 이것은 직원들이 팀 단위 이상으로 모였을 경우 언제 어디서든 실시하고 주요 행사 때도 반드시 식

블로그파이 구호 외치기

순에 포함되는 이벤트가 되어, 전 임직원이 가족이라는 유대감을 형성하는 데 큰 도움을 주고 있다.

로이포스는 설립 초기부터 가족 친화적인 분위기를 강조하였으며 글로벌 경쟁 시대에 대기업과 경쟁하려면 무엇보다도 가족적 분위기와 팀워크를 통해 강한 조직 문화를 만들어야 한다는 인식을 가지고 있었다. 블로그파이 구호는 이러한 인식에서 출발한 프로그램이다.

꿈은 말하는 대로 이루어진다고 하지 않는가. 구성원 모두가 회사의 경영 방침과 삶의 방향을 구호로 외치면서 자기 암시를 하게 되고 실천으로 연결되어, 회사 발전은 물론 자아실현이라는 목표를 이루는 큰 힘이 되고 있다.

이 밖에도 'LOFTY 운동'을 펼치며 회사의 고결한 속성 5가지를 보여주는 다양한 활동을 실시하고 있다. 'LOFTY drive to realize your value 프로그램'에서 L은 '충성심', O는 '기회', F는 '가족애', T는 '투명성', Y는 '성공'을 의미한다.

이러한 사소한 것에서 출발하는 일상적인 GWP 실천은 구성원들이 탄탄하게 단합하는 계기가 되었다. 실제로 전 임직원이 힘을 모아 생산 현장의 환경을 청결하게 하고, 외적으로는 공장 진입로부터 지역의 주변 길까지 정리 작업을 하여 지역 사회에 대한 감사의 뜻을 전하였다. 무엇보다 이렇게 단합된 조직력은 기업의 수익에도 큰 기여를 해 로이포스의 수출액은 2012년 기준으로 약 700만 달러를 넘어섰다. 이로써 '500만 달러 수출'의 탑을 수여 받았고, 2012년에는 지식경제부 장관으로부터 공로상을 수여 받았으며, 더 나아가 18년 동안 최선의 기업 경영을 해 온 강정태 대표이사는 2014년에 중소기업 유공자로써 대통령 표창을 수여 받기도 했다.

로이포스의 단합된 조직력은 회사는 물론 지역 사회 발전에도 기여하는 선순환을 잘 보여주고 있다. 이것이야말로 기업이 진정한 사회적 역할을 해내고 있는 모습이라 할 수 있다.

받은 만큼 돌려주는 '합리적 피드백'

일반적으로 대기업 선호도가 높은 이유 중 하나가 직원을 위한 다양한 복리후생 프로그램이 마련되어 있기 때문이다. 그에 비해 비교적 규모가 작은 기업에서는 '복리후생' 부분이 취약한 경우가 많다. 그러나 로이포스는 '가족 친화적 분위기'를 강조하는 CEO의 가치관을 바탕으로 한 기업답게 다양한 복지 제도를 마련하고 있다.

전 직원을 대상으로 '칭찬 마니또 프로그램'을 진행하여 서로의 이해를 돕고, 솔선수범하는 직원에게 다양한 형태로 포상하며, 정규 사원이 된 직원과 장기 근속자 포상을 비롯하여 협력사에게도 감사

패를 전달하는 등 상생의 미덕을 보여주고 있다.

또한 각 부서별로 내·외부 교육을 실시해 개인의 역량을 발전시킬 수 있는 다양한 프로그램을 진행하고 있다. 전 임직원들이 일정 시간의 교육을 이수하며 사무직 근로자와 생산직 근로자들은 각자의 업무력 향상에 적합한 교육을 받는다. 교육 참여를 적극적으로 독려하기 위해 해외 교육의 경우 대표이사가 자비로 교육생의 여행 경비 전액을 지원하고 있다. 이러한 회사의 전폭적인 지지에 힘입어 임직원들 스스로도 회사의 발전을 위해 노력을 아끼지 않는다.

로이포스는 회사와 관련된 모든 이해관계자들에 대한 배려와 지원, 특히 노고에 대한 적절한 인정과 감사의 표현이야말로 기업을 위한 진정한 투자라고 생각한다. 이에 지속 가능한 여러 포상 제도를 운용하고 있으며, '사람이 답이다'라는 사고를 바탕으로 다양한 방법으로 변화를 모색하고 있다. 그리고 그 변화의 중심에는 회사에 대한 애정과 자기 발전의 열정으로 가득 찬 로이포스의 임직원이 있다.

직원의 안전과 건강이 곧 회사의 성장과 직결

로이포스는 회사가 성장하는 과정에서 인원은 한정되어 있는데 주문 납기일을 맞추기 위해 야근을 해야 하는 일이 빈번히 발생하게 되었다. 이에 제2공장을 설립하여 주·야간으로 진행되던 일부 공정에 대한 불편함을 바로 해소할 수 있었다.

직원의 안전과 건강을 우선시하는 CEO의 '인간 중심적 가치관'에 근거하여 다양한 프로그램이 운영되고 있다. 전 임직원이 정기적으로 종합 검진을 받고, 그중에서도 위험 물질을 다루는 특별 근로자들에게는 특별 종합 검진을 실시하여 꾸준히 직원의 건강을 관리한다. 또한 긴급 상황에 대처하기 위한 훈련 프로그램도 진행하고 있고, 손소독제 및 비누 사용, 정수기 설치, 청각 손상 예방을 위한 귀마개 제공, 방음 시설 구축 등 세세한 부분까지 꼼꼼하게 신경 쓰고 있다.

로이포스의 직원에 대한 사랑과 배려는 비단 건강과 안전에만 국한되는 것이 아니다. 임직원 개인의 경조사에도 진심을 다해 배려하고 사고를 미연에 예방하기 위해 연간 2회에 걸쳐 임직원 비상 연락 훈련을 실시하기도 한다. '일과 삶의 조화로운 균형'을 꿈꾸는 CEO의 철학이 회사 전반에 고스란히 녹아 있는 것이다.

인재를 가족으로 만드는 특별한 숫자

로이포스의 인사 시스템 중 대표적인 것으로 '531'과 '1111'이 있다. 2009년부터 시작한 '531 채용 시스템'은 5가지의 척도를 가지고 3번의 만남을 통해 가장 적합한 1명의 인재를 발굴해내는 것을 의미한다. 시스템에 따라 입사 지원자들은 세 차례에 걸

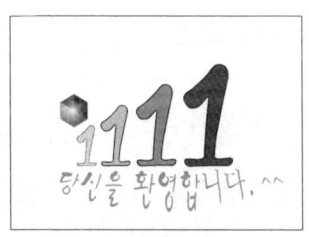

'1111 당신을 환영합니다' 시스템

쳐 회사 방문 요청을 받는다. 이 과정에서 중도에 귀찮아서 포기하는 사람, 처음과 태도가 바뀌는 사람, 이중 또는 다수의 기업에 동시에 지원한 사람 등 다양한 경우의 수가 파악된다. 그중에서 로이포스 문화에 현실적으로 가장 잘 적응할 수 있는 지원자를 선발하고, 채용 예정자의 최종 의중을 파악하기 위해 '합격 통보'가 아닌 '일자리 제의'를 한다. 이는 인재가 회사에서 헛된 시간을 보내지 않도록 미연에 방지하고, 회사 입장에서도 이직 및 퇴사 등으로 인한 피해를 최소화할 수 있는 방안이라 할 수 있다.

인재를 채용한 후에도 노력은 끝나지 않는다. 먼저, 신입사원이 첫 출근을 했을 때 어색하거나 적응하지 못할 것에 대비하여, 출근하기 전까지 직원과 SNS 및 문자 등으로 교류를 하게 하여 회사에 미리 적응하는 시간을 갖는다. 그리고 '1111: 당신을 환영합니다' 시스템을 통해 회사 적응을 도와준다. 이 프로그램에서 1111은 출근한 지 하루, 일주일, 한 달 그리고 일 년이 된 당신을 환영하겠다는 의미로, 신입사원이 회사에 입사한 뒤 완전히 적응하기까지 최소 1년이 걸린다는 것에 초점을 두어 진행되는 신입사원 관리 프로그램이다.

우선 출근 첫날에는 로이포스 가족들이 함께 저녁식사를 하면서 자연스럽게 인사를 나누고 편하게 대화를 나눌 수 있는 자리를 마련한다. 출근 일주일째 되는 날에는 깜짝 간식 시간을 통해 입사자의 적응 상태 및 스트레스 정도를 파악하여 간단한 해결법을 교환하기도 한다. 출근 한 달째가 되는 날에는 사업장 단위로 단합대회를 진행하여 친목을 도모한다. 출근 세 달째가 되는 날에는 전 직원이 참석하는 월요 조회 때 로이포스 가족으로 임명하는 사령장을 수여한다. 마지막으로 출근 1년째 되는 날에는 직원들의 실질적인 고충 사항 등을 파악하여 이를 적극적으로 반영하고 해소하기 위한 단계를 갖는다. 이는 신입사원뿐 아니라 경력 직원도 마찬가지이다. 전 직장에서 받았을 스트레스와 마음의 상처를 어루만져 주기 위해 깜짝 생일 이벤트와 간식 타임을 수시로 마련하여 새로운 환경에 빨리 적응할 수 있도록 돕기도 한다.

이러한 노력은 1년이 지난 후에도 사내 고충 상담관 및 임원진 면담, CEO와의 대화를 통해 지속적으로 이어진다. 이렇게 소중한 인재를 선발하고, 직원이 역량을 마음껏 펼칠 수 있는 환경 조성은 개인의 자아실현과 회사 발전의 초석이 되는 것이다.

현장의 소리에 귀 기울인다

2012년 하반기에 로이포스는 제1회 로이포스 '전 사원 미래 성장 워크숍'을 진행했다. 로이포스 창립 이후 최초의 워크숍이었기 때문에 그 의미는 남달랐다. 전 임직원이 참석한 워크숍에서는 1박 2일 동안 현재의 문제와 장기적 목표 등을 공유하고 CEO와 직접 대화하는 시간을 가짐으로써 그동안의 궁금증을 해소하고 새로운 제안을 하는 등 뜻 깊고 진솔한 시간을 갖는 자리였다.

로이포스는 효과적인 의사소통을 위해 5개 채널을 열어 두고 있다. 1차 채널은 당사자 및 부서장 대면 보고와 면담, 2차 채널은 부서장 서면 보고, 3차 채널은 위기 관리 회의, 4차 채널은 임직원 설문조사, 5차 채널은 CEO와의 대화이다. 특히 'CEO와의 대화'는 '토닥토닥, 당신을 격려합니다' 프로그램을 통해 연 2회 실시되며 표현의 자유를 위해 임원진, 매니저급, 비관리자 직급 등으로 나누어 진행한다. 직급별로 나누다 보니 누구의 눈치를 보지 않고 각자 자신의 위치에서 발생하는 고충 사항이나 제안을 자유롭게 말할 수 있고, CEO 입장에서도 각 직급별로 현안을 파악하고 새로운 아이디어를 수렴하는 계기가 된다.

또한 '제안 제출 제도'를 통해 혁신적인 아이디어를 제출한 사람에게 포상을 하고 있다. 매년 실질적으로 작업 환경 또는 기업 이윤에 도움이 되는 유효 제안의 건수가 늘어나고 있고 회사의 발전에 기여하고 있다. 인원이 많지 않은 사업장이기 때문에 그만큼 현장 상황을 빨리 파악하고 구성원들의 의견을 가깝고 직접적으로 들을 수 있다는 점이 이 제도의 핵심이다.

무엇보다 로이포스의 소통의 핵심은 '톡 터놓고 이야기해요(Let's have a talk TER)' 프로그램이다. 이것은 로이포스에 근무하는 사람은 누구든지 무기명으로 사내 인트라넷에 자신의 고충과 갈등 등에 대해 자유롭게 적어 CEO에게 직접 알리는 '사이버 신문고' 개념이다. 여기서 TER이 의미하는 것은 Transparently(투명하게), Equitably(공평하게), Rationally(합리적으로)의 앞 글자를 딴 것으로, 투명하고 공평하며 합리적으로 이야기하면서 문제를 해결해 나가자는 CEO의 의지가 담겨 있다. 아직 제도가 정착하는 과정이어서 부족한 점도 있지만, 상사와의 갈등 조정 및 문제 해결의 초석을 마련했다는 점에서 의의가 있다.

마지막으로, 여러 프로그램이 있지만 여전히 부족한 부분을 더욱 보완하기 위하여, 연 2회에 걸친 직무 스트레스 설문조사를 실시한다. 이를 통해서 직원들의 상태를 세밀하게 비교 분석한 뒤에 개인별 피드백을 제공하고 있다.

'외로운 직장인'이 아닌 '가정에서도 행복한 사람'

최근 한 기사에서 '가정에서 외로운 글로벌 대기업 직원'의 이야기를 다룬 적이 있다. 대외적으로는 대기업이라는 곳에서 일하는 멋진 사람이지만 바쁜 사회생활에 치여 가족에 소홀해지면서 가정에서는 외로운 존재가 되어 간다는 것이다.

로이포스에서는 이러한 '가정 내 소통'의 문제에도 많은 관심을 가지고 노력을 아끼지 않는다. 2005년 화재 당시 복구에 큰 공을 세운 한 직원이 있었다. 그런데 그에게 사적으로 말 못할 고충이 있었다. 사내 고충 상담 및 직무 스트레스 설문조사를 통해 그가 평소 딸과 친해지고 싶지만 공감대 형성이 어려워 거의 포기 상태에 있다는 것을 알게 되었다. 이에 CEO가 직접 나서서 인사위원회를 개최해 그에게 연말 최우수 사원 표창을 하기로 결정했고, 로이포스의 임직원은 물론 그들의 가족과 협력업체, 협력업체의 가족들까지 모두 모인 공식석상에서 공로상 수여식을 실시했다. 이 자리에서 지켜보던 그의 딸은 처음에는 어색해하다가 이내 아버지 옆에서 이런저런 이야기를 나누게 되었고 친구에게 자랑하는 등의 변화를 보이기 시작했다. 이를 계기로 딸과의 관계가 점점 회복되면서 회사에서 업무 몰입도는 이전보다 더 높아졌고, 결과적으로 가족과 회사에 더욱 충실할 수 있게 되었다.

비단 이런 사례만이 아니더라도 꾸준한 유대 관계를 향상시키기 위해서 퇴사한 직원들도 종종 연락을 하면서 긍정적인 관계를 이어가고 있다. 그들에게 로이포스는 단순히 직장에 그치는 것이 아니라 마음을 나누는 공간이었던 것이다.

회사는 이윤을 추구하는 곳이지만 그와 동시에 사람과 사람이 함께 도와가며 일을 하는 공간이다. 전혀 다른 생각과 환경 속에서 살아온 사람들이 함께하는 공간이기에 업무적 역량과 함께 개인의 행복도 무엇보다 중요하다. 삶의 질이 높아지면서 돈보다 행복에 삶의 가치를 두는 사람들이 늘어나는 요즈음, 인재를 채용하는 데 있어서 회사의 입장도 분명 달라져야 한다. 그런 점에서 로이포스는 사람을 중심에 두고 모두의 행복을 목표로 한다는 점에서 앞으로 그 미래가 더욱 밝을 것이다. 또한 로이포스의 단단한 조직 문화는 사업 성장과 더불어 중견 기업으로 규모가 확대되어 갈 때 가장 중요한 원동력이 될 것이라 확신한다.

롯데백화점

주요업종 국내 및 해외 판매 유통
설립연도 1979년 11월 15일
종업원수 약 15,000명(직영, 용역 사원), 약 61,000명(협력업체 동료사원)

롯데백화점은 국내의 패션을 주도하는 고급 백화점들 중 직원 복지와 업무 생활의 편리함에 특히 신경을 쓰는 곳으로 잘 알려져 있다. 전국 주요 도시에 백화점, 아울렛, 영플라자, 인터넷 쇼핑몰 등 국내외 판매 유통을 주요 사업으로 하는 국내 1위 백화점의 명성에 걸맞게 쾌적한 쇼핑 환경, 고품질 상품과 서비스, 선진 유통 시스템을 자랑한다.

특히 '여성들이 일하기 좋은 일터'를 가꾸기 위해 노력하는 롯데백화점은 여성이 일하기 좋은 근무 환경을 만들기 위한 다양한 시스템을 국내에서 처음으로 시도한 사례가 많다. 여성 직원 비율이 60% 이상, 여성 고객이 70% 이상인 백화점으로 '여성의, 여성에 의한, 여성을 위한 공간'을 자랑한다. 백화점이 단순히 쇼핑만 하는 공간이 아니라 가족과 함께 쉬고 즐기며 생활 서비스까지 받을 수 있는 복합 생활 공간으로 탈바꿈하기 위하여 고객상담실, MVG 라운지, 유아 휴게실, 대규모 주차장 등의 편의 시설과 옥상 공원, 웨딩 센터, 병원, 서점 등 다양한 생활 서비스 시설까지 갖추고 있는 것은 롯데백화점의 자랑이라고 할 수 있다.

직원이 행복해야 고객이 행복하다

여성이 주 고객층인 백화점에서 여성 직원이 기업의 성과에 미치는 영향력은 절대적이다. 서비스가 주를 이루는 롯데백화점은 '직원이 행복해야 고객이 행복하다'는 모토 아래, 다양한 여성 관련 제도들을 선제적으로 도입하여 여성이 일하기 좋은 근무 환경을 마련하고자 노력해 왔다.

여성의 근무 환경을 이야기할 때 가장 크게 논의되는 것이 바로 출산과 육아 문제이다. 롯데백화점은 여성 직장인이 당면한 출산과 육아 문제의 어려움을 개선하는 제도를 마련하고, 국가적인 정책 확대로 이어질 수 있는 계기를 마련하였다. 2009년 9월, 보건복지부와 함께 저출산 해결을 위한 공동 사업을 진행, 업계 최초로 '아이 낳기 좋은 세상 만들기' 업무 협약을 체결하였다. 이후 롯데백화점은 출산 장려 및 가족 친화 제도를 진행해 왔고, 그 공로를 인정받아 CEO가 '국민훈장 동백장'을 수여 받았으며, 가족 친화 인증 기업으로 선정되기도 했다. 여성이 일하기 좋은 일터의 환경이 여전히 열악한 많은 기업의 현실을 감안한다면 롯데백화점의 이러한 노력은 구성원들에게 감동을 선사하기에 충분하다. 이러한 노력은 '포춘 100대 기업' 중 하나인 노드스트롬 사에서도 찾아볼 수 있다.

롯데백화점은 미혼 여성을 위한 '웨딩+신혼여행 패키지' 혜택을 제공하며, 임신 중 여성을 위한 임산부 육아 교실, 임산부 출퇴근 지원 제도를 실행하고 있다.

또한 임산부 또는 임신 준비 중인 직원을 위한 프로그램으로 '로테스맘(Lotte's mom) Program'을 운영한다. 임신한 직원에게 목걸이형 배지를 지급하여 직원들이 배려할 수 있게 하고 있으며, 입덧이 심한 시기에 입덧 휴가를 사용할 수 있고, 휴게실에 임산부 지정석을 마련하는 등 다양하게 진행 중이다. 또 난임·불임 여성을 위한 시험관 아기 시술비를 지원 받을 수 있다.

출산 직원들을 위해서는 자동 육아 휴직 제도를 마련해, 출산 휴가 이후에 별도 신청 없이도 자동으로 1년 동안 육아 휴직을 제공한다. 또 육아 휴직자들이 업무 시장의 변화에 뒤떨어지지 않게 지속적으로 회사와 커뮤니케이션 할 수 있는 환경을 만들고 있다. 육아 휴직자에게는 사이버 학습 지원 및 커뮤니티, 도서 지원 등의 케어 프로그램을 제공하여, 복직 후 현업에 복귀할 때 업무 공백을 느끼지 않고 빠르게 적응할 수 있도록 매월 리스타트 교육을 진행한다. 회사의 다양한 노력은 조직이 진정으로 여성 직원들의 고충을 이해하고 해결해 주기 위해 노력한다고 느끼게 만든다.

자녀를 키우는 여성을 위해 롯데백화점 어린이집(서울 2개소, 부산 1개소 운영)을 운영하고, 매년 3월 초등학교에 입학하는 자녀를 둔 여직원은 한 달 동안 휴직할 수 있는 '자녀 입학 돌봄 휴직 제도'를 실시한다.

여성의 지위 향상과 성 차별 없는 업무를 위한 다양한 프로그램을 진행하기도 한다. 2012년 12월에는 여성가족부와 함께 '롯데가 열어 가는 차별 없는 여성의 길'이라는 부제로 여성 간부 대상으로 '2012 WOW Way of Women 포럼'을 처음으로 개최하였다. 매년 12월에 진행되는 이 포럼은 롯데그룹 내 여성 인재 강화에 대한 의지를 공유하고 핵심 여성 간부의 자긍심을 높이기 위해 마련되었다.

롯데백화점은 일하는 여성이 겪는 고충을 덜고 자신의 능력과 기회를 마음껏 발휘할 수 있는 다양한 제도를 운영함으로써, 여성이 마음 놓고 일할 수 있는 대표 기업으로서 발판을 성공적으로 마련하였다.

감정노동자의 정서 관리를 위한 힐링센터 운영

사람을 대상으로 하는 서비스직은 감정노동자로 불릴 만큼 정서적 스트레스가 큰 업무 중 하나다. 롯데백화점은 직원들의 정서 케어와 심리적 안정에 중점을 두고, 유통 업계 최초로 2001년에 '고충 상담실'을 백화점 전 점에 신설하였다. 처음에는 직원들의 고충 처리 및 직장 내 갈등 해소를 목적으로 신설하였으나, 점차 그 중요성을 인식하면서 전문 심리 상담으로 점점 기능을 강화해 왔다. 현재 전문 카운슬러 자격증 및 심리 유형 검사 자격증 소지자 38명이 전 점에 배치되어 현장에서 근무하는 직원을 대상으로 힐링 상담에 주력하고 있는데, 직원들에게 인기가 많은 프로그램이다. 전 직원을 대상으로 하는 예방 상담 및 유형별 심리 검사를 통해 스트레스를 최소화하기 위해 노력하고, 힐링 상담원과 만날 수 없는 직원을 위해 전화, 인터넷 등을 통해 심리 상담을 진행한다. 또한 주기적으로 직원 방문 관리를 실시하여 개인의 심리적·육체적 건강을 살피고 개선할 수 있는 기회를 부여한다.

그룹 활동 프로그램도 진행한다. 패브릭 액자, 팔찌 만들기 등의 힐링 타임을 갖고, 이 자리를 통해서 갈등을 겪는 직원들 간에 관계 개선을 할 수 있는 기회를 만든다. 이외에도 다양한 체험 활동을 함으로써 업무 외의 재미와 성취감을 고취시킨다. EFT 감정 자유 기법, 명상, 호흡 조절 기법 등을 통해 건강 관리법을 제안하는 힐링 테라피를 제공하기도 한다. 또 개인 및 그룹별 미술 심리 프로그램을 실시하여 개인의 내적 고민을 공유하고 해결할 수 있는 시간을 제공한다.

이러한 '힐링'에 대한 노력은 구성원들에 대한 배려를 넘어 정직한 소비 문화 정착을 위한 노력으로 이어지고 있다. 2014년 2월에는 '감정노동자 자기 보호 매뉴얼' 선포식을 개최하여 구성원들에게 언어적 폭력이나 인격적 무시를 하는 고객들을 일깨우는 활동을 병행하고 있다. 특히 2014년 3월 구성원들을 위한 '감정노동자 자기 보호 매뉴얼'을 만들어 교육시킴으로써 내부적으로는 구성원들이 스스로 인권을 보호할 수 있는 제도를 강화하고 외부적으로는 보다 품격 있는 고객들이 될 수 있도록 자각시키는 데 기여하고 있다.

이미 13년 전에 직원의 '정서적 안정'에 관심을 기울여 시스템을 구축해 온 롯데백화점의 노력은 '힐링'이 초미의 관심사가 된 요즘 정서 관리 프로그램의 대표적 성공 사례로 타기업의 벤치마킹 대상이 되고 있다.

이와 같이 롯데백화점은 힐링 센터를 통해 다양한 직원 케어 프로그램을 진행함으로써 일과 삶의 균형을 이루어 '개인 삶의 질' 향상에 이바지하고 있다. 또한 우수 여성 인력의 이탈 예방에도 큰 도움이 되고 있다.

임직원 간의 소통을 위한 '아이디어 팝콘'

롯데백화점의 '아이디어 팝콘'은 전 임직원 소통의 대표 브랜드라 할 만큼 활발하게 이루어지고 있다. 서울 본사를 비롯하여 전국 42개 지점, 해외 6개 지점, 프리미엄 온라인 쇼핑몰까지 76,000여 명(협력사 포함)의 임직원이 있는데 대부분이 사무직, 영업직에 속하지만 각자 직무 형태가 다르고, 휴무일이 다르기 때문에 중요 소식이나 정보를 직원들에게 신속히 전달하는 데 어려움이 있다. 이에 회사의 소식과 정보를 정확하고 효율적으로 공유하고 전달하기 위해 그룹웨어, CEO 메시지, 커뮤니티, 신문 스크랩 등 다양한 매체를 이용하여 트렌드 및 이슈 사항, 상품 및 서비스 관련 정보를 공유한다.

이러한 시스템은 신속하고 정확한 정보를 공유하는 데 중요한 역할을 하지만, 상하 전달식 수직적 의사소통에 국한된다는 단점이 있다. 이에 롯데백화점은 전 임직원의 창의적인 생각과 아이디어를 공유하고, 경청할 수 있는 수평적 'Listening' 장치를 마련하였다. 전 임직원이 자유롭게 각종 제안을 하고, 채택될 경우 실제로 실행하는 '아이디어 팝콘'이 바로 그것이다. 실행 부서에서 각 제안을 심사한 후 평가 결과에 대한 피드백을 한다. 여기에서 긍정적인 피드백을 받고, 아이디어가 실행될 경우 우수 제안 포상 제도에 따라 포상을 받는다. 2009년 6월 오픈 이후 현재까지 31,000여 건의 아이디어를 제안했고, 그중에서 우수 제안 520여 건이 실제 적용되었다. 아이디어 팝콘은 수평적 소통의 상징일 뿐만 아니라 구성원들이 단순히 급여를 받고 일하는 하나의 개체가 아니라 회사의 성장에 기여하는 협력적 파트너라는 자부심을 높이게 한다.

아이디어 팝콘은 회사 차원의 창의적 제도에서 그치지 않고 사회를 변화시키는 작은 초석이 되기도 하였다. '2013년 손익 개선 아이디어 공모전'에서 A씨는 1위를 차지하였다. 그는 공모전에서 받은 상금을 개인적으로 사용하지 않고 아동 복지 시설에 기부하였다. "아이디어가 채택되었다는 기쁨만으로 충분히 대가를 받았다고 생각하기 때문에 포상은 회사가 나에게 주는 좋은 봉사의 기회라고 여긴다."는 A씨의 인터뷰를 통해 기업의 자유로운 소통 창구가 개인과 사회를 변화시키는 초석이 될 수 있음을 확인할 수 있다. 회사가 수평적인 방식으로 직원들의 의견을 경청하는 일이 얼마나 긍정적인 파급력을 지니고 있는지 여실히 볼 수 있는 사례로 롯데백화점 구성원들을 만나 보면 그들만의 감동적인 일화가 끝없이 쏟아진다.

기쁨은 배로, 슬픔은 반으로 만드는 직원 가족 친화 경영

배우자나 가족을 잃는 것은 인간이 느끼는 가장 괴로운 정신적 고통 중 하나이다. 롯데백화점은 직원들이 회사를 든든한 동반자로 여길 수 있는 다양한 'Caring' 프로그램을 운영하여 그들에게 실질적으로 정신적, 물질적 도움을 주고 있다.

회사는 가족과 영원한 이별을 한 슬픔을 함께 나누고자 '직원 사랑 상조회'를 시행하여 마음의 안정은 물론 고인의 마지막 순간까지 예(禮)를 지킬 수 있는 프로그램을 운영하고 있다.

의료비 부분에서는 배우자와 미혼 자녀의 의료비를 지원함으로써 심적 고통은 물론 경제적 부담을 덜어 주기 위해 노력하고 있다. 직원의 부모를 위해서는 Silver care 프로그램을 운영하여 부모(배우자 부모 포함) 간병비를 지원하기도 한다.

또한 임직원들이 안정된 마음으로 업무에 임할 수 있도록 '단체 상해 보험'에 가입함으로써 직원들과 신뢰 형성을 꾀하고, 암 진단 등 정신적 충격에 대해서도 완충 장치를 마련하여 심신의 안정을 찾을 수 있도록 돕는다. 직원이 가장 긴급한 순간에 도움을 줄 수 있는 곳이 회사가 될 수 있도록 '긴급 생활 안정 자금' 등의 임직원 대출을 지원하여 회사에 대한 자긍심과 애사심을 높이고 있다.

롯데백화점은 떠나는 직원을 위한 적극적인 지원 또한 잊지 않는다. 정년퇴직자를 위한 종합 건강 검진 실시, 은퇴 설계 특강, 3일간의 가족 사랑 여행을 지원하고, 정년퇴직자의 모습을 피규어로 제작하여 기억에 남을 특별한 기념품을 증정한다. 제2의 삶을 준비하는 정년퇴직자의 앞날에 힘을 더하고자 하는 마음을 담고 있다.

이러한 복지 프로그램의 주 목적은 획일적이고 관료적인 지원이 아니라 구성원 개인의 슬픔과 기쁨에 실질적인 도움이 되고자 하는 것이다. 경영진의 이런 진정성을 잘 아는 구성원들은 떠난 후에도 회사를 자랑스럽게 여기며 애사심을 표출하고 있다.

결혼 5년 차인 B직원의 경우, 오랜 노력으로 힘들게 쌍둥이를 임신하였다. 그러나 산모의 노산과 허약한 체력 때문에 미숙아를 출산하였고, 아기는 인큐베이터 생활을 하게 되었다. 직원의 고충을 알게 된 경영진은 경제적 부담과 심적 고통을 덜어 주기 위해 의료비를 지원하고 휴가를 연장해 주는 배려를 아끼지 않았다. B씨는 지금도 그때 상황을 떠올리면 암흑 같은 현실에 빛이 되어준 조직을 위해 자신이 할 수 있는 것은 헌신적으로 일하는 것 밖에 없다고 말한다.

중국사업부 C직원의 경우, 중국 근무 시기에 갑작스럽게 모친 사망 소식을 접하게 되었다. 급하게 귀국 준비를 하는 C씨가 충격과 슬픔으로 경황이 없을 것으로 예상한 본사 직원들은 직접 나서서 상조회의 도움으로 먼저 장례 절차를 준비하였고, C직원이 도착하였을 때 바로 장례에 임할 수 있도록 도왔다.

 롯데백화점에서는 이런 사례들을 쉽게 접할 수 있다. 조직은 임직원들의 슬픔과 기쁨을 함께 나누는 든든한 버팀목이 되고자 많은 제도적 장치와 시스템을 구축하기 위해 노력하고 있으며, 이것은 구성원들의 조직에 대한 신뢰를 돈독히 하고 있다.

RIGHT PEOPLE을 추구하는 채용 시스템

인재 채용 정책은 GWP를 구현하는 데 중요한 요소 중의 하나로 꼽힌다. 롯데백화점은 Best People보다는 Right People형 인재를 선발하기 위해 다양한 방법을 동원한다. 2013년 4월에는 '다양성 헌장'을 제정하여 성별·문화·장애·세대에 따른 차별을 없애고 다양성을 존중하는 기업 문화로 정착시키기도 하였다. 신입사원을 채용할 때, 지역과 성별에 따른 균등한 기회를 주기 위하여 노력하고 있다. 여성과 지방대 출신을 일정 비율로 채용함으로써 대기업으로의 쏠림 현상이 두드러지는 서울 지역의 대학 출신만을 고집하지 않는다. 이러한 노력은 대기업으로서 사회 변화를 위한 선도적 역할을 수행하고 있으며 보이지 않는 사회적 공헌으로도 자리 잡고 있다. 또한 지자체와 함께 일자리 창출 업무 협약을 체결하여 지역 사회 저소득층 등 취업 취약 계층의 취업난 해소에도 적극 동참하고 있다.

 롯데백화점은 고객 가치, 창의성, 열정, 협력 등을 갖춘 인재를 채용하기 위해서 장애인, 여성, 경력자, 무학력자 등 다양한 인재를 편견 없이 선발함으로써 기업 미래의 경쟁력을 강화하고자 한다. 또한 면접 복장 자율화를 실행하여 지원자가 자신의 개성을 충분히 표현할 수 있도록 배려하는 등 고객 가치를 최우선하는 Right People형 인재 발굴을 위해 힘쓰고 있다.

'2018 글로벌 TOP 5' 비전

롯데백화점은 '2018 글로벌 TOP 5' 비전을 세우고, 고객에게 사랑 받는 글로벌 백화점으로 도약하고자 환경을 생각하고 가꾸는 기업, 일과 삶이 조화를 이루는 기업, 나눔을 실천하는 기업을 목표로 삼고 있다. 이것은 사업적 측면뿐 아니라 조직 문화 또한 글로벌 수준에 버금가는 기준을 내세우며 일터 혁신을 지속적으로 추진하고 있다.

이를 위하여 적극적인 해외시장 진출은 물론 신사업 추진과 과감한 혁신, 임직원 역량 강화, 일하기 좋은 기업 문화 조성, 사회적 책임 완수에 힘쓰고 있다. 또 핵심 가치인 열정·소통·신뢰를 수행하기 위해 전 사원을 대상으로 미션, 윤리 경영, Passion&Challenge, Relation&Capability 교육과 우수 사원 해외연수 등 다양한 프로그램을 진행하고 있다. 이러한 프로그램은 변화와 성과로 그 진가가 나타나기 시작하고 있어 글로벌 기업으로의 성장 동력이 되고 있다.

롯데백화점 노원점의 경우, 노원구청과 연계하여 전 직원을 대상으로 심폐소생술 자격증 취득 프로그램을 시행하였다. 그 덕분에 2013년 9월, 영화관에서 호흡 곤란의 응급환자가 발생했을 때 직원이 심폐소생술을 실시하여 환자의 의식을 회복시킬 수 있었다. 롯데백화점의 핵심 가치인 '열정'을 전 직원이 실천함으로써 소중한 생명을 살린 사례로 손꼽힌다.

이러한 노력의 결과 2013년 6월 미국의 경제 전문지 포브스가 선정한 '글로벌 2000대 기업'에서 롯데백화점이 백화점 부문 3위에 올랐다. 또 환경 경영 체계 ISO12001, 정보 보호 관리 체계 인증 ISO27001 획득, 다우존스 지속가능성지수 DJSI 월드 부문에 5년 연속 편입되는 쾌거를 이루었다. 또 여성가족부로부터 '가족 친화 기업', 교육과학기술부로부터 '교육 기부 우수 기업' 인증을 획득하였으며, 국가 고객만족도 NCSI 조사 결과 2003년부터 11년 연속 1위, 2013년에는 '대한민국 일하기 좋은 100대 기업' 선정에서 2년 연속 대상을 수상하는 등 대외 기관으로부터 롯데백화점의 우수성을 인정받기도 하였다.

대부분 구성원들은 자신의 기업을 자랑스럽게 말하고 싶어한다. 그럼에도 불구하고 자랑거리를 별반 찾지 못한다. 그것은 제도나 시스템의 우수성보다 매일 얼굴을 마주하는 상사나 동료와의 관계에서 높은 신뢰를 찾기 힘들기 때문이라고 한다. 그러나 많은 롯데백화점의 구성원들은 서로에 대한 배려와 친절이 생활 속에 묻어 있으며, 제도나 복리후생 못지 않게 동료들과 함께 일하는 재미가 넘친다고 말한다.

credibility　respect　fairness　pride　fun

롯데월드어드벤처

주요업종 테마파크업(테마파크, 워터파크, 아쿠아리움 등)
설립연도 1987년 7월
종업원수 약 1,700명

1989년 7월 12일 국내 테마파크 시대를 열며 개원한 롯데월드는 도심 속 실내 테마파크로 레저, 관광, 쇼핑 등을 단지 내에서 원스톱으로 해결하고 지하철 등 대중교통을 이용해 쉽게 찾아갈 수 있는 패밀리 테마파크 브랜드로 사랑 받고 있다. 또한 개원 이래 국내 최초로 365일 야간 개장을 실시하고 있다. 세계 최대 규모의 실내 테마파크로 1995년 기네스북에 올랐으며, 미국과 일본의 디즈니랜드와 함께 세계적인 테마파크로 평가 받고 있다.(미국 포브스의 세계 TOP 10 테마파크 중 하나로 선정)

　1989년 7월 개장 이후 총 방문객 수가 9천만여 명을 넘어섰으며, 이 가운데 약 10%가 외국인 관광객으로, 이는 롯데월드가 한국인이 가장 즐겨 찾는 테마파크일 뿐만 아니라 세계적인 관광 명소로서 위상을 차지하고 있음을 보여준다.

한국관광공사가 외국인들을 대상으로 실시한 온라인 설문에서 가장 방문하고 싶은 강남 지역 관광지 1위로 꼽힐 정도로 외국인 관광객들의 관심이 높은 테마파크이다.

여성이 맘 놓고 일할 수 있는 대표 기업

롯데월드는 여성 친화적 기업으로 잘 알려진 명성답게 여성을 위한 다양한 WOW(Way of woman) 프로그램을 운영하고 있다. WOW 프로그램에는 여성 사원에 대한 배려와 관심을 통해 여성이 일하기 좋은 기업 문화를 조성하고자 하는 대표이사의 의지가 담겨 있다. 출산 전부터 시작해서 육아까지 여성을 위한 다양한 프로그램 중에서 가장 호응도가 높은 것은 여성 전용 건강 검진이다. 정기 건강 검진과 별개로 1년에 한 차례씩 전 여성 사원을 대상으로 자궁경부암, 난소암, 유방암 등의 검진을 추가로 실시한다.

출산을 위한 휴가 프로그램도 눈에 띈다. 출산 전후 휴가 90일 이외에 10개월 무급 휴직이 가능하고, 유사산 휴가의 경우 노동법보다 상회하는 기간을 부여한다. 또한 월 1회 유급 여성 휴가도 쓸 수 있는 등 여성을 위한 배려를 아끼지 않는다.

이러한 여성 친화적 문화는 여성 입사 비율이 매년 10% 이상 증가하는 동시에, 여성 간부 사원이 매년 증가하는 가시적인 성과로도 이어지고 있다.

2011년 여성 비율이 11.1%에 그쳤던 것이 2013년 48.9%까지 상향 조절되면서 입사자 수가 점점 증가하고 있으며, 연도별 여성 간부 사원 비율도 점점 증가하고 있다.

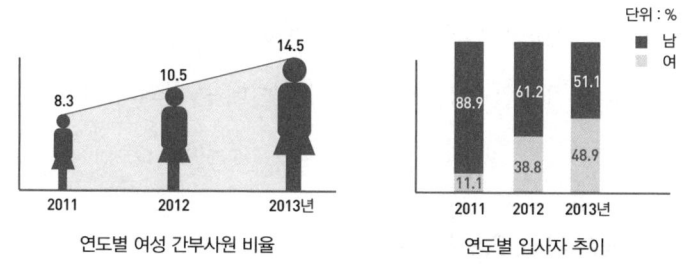

연도별 여성 간부사원 비율 　　　 연도별 입사자 추이

뿐만 아니라 여성 인재 육성의 중요성을 인식하고 공유를 하기 위한 그룹 차원의 WOW 포럼을 개최하고, 육아 휴직 후 복직자를 위한 집합 교육 과정과 힐링 과정을 지원하는 맘스 힐링 프로그램을 지원한다. 또 첫 아이 출산 시 및 육아 휴직 후 복직 시 기저귀, 케이크, 튼살 크림, 출산 관련 도서 등을 지원하며 전사적으로 축하와 환영 이벤트를 열어 준다. 예비 엄마를 위한 사내 교육을 반기별 1회씩 실시하는 마마스쿨도 진행 중이며, 임산부 퇴근 시간에 대한 별도의 조치를 하는 등 여성 사원의 일과 삶의 조화를 위한 사내 제도 마련에 신경을 쓰고 있다.

미국 중앙정보국CIA의 월드팩트북The World Factbook에 따르면 2014년 기준으로 한국 평균 출산율이 1.25명으로 분석 대상 224개국 중

219위에 이르는 것으로 나타났다. 이는 경제협력개발기구^{OECD} 중 꼴찌로, 전문가들은 한국의 결혼과 보육 여건이 그만큼 출산에 우호적이지 않다는 것을 그대로 드러내는 예라고 지적한다. 여성이 아이를 낳고 살아가기 어려운 사회 구조 속에서 롯데월드의 WOW 프로그램이 큰 의미를 갖는 이유다. 롯데월드의 WOW 프로그램은 여성 사원에 대한 배려와 관심에서 그치는 것이 아니라 앞선 여성 제도를 이끄는 국가 차원의 선진 프로그램이라는 데 큰 의의가 있다.

그룹의 핵심 가치, Fun&Warm

롯데월드는 'Fun&Warm' 혁신 활동을 전개해 직원들에게 즐겁고 따뜻한 환경의 일터, 궁극적으로 다시 일하고 싶은 일터가 되도록 노력하고 있다. 롯데월드에서는 대학생, 외국인, 주부 등 다양한 국적과 연령의 캐스트(아르바이트)가 손님들에게 서비스를 제공한다. 롯데월드는 이들이 즐겁고 따뜻한 환경에서 일할 수 있어야 그에 상응하는 서비스가 나올 수 있다고 믿는다. 따라서 롯데월드 'Fun&Warm' 혁신 활동은 캐스트에 대한 관심과 지원을 중심으로 이루어진다.

롯데월드는 매주 화요일 주 1회 로열티 강화, 롯데월드 CS 철학, 서비스 중요성 및 주인의식을 함양시키기 위해 대표이사가 직접 강의하는 캐스트 입문 교육 특강을 진행한다. 반기별로 1회씩 3개월 이상 근무자 중 장기 근무자에 한해 캐스트 파티를 진행하기도 한다. 재미있고 따뜻한 조직 문화를 체득하기 위해 퍼레이드 댄스 배우기, Warm 카드 프로그램, 피자 파티, 행동 연출 서비스 경진대회 등을 진행한다. 매주 금요일 대표이사가 직접 진행하는 우수 사원 간담회도 개최한다. 캐스트(아르바이트)와 수수료 사원을 중심으로 칭찬 대상자 및 우수 근무자를 초청해 그들을 독려하고 근무 중 애로 사항을 청취한다. 또한 모든 간부을 포함한 사무 직종 전 직원은 격월, 반기별 캐스트와 같은 복장을 입고 현장을 직접 체험하며 캐스트의 고충을 듣고 근무 환경을 체험한다.

이렇게 다양한 채널을 통해 수집된 정보와 의견은 현장 서비스 강사와 서비스 혁신 업무에 접수돼 더 나은 서비스를 위한 자원이 된다. 외국어 인센티브, 혹한·혹서기 인센티브, 동하절기 물품 지원 등이 실행되고 있는 예이다.

롯데월드는 지속적으로 직원들이 즐겁고 따뜻하게 일할 수 있는 일터를 조성하기 위한 노력과 지원을 아끼지 않을 계획이다.

직원의 목소리에 귀 기울이다

롯데월드는 직원들의 아이디어를 통한 업무 개선을 위해 '아이디어 월드'를 진행한다. 먼저 홈페이지를 통해 아이디어를 제안하면 기획팀에서 이를 접수하여 해당 부분 임원에게 전달한다. 그 후 아이디어 채택 여부를 판단한 뒤 현장 적용 및 개인 시상을 진행한다. 2013년 9월 기준으로 접수 건 대비 16%에 해당하는 아이디어가 채택되고 있다. 제안한 아이디어는 100% 검토하는 것을 원칙으로 한다.

직원 투표를 통하여 회사 주요 안건을 결정하는 라이브폴^{Livepoll}도 진행된다. 라이브폴 사안이 결정되면 주관 부서에 의뢰하고, 라이브폴 투표를 진행한 뒤 결정 사항을 업무에 반영한다. 주요 제안 내용으로는 신규 어트랙션 명, 신규 테마존 명, 명절 직원 선물 구성, 사내 베스트 드레서 등 그 내용이나 형식의 스펙트럼이 넓은 편이다.

그리고 복리후생 시설 및 복지 제도에 대한 의견 청취 및 제도 개선을 위해 근무 환경 개선 모임이 진행된다. 정규직에 비해 상대적으로 사무실 접근이 어려운 현장 직원 및 캐스트들의 고충 접수 용의성을 확대하기 위하여 VOC$^{Voice\ of\ Cast}$를 설치하기도 했다. 직원 사물함 공간, 출퇴근 장소별로 설치하였으며, 안건에 대해서는 철저하게 비밀이 보장된다. 접수된 안건에 대해서는 다양하게 반영하기 위한 방안을 강구한다.

매주 쏜다, 다양한 포상 프로그램

롯데월드는 구성원들의 성과와 노력에 대한 대가를 되돌려 주기 위한 다양한 포상 제도를 마련하였다. 먼저 주 단위로 그린카드 2장 이상을 받은 캐스트에게 5천 원의 상품권을 제공하는 그린카드 포상을 진행하며, 매월 서비스 마일리지 100점 이상을 취득한 캐스트에게는 Best Lotty&Lorry 상을, 서비스 마일리지가 1, 2위를 다투는 업장에는 서비스 우수업장 상을 포상한다.

또한 업무 실적 평가에 우수한 성과를 거둔 사람에게는 업무 실적을 포상하며, 아이디어 월드 제안 심사 결과 우수한 제안을 한 직원에게도 포상을 준다.

주목할 점은 이 모든 포상이 주 또는 월 단위로 이루어진다는 점이다. 매주 포상 받을 수 있는 시스템이 마련되면서 직원들의 사기를 증진시킬 뿐 아니라 업무에 활력을 불어넣어 준다.

연 단위로 이루어지는 포상도 다양하다. 에너지 절약 실천 우수업장에 주어지는 에너지 절약상과 5, 10년 단위로 포상하는 근속사원상, 직종 홍보 동영상 콘테스트, best 사원상, 우수 캐스트상, 협력업체 포상, 수수료 사원상 등 다채롭게 진행 중이다.

잘 입고, 잘 먹고, 잘 쉬는 일터

롯데월드는 'Fun&Warm'한 직원의 만족이 곧 'Clean&Cheerful' 한 테마파크 환경의 조성으로 이어진다고 보고, 모든 임직원들이 '잘 입고, 잘 먹고, 잘 쉬는 일터'를 만들기 위해 노력하고 있다.

'Fun&Warm' 한 회사를 만들기 위해서 '기본기 10가지 지키기' 캠페인을 운영한다. 10가지로 연차 반납 금지, 술자리 2차 금지, 휴일 준수, 성희롱 금지, 야근 금지, 약자에 대한 배려, 출퇴근 시간 엄수, 인사 잘하기, 금연, 절약이 있다. 이를 위해 매주 금연, 건전한 음주 문화, 올바른 휴가 문화를 유도하고 홈페이지를 통해 관련 사항을 전 사원이 열람하도록 하고 있다.

직원을 위한 다양한 혜택도 눈에 띈다. 연말에는 임직원들이 직접 연출하고 출연하는 형식의 'Warm Concert'를 개최하여 롯데월드만의 따뜻한 조직 문화를 구축한다. 뿐만 아니라 임직원 파크 커스튬 리뉴얼, 직원 식당의 지속적 점검 및 직원들이 편하게 쉴 수 있는 휴게실을 업그레이드 하는 등 일하기 좋은 기업을 만들기 위한 활동을 지속적으로 추진하고 있다.

또한 롯데월드는 직원과 가족을 위한 다양한 캠페인을 지원함으로써 가정과 조직 생활의 균형을 위해 노력한다. 결혼 및 회갑, 고희, 자녀 출산, 탈상의 경우 경조금 및 화환, 장제용품, 장제 서비스 등을 지원하는 가족 경조사 지원 프로그램을 진행 중이다. 직원의 가족이 건강 검진을 받을 때는 직원 할인가를 적용하여 지원한다. 매 분기별로 가족을 초청하여 롯데월드를 견학하고 야구 및 영화를 관람하는 가족 초청 행사도 운영하며, 바람직한 아버지로서의 역할을 인식시키고 일과 가정 양립의 중요성을 확립하기 위하여 '파파스쿨'을 진행한다.

또한 연차 활성화를 위하여 연차 조기 소진자에게 영화 관람권을 지원하고, 연차를 활용하여 가족 여행을 할 때 콘도 이용료를 지원하고 있다. 전 사원 리프레시 휴가 제도를 연 2회 의무화하고 있으며 리프레시 기간 중 해외 테마파크를 방문하거나 업무에 활용할 때는 지원금을 지급하고 있다.

여성 우대 프로그램에서도 느낄 수 있듯 롯데월드는 직원의 복지와 행복을 최우선으로 하는 기업이다. 모든 임직원들이 '잘 입고, 잘 먹고, 잘 쉬어야 행복한 일터'가 된다는 롯데월드의 믿음은 앞으로도 다양하고 새로운 프로그램과 정책으로 이어질 전망이다.

소외 계층에게 '놀이공원'을 선물하다

롯데월드는 테마파크를 방문하기 어려운 소외 계층을 위한 다양한 프로그램을 진행한다.

우선 낙도 어린이, 저소득층, 장애우 등 1만여 명의 소외 계층 어린이를 초청해 '생애 첫 놀이공원 나들이' 이벤트를 진행하여 '이웃'을 생각하는 테마파크의 면모를 갖춰 나가고 있다. 뿐만 아니라 국내에 거주하는 외국인은 물론 우즈베키스탄 고려인, 인도 빈민가 어린이 등을 초청해 통해 글로벌 테마파크로 한걸음씩 도약하고 있다. 아이티 지진 피해 지역 어린이를 초청해 '생애 첫 놀이공원 나들이'를 진행하여, 임직원 봉사단과 함께 놀이시설을 이용하고 한국 문화를 이해할 수 있는 민속박물관 투어, 퍼레이드에 주인공으로 직접 참여하는 등 즐거운 추억을 쌓을 수 있도록 했다.

소외 계층을 초청하는 데서 그치는 것이 아니라 찾아가는 공연 프로그램도 진행하고 있다. 롯데월드의 엔터테인먼트팀, 식음료팀, 시설팀 등 다양한 파트의 임직원이 재능을 살려 자발적으로 참여하는 '재능 나눔' 프로그램도 활발하게 이뤄지고 있다. 롯데월드 사내 봉사활동 동호회인 '나누리회'는 매월 '사랑의 집 꾸미기', '독거 노인 생일 잔치' 활동을 펼친다. '어린이병원 위문 공연'은 대표적 장수 프로그램으로 꼽힌다. 병마와 싸우는 어린이와 부모들에게 행복한 추억을 선물하기 위해 롯데월드 캐릭터 로티와 로리를 비롯해 여성 밴드, 피에로 등 엔터테인먼트팀 연기자들이 병원을 찾아 공연을 펼치고 캐릭터 선물을 증정한다.

롯데월드는 향후 보다 더 다양한 소외 계층을 파크로 초청해 꿈과 희망을 전달할 계획이다. 롯데월드의 대표 사회 공헌 프로그램이자 장수 프로그램인 '어린이병원 위문 공연'도 지속적으로 이어갈 계획이며, 새로운 사회 공헌 프로그램을 기획·진행하여 그 규모를 늘려 나갈 예정이다.

즐겁고 따뜻한 회사 만들기, 롯데월드展과 생생월드통

롯데월드는 즐겁고 따뜻한 조직 문화를 만들기 위한 다양한 프로그램을 진행한다. 대표적인 것으로 롯데월드 사내 사진전이 있다. 2013년 열린 '롯데월드전(展)'에서는 팀별 야유회 모습이 담긴 사진을 공모하였다. 사진에 일가견이 있는 젊은 세대들의 특성답게 다양한 장소에서 펼친 개성 넘치는 야유회 사진을 많이 응모하였다. 투표를 통하여 우수팀을 선정하고, 다수 득표를 한 팀에는 회식비를 지급하였다.

또 다른 문화로 사내 퇴근 방송 '생생월드통'도 주목할 만하다. 평상시에는 틀에 박힌 성우 목소리로 진행되는 방송이라 비교적 딱딱한 편이지만, 매주 금요일에는 사원들의 목소리와 사연이 함께 하는 유쾌한 퇴근길 방송을 한다.

'롯데월드展'에 공모한 야구 경기 관람

방송은 약 7분 동안 진행되는데, 회사 이슈 및 기념일, 영화 추천, 격려 메시지, 깜짝 고백 등에 3분, 일일 아나운서의 추천곡이 4분 동안 방송된다.

직원들이 참여하는 퇴근길 방송은 롯데월드의 Fun 경영을 실행하는 한 방편인 동시에, 정시 퇴근을 독려하는 데 큰 의미를 가지고 있다.

부산은행

주요업종 금융 서비스업
설립연도 1967년 10월
종업원수 약 3,318명

1967년에 문을 연 부산은행은 현재 부산 지역 및 경남, 경북, 서울 등 214개 국내 지점과 52개 영업소, 본부 32부서, 중국 청도 지점 및 베트남에 해외 영업소를 설치하여 영업 중이다.

　2006년 제12회 독서문화상 대통령상을 수상하였고, 2006년 제11회 중소기업금융지원상 기관부문 대통령 표창을 수상하였다. 2007년 제5회 대한민국 서비스만족대상의 금융서비스 대상, 2008년 동탑산업훈장, 2013년 '인구의 날'을 맞아 국민훈장 모란장을 수상하였다. 이러한 수상 성과는 비단 표면적인 결과에 불과하며 이를 바탕으로 부산은행은 구성원들의 신뢰를 바탕으로 고객에게 신뢰 받는 금융기관으로서 이미지를 공고히 하고 있다.

젊은 인재의 목소리로 조직을 이끌다

부산은행의 젊은 인재 성장 프로그램을 대표하는 것으로 '알파리더'와 '청년이사회 제도'가 있다.

'알파리더'는 4급 책임자 이하 일반 직원을 대상으로 하며, 희망하는 직원 중에서 30여 명을 선발하여 1년 간 활동하게 하는 프로그램이다. 기업 문화의 변화를 주도할 리더를 선발하여 자긍심을 고취시키고 활기찬 직장 분위기 조성, 조직의 변화와 혁신을 유도하는 데 그 목적이 있다. 매년 선정된 알파리더는 구성원들에게 변화의 분위기 확산시키고 GWP 혁신 활동에 참여를 유도하는 활동을 한다. 알파리더는 이 과정에서 혁신 과제 및 아이디어를 도출하는 역할을 수행한다.

'청년이사회 제도'는 4급 책임자 및 5급 대리급 직원 중에서 공모를 통해 15명을 선발하여 1년 동안 활동하게 한다. 이들은 은행의 발전을 위한 창의적 아이디어를 제공하고 주요 현안 논의 및 해결 방안을 모색하는 것은 물론 본부 및 영업점의 현장 의견을 개진하는 데 목소리를 더한다. 이는 하부로부터 은행 발전을 위한 창의적 아

혁신 활동 프로그램에 참여한 '알파리더'

이디어를 수집하고 현장의 소리를 경영에 접목하기 위한 것이다.

　이 두 프로그램에는 젊은 인재를 통해 아래에서부터 조직을 바꾸려고 하는 부산은행의 의지가 담겨 있다. 젊은 인재의 목소리에 귀를 기울이고 이들의 역량 증진과 조직 변화에 주목하고자 부산은행은 '알파리더'와 '청년이사회 제도'를 통해 보다 젊고 창의적인 조직으로 탈바꿈하기 위해 노력하고 있다.

고객과 소통하려면 일단 내부가 소통해야 한다

부산은행은 고객과의 소통에 앞서 직원 간의 소통에도 많은 노력을 기울인다. 'CEO 공감마당 T-table'은 CEO와 직원들의 온라인 소통 공간으로 다양한 직원 참여 콘텐츠를 제공하고 있으며 'BS Culture Day(CEO 문화 초대석)', 'BS Book Cafe(CEO 추천 도서)' 등 코너가 마련되어 있다. 명절이나 각종 경영 이슈가 발생했을 때 전 직원을 대상으로 CEO 편지를 발송하여 CEO와 구성원 간의 심리적 거리감을 줄이고 있다. 2014년 5월까지 'CEO 편지'를 21회 발송하였으며, BS Culture day를 통한 문화 공연 초대 61회, BS Book cafe를 통해서 일정 인원에게 추천 도서를 배부하여 감성 경영을 실천하고 있다.

　'CEO와 함께하는 공감마당'은 CEO와 부실점장들과의 격의 없는 소통을 위한 만남의 장이다. 2014년 3월에 영업점장 및 본부 부실점장을 대상으로 총 3회 진행하였으며, 참석한 부실점장들이

2014년 10월 문현동 금융단지에 입점할 신사옥 모형을 모자이크 형식으로 부착하는 '포토 모자이크' 퍼포먼스를 통해 '제2의 창업'이라는 각오를 담기도 하였다.

'CEO와 함께하는 生生생생토크'는 입행 100일을 맞은 신입 행원을 축하하는 행사로, CEO가 함께 참석하여 신세대 문화와 소통하며 젊은 세대의 의견을 듣는 시간을 갖는다.

이 밖에도 부산은행의 고충 상담 창구인 '머시라꼬'는 명칭부터 새로운 재미를 보여준다. 직원들이 언제 어디서나 편리하게 고충을 상담할 수 있도록 '천사콜(핫라인)'과 머시라꼬 게시판의 2가지 채널로 운영하고 있는 창구이며, 지속적인 홍보를 통해 고충 청취율을 늘려 가고 있다. 이 두 가지 창구는 직원들이 업무적 또는 업무 외적인 고충을 언제 어디서든 자유롭게 상담하고 이를 해결함으로써 직장 생활에서의 스트레스를 경감시키고 직무 및 조직 만족도를 높이고 있다. 또한 매주 직원만족부에서 지점을 방문하여 직원들의 고충 청취 및 고민 상담을 진행하고, 상담 내용을 경영진에 전달하여

CEO 문화 초대석 행사

개선하는 등 직원들의 만족을 증대시키기 위해 노력하고 있다.

직장은 이제 단순히 이윤만을 추구해서는 탁월한 인재 발탁과 성장을 기대할 수 없다. 그들의 목소리에 세심하게 귀를 기울이고 이를 개선해야 우수 인재를 유지시킬 수 있다. 이러한 인재들이 결국 회사를 성장시키는 원동력이기 때문에 인재 양성을 위한 부산은행의 끊임없는 노력과 의지는 다양한 시스템을 통해 구현되고 있다.

기업이 바로 사람이다

부산은행은 '기업이 바로 사람'이라는 인식을 바탕으로 전 직원을 인격체로서 존중하는 것에서 출발한다. 창의력과 능력을 개발하고 인재를 육성하여 지식 산업화되고 있는 은행업 추세에 부응하기 위해 임직원 자질 함양에 역점을 두고 있다. 이를 위해 직원들이 자기 계발을 위해 고민하는 대표적인 세 가지, 외국어, 금융 관련 업무 향상, 취미 부문으로 구분하여 교육을 진행한다.

외국어 정기시험 응시료 지원 제도는 매년 2회 외국어 정기시험에 응시하여 일정 점수 이상을 획득한 직원에게는 응시료를 지원하는 제도이다. 다음으로 금융 전문가 육성 프로그램인 'BS Pro-Way'는 여신 및 외환 전문가, 선박 금융 전문가 육성을 위한 외부 위탁 교육 프로그램이다. 금융 전문가 과정은 일정 인원을 선발하여 부산대 MBA 과정을 진행 중이고, BS Pro-way의 경우 기업 금융, 외환, 국제 금융, 개인 금융, 선박 금융 분야별로 일정 인원을 선발하여 교육을 실시한다. 끝으로 사이버문화센터는 각종 취미, 건강, 문화에 대한 정보 교류 및 학습을 할 수 있는 인터넷 사이트로 컴퓨터 등 약 16개 과정이 운영되고 있어 호응도가 매우 높다. 부산은행의 인재 육성 프로그램은 개인적인 면뿐만 아니라 업무적인 면에서도 구성원에게 성장 기회를 제공한다.

직원의 삶의 질을 향상시키는 복지 프로그램

부산은행에서는 전 직원의 복지를 위해 다양한 프로그램을 운영하고 있다. 전 직원의 복리 증진과 건강 향상을 위하여 임직원 및 배우자에 대하여 종합 건강 검진을 실시하고 있으며, 업무상 및 비업무상의 질병이나 상해 발생을 대비하여 직원 단체 상해 보험을 가입했다. 직원 및 가족이 질병 치료를 위해 의료기관에서 진료를 받은 경우, 본인 부담금이 일정 금액을 초과할 때 회사에서 의료비를 지원함으로써 의료비 부담을 줄여 준다. 또한 직원들의 여가 선용 및 휴가시 편의를 제공하기 위해 다수의 콘도, 연중 휴양소를 운영한다.

이 밖에 안마사를 고용하여 본점은 건강관리실에서 서비스하고 기타 지역은 출장 안마 서비스를 제공하고 있다. 그리고 직원들의 건강 증진과 건강한 기업 문화 함양을 위해 다이어트펀드를 진행했으며, 현재는 금연펀드를 운영 중이다. 다이어트펀드는 과거 총 483명의 직원이 참여하여 약 43%가 성공해 축하금을 받았으며, 실패자 기금으로는 부산광역시에 자전거 300대를 기증하였다. 금연펀드는 2013년 총 63명의 직원이 참여하여 33명이 최종 성공하여 축하금을 받았으며, 실패자 기금으로는 부산시 동구 보건소에 금연 교보재를 기증하였다. 성공한 사람과 실패한 사람 모두가 특별한 의미를 가질 수 있는 프로그램이었다.

    부산은행의 복지에서는 특히 워킹 맘을 위한 부분이 눈에 띈다. 여성 직원의 비율이 높은 특성을 고려하여 '워킹 맘 퍼스트 제도'를 운영한다. 임신 중인 직원은 일반 직원보다 출근 시간을 1시간 연장하여 러시아워를 피해 출근할 수 있도록 배려하고, 출산 후 복직 시 주거지에 가까운 지점으로 배치하고, 전자파 차단복을 지급하는 (1인 2벌) 등의 배려를 하고 있다. 또한 2011년 3월에 개원한 BS 아이사랑 어린이집은 직장 보육 시설로 부산은행 전포동 지점 1층에서 운영 중이며 해운대 지역에 추가 설치 진행 중이다. 향후 총 5개의 직장 보육 시설을 운영할 계획이다.

    많은 직장 여성이 출산 후 육아와 직장 생활 병행에 두려움을 가지고 있고 실제 많은 어려움을 겪고 있다. 부산은행은 보육 시설을 운영해 자녀 양육에 대한 직원들의 부담을 줄이고 업무 능률 향상 및 직장 만족도를 제고하여 워킹 맘이 직장에 집중할 수 있도록 적극적으로 제도를 운영하고 있다.

입사에서 적응까지 아우르는 체계적 시스템

부산은행은 인재 선발을 할 때 스펙Spec을 벗어나 바른 인성과 조직에 융화될 수 있는 인재를 핵심으로 삼고 있다.

채용 절차는 총 4단계로 나뉘며 1차 서류 전형, 2차 BS 역량 평가, 3차 실무자 면접, 4차 최종 면접이다. '열린 채용'을 표방하여 연령, 성별, 전공 제한 기준을 폐지하였고 자기소개서의 비중을 확대하여 열정 및 애행심 높은 직원을 선발하고자 한다. 또한 블라인드 면접으로 스펙을 배제하고 지원자의 인성, 역량에 집중하여 조직에 적합한지 여부를 판단한다.

무엇보다 인성에 대한 부분에 비중을 둔다는 점이 눈에 띈다. 자기소개서 및 역사, 철학, 인문학 등 기본 소양에 대한 평가를 확대하고 인·적성 검사의 비중을 확대해 조직 문화 적합도를 검증한다. 직장인의 이직 원인이 금전보다는 환경과 인간관계의 문제가 더 많다는 점에 기인하여 업무 능력보다 개개인의 인성 검정에 더 중점을 두는 것이다.

신입사원으로 채용이 확정된 후에도 이러한 인재 적응 프로세스는 계속된다. 우선 신입 행원 합격 발표와 동시에 예비 행원의 자택으로 꽃바구니를 배송하여 가족에게 축하와 격려를 받을 수 있는 자리를 마련해 준다.

그리고 신입 행원들은 업무 역량, 인성, 조직 적응력 등의 훈련을 위해 6~8주에 걸쳐 연수원에서 합숙 연수를 받는다. 이후 영업점 환경 및 은행 업무 전반에 대한 이해를 높이기 위해 3일 동안 지점 견학(OJT) 연수를 실시한다. 이 과정에서 신입 행원과 선배 사이에 1 대 1로 멘토와 멘티 결연을 맺어 신입 행원의 빠른 적응을 도모한다. 입사 100일이 되면 축하 꽃바구니를 받고, CEO와 신입 행원이 한자리에 모인 100일 축하 행사를 통해서 조직의 일원으로서 소속감을 높이는 기회로 삼고 있다.

   부산은행의 채용 프로세스는 인재 선발에서 조직 적응에 이르기까지 체계적인 시스템을 시행하여, 우수 인재의 이탈을 막고 더욱 가족적인 분위기에서 능률적으로 업무를 수행하도록 하는 데 그 목적이 있다. 변화하는 인재의 문화에 맞춰 지금도 끊임없이 변화를 모색하고 있으며, 이러한 노력은 우수 인재의 발탁에 매우 큰 역할을 하고 있다.

소통하고 마음을 공유하는 일터

부산은행의 직원들은 자유롭게 봉사활동을 신청하고, 봉사활동 마일리지를 관리할 수 있는 사이버 공간 '부산은행 지역봉사단'을 적극적으로 활용한다.

   2002년에 창단하여 지구대별로 운영되고 있는 '부산은행 지역봉사단' 가입 및 봉사활동 내용을 매월 공지하여 직원들이 자유롭게 참여를 권유하고 있다. 사이트의 주요 내용은 다음과 같다.

- 은행의 전반적인 사회 공헌 활동 내용 소개
- 봉사활동 신청 및 봉사활동 참여 내역 조회
- 봉사 사진 콘테스트, 미담 사례 등 직원 참여 마당

- 작은 사항의 실천 : 매월 어려운 이웃을 돕는 코너
- 도움의 손길이 필요한 곳 추천 및 아름다운 직원 추천 코너

지역봉사단(동부, 서부, 남부, 북부)에 가입한 뒤에는 월별로 등재되는 봉사활동에 참가한다. 봉사활동에 참여함으로써 봉사활동 마일리지를 획득하면 이것이 다시 봉사에 참여한 사람에게 돌아오는 시스템이다.

이외에도 취미, 스포츠, 봉사 등을 위한 일반 동호회와 다양한 주제에 관심을 가진 직원들이 학습하고 지식을 공유하는 지식 동호회 CoP로 이원화하여 운영한다. 2013년 기준 일반 동호회 39개, 지식 동호회 27개가 활동할 정도로 활성화되었고, 은행에서는 동호회 활동 경비를 지원하는 방식으로 적극 권장하고 있다.

칭찬 프로그램으로는 You-Best가 있는데, 칭찬한 직원과 칭찬 받은 직원에 대한 '칭찬 포인트' 제도를 운영하여 칭찬 포인트 우수 직원에 대해 시상하는 제도이다. 칭찬 포인트 제도는 온라인과 오프라인의 두 가지 루트로 이루어지며 온라인 칭찬은 '일사천리'의 '칭찬합시다' 코너에 칭찬 글을 등재하는 방식이며, 오프라인 칭찬은 BS 칭찬카드를 작성하는 것으로 포인트를 얻는 방식이다.

부산은행은 이러한 활동을 통해 직장을 단순히 생계를 유지하기 위한 곳이 아니라 사람과 사람이 소통하고 마음을 교류하는 장으로 인식하고, 칭찬을 통해 조직 문화의 혁신을 이끌어내어 은행의 가치를 높여 나가고자 한다.

은행권 최초로 비정규직에서 정규직으로 일괄 전환

부산은행은 지난 2007년 7월 1일, 604여 명의 비정규 직원을 정규 직원으로 일괄 전환했다. 사회적 고용 안정을 위한 정부의 정책에 적극 동참하기 위해 별도의 조건 없이 비정규 직원을 일괄 정규 직원으로 전환하여 사회적 이슈를 이끈 바 있다.

당시 일부 시중 은행들에서는 비정규 직원을 정규 직원으로 전환하면서 직군 분리나 일정 시험 통과 후 전환하는 방식을 도입했다. 그러나 부산은행은 기존 정규직과의 수행 업무 이원화 방식이 아닌 금융권 최초의 완전한 형태의 정규직 전환 방식이었다. 기존 정규 직원의 임금동결이라는 희생과 양보를 통해 비정규 직원의 정규직 전환 문제를 해소함으로써 직원 화합을 이룰 수 있는 계기를 마련하였다는 데 큰 의의가 있다. 신분적 불안이 해소된 비정규 직원들의 사기 진작으로 서비스 향상 및 창구 마케팅 능력이 향상되었으며 결과적으로 경영 성과 증대에 큰 기여를 하는 효과를 거두었다.

사회적 불평등에 대한 목소리가 높아지면서 부산은행은 조직 자체적으로 평등을 위한 혁신을 이루어냈고, 이 바탕에는 전 직원의 이해와 배려가 있었다. 이것이 지금의 발전된 부산은행을 이끈 크나큰 밑거름이 되었다. 이처럼 조직의 진정한 배려와 보살핌은 구성원들의 열정을 이끌었고 나아가 조직의 고성과 창출에 동력이 되고 있다.

신한금융투자

주요업종 **금융투자업**
설립연도 **1973년**
종업원수 **약 2,209명**

신한금융투자는 국내 우량 금융 자본인 신한금융그룹의 100% 자회사로서 첨단 금융 서비스를 제공하고 있다. 1973년에 출범하여 40여 년 동안 투자 중개, IB^{투자은행}, 고유 자산 운용 부분의 균형 성장과 창의적인 신상품 개발 및 리스크 관리 역량, 투자자 보호를 위한 내부 통제 시스템 등을 착실히 갖추어 왔다. 또한 우수한 금융 인재를 육성하고 국내 금융 산업 발전에 기여함으로써 사회적 책임을 다하는 기업으로 굳건히 자리 잡고 있다.

탄탄하고 안정적인 기업 지배 및 재무 구조와 선진 경영 기법을 결합해 국내 금융 투자 업계의 선두 주자로 나아가고 있으며 심도 있는 리서치, 업계 선두권의 국제 및 파생 상품 영업, 안정적인 상품 운용, 선진 리스트 관리 체계, 우수한 인력 등이 신한금융투자의 자랑이다. 특히 은행, 카드, 생명 등을 아우르는 신한금융그룹의 광범위한 네트워크를 통해 금융 업종간의 장벽을 뛰어넘어 다양한 서비스를 제공한다.

신한 WAY 핵심 가치 실천 운동

신한금융투자의 GWP는 이 회사의 핵심 가치인 '신한WAY', 즉 고객 중심, 상호 존중, 변화 주도, 최고 지향, 주인정신을 일상에서 실천하는 것으로 출발한다. 신한WAY는 한두 번의 행사가 아니라 일 년 내내 체계적으로 진행된다.

매년 연초에는 각 부점별로 현장 핵심 가치 실천 활동 계획을 세우고 연간 활동 현황을 골드윙 게시판에 사진과 함께 게시한다. 현장의 핵심 가치 실천 활동은 연말에 조직 차원에서 평가되며 우수 직원을 선발하여 신한WAY 상을 수여한다. 우수 직원 선발은 매우 엄중하고도 까다로운 절차로 진행되는데 1차는 동료와 부서장 추천, 2차는 공적서 평가 및 검증, 3차는 직원 투표, 4차는 임원 평가, 5차는 CEO 및 지주사 승인이라는 단계를 거친다. 선정 과정이 까다로운 만큼 수상자에게는 훈격에 따라 표창, 순금 메달, 해외연수, 포상금 등의 형태로 포상이 이루어지며, 그룹 및 회사 전체에 걸쳐서 사례가 공유된다.

2012년 신한 WAY 최우수상의 영예를 안은 K대리는 당사 ELS

판매 증대를 통해 2012년 금융 상품 수익 증가에 지대한 기여를 하였고, 지점·타부서와 원활한 업무 협조를 통해 시너지를 창출하였다. K대리는 자신의 경험을 바탕으로 전국 지점 방문 교육을 실시하여 세일즈 포인트를 제공하고, 영업점 직원 외부 영업에 동행 지원하는 등 다양한 활동을 펼쳤다.

총무부 L사원은 각종 마케팅 및 홍보 활동을 위한 버스 운행에서 탁월한 고객 중심의 자세와 주인정신을 발휘하여 평균 주 3회 장거리 운행(연 1,000시간)에도 불구하고 무사고 안전 운행을 하는 것은 물론, 항상 친절한 응대를 해 왔다. 그는 가장 선임 기사였지만 본인의 버스 관리뿐만 아니라 회사 업무용 차량 관리까지 도맡아서 동료 및 후배 기사들에게 희생 정신과 솔선수범으로 귀감이 되었다.

팀 수상의 영예를 안은 대구 지점은 2007년부터 현재까지 대구 지역 내 대학생들을 대상으로 '신한 금융 아카데미'를 실시하여 2012년 말 기준으로 대구 지역 3개 대학, 대학생 830명이 수료하는 큰 성과를 거두었다. 이를 통해 지역 안에서 사회적 책임을 실천하는 것은 물론 기업의 인지도를 향상시키는 등 홍보에 큰 효과를 거두었다. 이와 같은 노력의 결과로 일부 대학교의 운영 자금까지 유치하게 되었다.

CEO가 떡볶이를 만드는, '비전 포장마차'

퇴근 후 스트레스를 풀기 위해 포장마차에 들렀는데 우리 회사

CEO가 주인으로 앉아 있다면 어떤 기분일까? CEO가 만든 떡볶이, 멸치 육수를 정성스럽게 우려내 만든 어묵의 맛은 과연 어떨까? 신한금융투자에는 CEO를 비롯한 임원이 직원들을 위해 경영하는 포장마차가 있다.

'비전 포장마차'는 매회 100여 명의 직원, CEO 및 4명의 임원이 참석한다. 직원은 손님이고, 임원은 포장마차의 주인이자 주방장 역할을 담당하여 음식을 조리하고 서빙하면서 직원들의 의견을 청취한다. 비전 포장마차는 CEO 및 경영진과 직원 간의 소통의 장인 것이다. 주고받는 음식 속에 경영진과 격의 없는 소통을 위한 열린 분위기가 조성되고, 임원들에게는 현장 직원의 의견을 적극적으로 수용할 수 있는 기회가 된다.

그러나 아무리 CEO가 어묵을 팔고, 임원이 떡볶이를 만들어 준다고 해서 직원들이 모든 이야기를 마음 놓고 할 수 있을까? 그래서 차선책으로 마련한 것이 '무기명 소통 메모지'이다. 직원들은 현장 대화뿐 아니라 별도의 '무기명 소통 메모지'를 통하여 회사에 건의하고 싶은 말이나 질문 등을 할 수 있다. 포장마차 진행 때마다 70~100건에 해당하는 소통 메모지가 취합되어, CEO 및 해당 경영진에게 전달된다.

신한금융투자는 이러한 포장마차 이벤트를 통해 직원의 의견을 경영진이 직접 청취함으로써 조직 분위기 및 변화의 수용도를 파악하고, 간접 커뮤니케이션에 따른 오해와 불필요한 논쟁을 없애며, 진정성 있는 현장 소통을 통한 신속한 커뮤니케이션을 실행한다.

일과 삶의 질을 향상시키는 '신한 워크 스마트'

모두가 수긍하는 진리지만, 조직 내에서 자칫 간과하기 쉬운 부분이 있다. 직장 생활 만족의 기반은 업무 만족뿐만이 아니라 가정이 화목해야 한다는 것, 임원이든 직원이든 누구도 근무 시간 내내 모든 시간을 집중해서 일하는 것은 아니라는 점 등이 그것이다.

신한금융투자는 이를 인정하고 개선하고자 신한 워크 스마트 캠페인을 실시함으로써 임직원의 일과 삶의 균형을 보장하기 위한 기반을 마련한다. 2012년 9월부터 실시하고 있는 신한 워크 스마트는 업무 효율성을 제고하기 위해 집중근무제, 3무無데이, 회의 문화 개선 운동을 제시한다.

'집중근무제'는 업무 효율도가 높은 시간과 낮은 시간을 분리하여 업무 집중력이 가장 높은 오전 9시에서 11시, 오후 1시 30분에서 3시 30분을 집중 근무 시간으로 정하여 업무의 효율을 도모한다. '3무데이'는 매주 수요일을 야근·회식·약속이 없는 날로 지정하여 퇴근과 동시에 가정으로 돌아가 가족들과 즐거운 시간을 보내는 날로 권장한다. '회의 문화 개선 운동'으로는 회의 문화 5원칙을 세웠다. 회의 자료는 간단하게 요약하고, 안건은 사전에 공유하며, 회의 시간을 불필요하게 길게 넘기지 않고 예정 시간 준수 등의 규칙이다. 이를 통해 합리적이고 효율적인 회의 문화를 만들기 위해 앞장서고 있다.

이뿐만이 아니다. 신한금융투자는 가족 참여형 직원 프로그램을 운영한다. 매년 여의도 벚꽃 축제 기간에 맞춰 임직원 가족을 대상으로 본사를 개방하는 봄꽃 나눔 축제를 실시한다. 평균 1,000여 명에 달하는 임직원 및 가족이 참여하는 대규모 행사로, 회사에서 무료 식사 및 간식을 제공하고 벚꽃 행사장 간에 셔틀버스를 운행한다. 또한 무료 기념품을 배부하고 가족 체험 이벤트 등을 진행하며, 다양한 공연도 펼치는 등 하나의 큰 축제의 장을 마련하고 있다.

 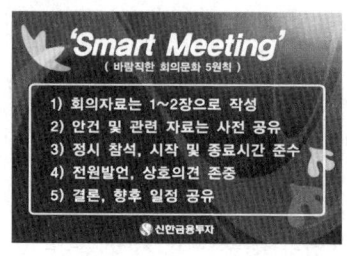

Work Smart 캠페인

우수 인재 확보를 위한 '인턴십 프로그램'

신한금융투자는 기업 문화에 적합한 인재를 선발함으로써 조기에 핵심 인재로 성장·발전시키며, 부적합한 인재 채용에 따르는 비용 및 리스크를 최소화하고, 직원간 조직 응집력을 제고하기 위하여 매년 인턴십 프로그램을 실시하고 있다.

신입사원 채용 전형 시에는 실무자 면접과 인·적성 검사 등을 통하여 학력 사항이나 지식보다 인성과 적성, 회사 문화 적합도 등을 우선 평가한다.

  인턴십 프로그램은 매년 7~8월에 일정 인원을 대상으로 주식·채권 교육, 신한의 기업 문화 이해, 업무 OJT(본인 희망 부서 배치), 프레젠테이션 능력 강화, 비즈니스 매너 등에 대한 교육을 진행한다. 해당 프로그램 수료자 중에서 회사의 기업 문화 적합도, 인성, 업무 수행 능력, 향후 발전 가능성 등을 평가하여 50% 정도를 정규 직원으로 채용하고 있다. 프로그램을 진행하는 동안에는 교육 부서 및 인사 담당자뿐 아니라 현업의 멘토 사원까지 인턴 사원의 다면적 평가에 참여한다.

  이러한 프로그램은 인턴십 수료자에게 큰 만족도를 선사하고 있는데, 수료자들을 대상으로 한 만족도 조사를 살펴보면 2010년 4.1(5점 만점)에서 2013년 4.3점으로 향상한 것을 볼 수 있다.

우리 신입은 우리가 지킨다, '신입사원 케어 프로그램'

신한금융투자는 신입사원이 조기 적응을 하도록 돕는 신입사원 케어 프로그램을 운영하고 있다. 신한금융투자 직원으로서 자부심 고취와 조직 충성도를 강화하기 위하여 선배 사원 멘토링 제도, Follow-up 교육, 로열티 강화 프로그램, OJT 연수 등 다양한 프로그램이 진행된다.

  멘토링 제도의 경우 조직의 적응을 돕기 위해 과장급 이상이 멘토가 되고, 업무를 숙달하는 데 직접적으로 도움을 줄 수 있는 입사 1~3년 차의 직원이 6개월 동안 신입사원을 돕는다. 멘토링 제도는 단순한 업무 차원에서 머무르는 것이 아니라 인간적 유대 및 소통을 위한 확대로 이어지는 프로그램이라는 데 그 의의가 있다. 이를 지원하기 위해 회사에서는 정기 멘토링 모임에 식사와 간식비를 제공하고 우수 활동 멘토에 대해서는 포상을 실시하고 있다.

이뿐만이 아니라 신한금융투자는 신입사원의 지인을 초청하는 '소중한 사람 초청 행사'를 진행한다. 신입사원의 부모, 애인, 친구 등 가까운 사람들을 회사로 초청하여 회사 소개를 하는 동시에 CEO 인사말, 직원 장기자랑, 영상 메시지 등의 프로그램을 실시한다. 특히 호텔 출장 요리가 제공되는 만찬 시간에는 CEO 이하 전 임원이 동석하여 신입 직원 및 가족과 진솔한 대화의 시간을 가진다. 이외에도 신입사원이 직접 준비한 회사 및 연수 과정 소개, 투자 설명회, 가족에게 보내는 영상 메시지 코너도 진행하여 재미와 감동을 더한 시간을 마련한다.

이 밖에도 신입사원으로서의 애로 사항을 해결하기 위한 Follow-up 교육, 입문 연수 중 본인이 지원한 본사 부서 또는 지점에 일주일 동안 배치되어 조직 업무를 사전 경험하고 적응할 시간을 갖는 OJT 연수 등 신입사원을 위한 다양한 프로그램을 진행하고 있다.

이를 통해 신입사원의 조직 생활 적응 기간을 단축하는 것은 물론 조직에 대한 자부심 및 만족도 향상에 크게 기여하고 있다. 특히 신입사원 케어 프로그램을 실시한 2012년에는 이전 연도 대비 이직률이 급감하는 효과가 나타났다.

금융의 힘으로 세상을 이롭게 한다

신한금융투자는 기업의 사회적 책임을 다하고 사회적 공헌 기업으로서의 기업 가치를 제고하며, 자부심과 보람이 있는 일터 문화를 조성하기 위해 '회사 봉사단 열심이熱心利'를 운영하고 있다.

'열심이'는 '따뜻한 마음으로 이롭게 한다'는 뜻으로 회사의 목표인 '따뜻한 금융'을 실천하는 봉사 단체이다.

신한금융투자는 CEO를 단장으로 한 자원봉사 조직 '열심이'를 설립하여 연간 1부점 1회 이상의 봉사활동을 의무화하고 있으며, 더 나아가 개인별 의무 봉사 제도로도 발전시킬 예정이다. 자원봉사 활동 활성화를 위해 부점별 봉사 리더를 양성하고, 정기 봉사 부점의 경우 활동비를 지원하며, 봉사활동 최우수 부점 및 직원은 연말 봉사 대상으로 포상을 한다.

'열심이'의 대표 활동으로 남부교육지원청과 MOU를 맺고 진행 중인 청소년 대상 금융교육 프로그램 '따뜻한 금융 캠프', 만원 미만 자투리 급여를 기부해 어려운 이웃을 돕는 '모아모아해피' 사업, 1사1촌 및 1사1병영 상생 활동, 홀트복지재단 및 소아암 재단 후원, 문화재 및 환경 보호 활동 등이 있다.

모아모아해피는 2004년부터 시작한 프로그램으로, 임직원들이 자발적으로 매월 급여의 끝전을 모아 기금을 조성하여 사회 공헌 단체 등에 기부하는 활동이다. 임직원 75%에 해당하는 1,700여 명이 기금 조성에 참여하고 있다. 2012년부터는 'SHIC 가디언'이라는 이름으로 굿네이버스와 MOU를 체결하고 개발도상국 빈곤층 등 아동 1 대 1 매칭 후원을 실시하고 있다. 2013년 탄자니아 알리마우어 지역에는 초등학교 건립 사업을 진행하였다.

또한 2012년 6월부터 지금까지 총 29회에 걸쳐 36개 학교, 830여 명의 중·고생을 대상으로 진행한 청소년 금융 경제 교육 프로그램 '따뜻한 금융 캠프'를 운영하였다. 매주 목요일 본사 및 한국거래소에서 견학, 모의투자 등의 체험 위주 학습을 진행하여 일선 중·고교에서 상당한 호응을 얻었다. 이 프로그램을 통해 2013년 8월 교육부로부터 '교육 기부 인증 기업'에 선정되었고, 연말에는 교육부 장관이 수여하는 교육 기부 대상을 수상하였다.

2013년 상반기 현재 전 직원 중에 70% 이상이 봉사활동(1인당 평균 3.1시간)에 참여하는 등 사회 공헌 활동 참여에 박차를 가하고 있는 신한금융투자는 2006년부터 2011년까지 6년 동안 한국 사회 공헌 대상을 연속으로 수상하였고, 2012년 사랑 나눔 사회 공헌 대상에서 아동·청소년 복지 부문에서 대상을 수상하였다.

신한생명보험

주요업종 생명보험업
설립연도 1990년 3월 23일
종업원수 약 1,406명

선진 보험 문화 창달을 위해 설립된 신한생명보험은 품질 경영, 따뜻한 보험, 윤리 경영, 배움의 경영, 배려와 협력의 5대 원칙을 기준으로 주도적 시장 패러다임을 넘어 차별화된 서비스를 통해 시장을 주도하고 있다.

신한생명보험은 토탈 금융 네트워크를 기반으로 고객의 니즈에 최적화된 다양한 상품과 선진 보험 서비스를 제공한다. 나아가 '보험으로 따뜻한 세상을 만들자'는 회사의 미션을 바탕으로 한 '따뜻한 보험'을 실천해, 미래의 역경에 대비해 고객들에게 마음의 평안을 주고 꿈과 미래의 행복을 지키고자 하는 보험업의 본질을 추구한다.

이성락 신한생명보험 대표이사가 부임한 2013년 이래 영업 체질 개선을 동반한 '고객 중심 경영'을 실행하면서 대중들에게 사랑받고 신뢰 받는 대한민국 대표 생명보험사로 도약하기 위해 더욱 힘쓰고 있다. 특히 '참 영업 문화'를 추진함으로써 기본에 충실한 정도 영업과 '따뜻한 보험'의 실천 가치를 뿌리내리고, 영업의 양과 질에 있어서 획기적인 개선을 이루어 나가고 있다. 또한 내부 소통을 매개로 한 열정과 몰입의 근무 환경을 조성하여 임직원 모두가 신명나게 일할 수 있는 일터를 만들고자 한다.

신한생명보험은 튼튼한 조직 문화를 바탕으로 업계 선도 그룹으로 도약하기 위한 1만여 직원들의 뜨거운 열정이 업무 현장을 가득 메우고 있다. 이러한 열정은 한국신용평가로부터 보험금 지급능력 신용등급에서 보험업계 최고 등급인 AAA를 7년 연속 획득하는 결과로 나타나고 있다.

노사 분규 없는 상생의 노사 관계

노사 분규란 노동자와 사용자 사이에 이해관계가 충돌하면서 일어나는 여러 가지 문제를 일컫는다. 뉴스에서는 노사 분규에 관한 기사가 자주 오르내리는데, 그만큼 노사 간의 불협화음이 자주 발생하고 이해관계를 조율하는 일이 어렵다는 의미이기도 하다.

신한생명은 노동조합 창립 이래 18년 동안 단 한 번의 분규도 없을 정도로 노사 화합이 잘되는 회사로 회자된다. 현 CEO의 취임 후 첫 행사는 노동조합을 방문하는 것이었다. 그는 "회사의 발전과 직원의 행복을 위해 노사 상생의 발전적 관계를 만들어 가겠다."는 포부를 밝혔고, 노조위원장이 그에 대한 화답으로 회사와 직원들을 위해 열심히 뛰어 달라는 의미로 운동화를 선물하는 등 기업과 노사가 함께 앞장서 발전적 관계로 이끌어 간다.

이러한 발전된 노사 관계를 확고히 하기 위하여 유명 교수 등을 초빙하여 '노사 화합 선언' 및 '발전적 노사 관계' 컨설팅을 실시하는 등 다방면으로 노력하고 있다. 특히 2013년에는 노조 요청 사항을 적극 수용하여 계약직 220여 명을 일괄 정규직(무기 계약직 직군)으로 전환했다. 노사는 향후 비정규직 채용을 금지하고, 무기 계약직 전환자들에게도 성과급을 주기로 합의하였다.

이러한 결과를 바탕으로 신한생명은 고용노동부가 발표한 '2013년 노사 문화 우수 기업' 대기업 부문에 선정되었다. 이는 금융권에서는 신한생명이 유일하다.

신한생명은 비약적인 성장을 이룰 수 있었던 가장 큰 요인으로 조직 내의 화합과 신뢰의 파트너십을 꼽는다. 앞으로도 노사가 함께 상호 이해와 협력으로 생보 업계의 모범 사례로 손꼽힐 만한 발전적 노사 관계를 만들어 가겠다는 포부를 펼쳐 나갈 전망이다.

소통을 위한 '토크 콘서트', 'Big Dream 센터'

신한생명보험에서는 임직원 간의 원활한 소통을 위해 다양한 프로그램을 운영한다. 먼저 CEO가 앞장서서 전국을 순회하며 회사의 경영 현황 및 전략 방향을 공유한다. 2013년 한 해에만 50여 차례 이상 현장 방문을 진행했을 정도로 그 의지가 확고하다.

대표적인 프로그램으로 경영진과 직원이 직접 소통하는 '토크 콘서트'가 있다. 기존의 강연 방식을 탈피해 직접 임원진이 진행하면서 직원과 편안하게 대화하는 형식이며, 특강이 끝난 후에는 그룹별로 간단히 맥주를 마시며 자유롭게 의견을 교환하는 시간을 갖는다.

신한생명은 이 행사를 실질적 소통을 위한 전사적 이벤트로 정례화하기 위해 분기마다 '따뜻한 소통 주간(週間)'을 정하고 매번 다른 부서를 매칭해 실시할 예정이다.

오프라인뿐 아니라 온라인에서도 다양한 소통 창구를 마련하였다. 사내 '빅 드림 센터'를 통해 직원과 CEO가 1 대 1 커뮤니케이션을 실행한다. 대화 내용은 당사자만 확인할 수 있고, 엄격하게 비밀을 준수하여 소통의 익명성을 보장한다. 또한 빅드림 위원회를 구성하여 CEO와 직원이 직접 대면하여 경영 현안에 대해 허심탄회한 의견을 나누고 소통하는 '열린 경영' 채널을 운영하고, 제기된 이슈에 대해서는 각 부서별로 검토하여 실행에 옮기고 있다.

또한 임직원 사이의 원활한 소통과 양방향 커뮤니케이션을 실현하기 위하여 기업형 페이스북 SNS '두드림톡' 등 온라인 소통 채널을 운영한다. 사내 SNS '두드림톡'의 경우 스마트폰, 테블릿 PC, PC 등 모든 디바이스를 통해 이용 가능하며 신한생명 임직원이라면 누구나 사용할 수 있다.

직원 케어를 위한 고충 상담 프로그램

신한생명보험은 직장 생활 및 업무로 인한 고충을 해결하기 위해 직원 고충 상담 프로그램을 진행한다. 직원 만족 센터에 고충 상담 전담 직원(산업 카운슬러 1급 자격증 취득자)을 배치하여 메신저, 유선, 대면 등 다양한 채널을 통해 고충을 해결한다. 접수 건에 대해서는 비밀을 보장하며, 고충 접수 사항에 대해서는 100% 피드백을 전달하는 것을 원칙으로 삼는다.

고충 상담 전담 직원의 경우, 회사 내부의 프로세스 및 조직 문화에 대한 이해도가 높은 직원을 배치하여 직원들 고충에 더욱 체계적으로 처리 프로세스를 구축하고 실질적인 해결 방안을 마련하고 있다.

전문가 상담뿐 아니라 선후배 직원 간의 멘토 관계를 통해 형성된 상호 신뢰 관계를 바탕으로 조직 내의 다양한 고충 처리를 실시하기도 한다. 이를 위해 멘토링 대상자를 선정한 후 멘토와 멘티로 연결하고, 멘토 양성 과정을 운영한다. 이를 통해 상호 신뢰 관계를 형성한 후 고충 상담을 실시하며, 마지막으로 멘토링 활동에 대한 결과를 분기 1회씩 보고하고 있다.

일반적인 고충 처리 프로세스로 해결할 수 없는 건에 대해서는 CEO 또는 근로자 대표 조합위원장이 직접 참여하는 고충 해결 프로그램을 진행하고 있다. CEO와는 대화방을 통하고, 근로자 대표 조합위원장과는 노동조합 홈페이지 신문고를 통해 1 대 1 대화가 가능하다.

더불어 영업 현장 관리자 및 콜센터 근무자 등 감정근로 직원에 대한 힐링 프로그램을 도입하여 시행한다. 영업 관리자의 경우 '깊은 산속 옹달샘'이라는 명상센터에서 자연과 명상을 통해 자신을 돌아볼 수 있는 시간을 갖고 일상의 스트레스를 해소할 수 있으며, 감정근로 직원의 경우 스트레스 자가 관리법을 통해 마인드 컨트롤을 할 수 있는 시간을 갖는다.

이러한 다양한 고충 상담 프로그램을 통하여 직원들에게 직장 생활뿐 아니라 일상생활에서 발생하는 스트레스에 적절한 케어를 제공하여 조직 생활의 만족과 더불어 삶 전반의 안정과 만족도를 제고하고 있다.

개인 발전의 로드맵을 제시하는 'Dual 인재 개발 프로그램'

신한생명은 '개인의 발전이 곧 기업의 발전'이라고 보고 구성원들의 성장과 발전을 위해 'Dual 인재 개발 프로그램'을 마련하였다. 회사가 로드맵을 짜 주면 본인이 자기주도형으로 경력 개발 계획을 세우는 형식으로 진행된다.

회사에서는 개인의 역량을 발전시키기 위한 명확한 교육 훈련 로드맵과 역량 개발 프로그램의 방향성을 제시하기 위해 2012년부터 직원 스스로 자기주도적인 경력 개발을 할 수 있는 프로세스를 구축하였다. 2013년에는 역량 구축기로 보고 조직 문화를 혁신시키고, 직원 교육 체계를 수립하여, 직원 직무 수립의 역량을 상향 평준화하였다. 또한 사내 강사의 역량을 키우고 설계사 정착 지원에 아낌없이 지원한 결과 역량 성장기를 맞이하였다.

성장기를 맞이한 'Dual 인재 개발 프로그램'을 살펴보면, 가장 먼저 개인이 자기주도형 경력 제도를 개발하기 위해 목표를 수립해야 한다. 그 후 목표에 대한 자기계발 계획서를 작성한 후 연간 직무 역량 개발 계획을 수립하여 Job Posting 및 자기 신고 제도를 시행한다. 자격증 취득 지원 제도의 경우 자격증의 시장 가치, 난이도, 업무 관련성을 고려하여 장려금, 승진 가산점을 차등으로 부여한다. 취득 시 비용을 실비로 지급한다. 국내외 MBA 과정 및 Big Dream 금융사관학교에도 지원할 수 있다. 신한홍콩캠퍼스에서는 2009년부터 매년 신한금융그룹 계열사별로 우수 인재를 선발하여 국제 비즈니스, 경제학, 재무 전략, 보험 자산 운용 등 다양한 과정을 수료할 수 있도록 지원한다.

신한생명은 체계적인 역량 개발 프로그램을 통한 인재 개발의 영역을 꾸준히 확대하여 나감으로써 기업과 개인의 진정한 상생을 도모한다.

온라인 다운 제도 '신난데이'

신한생명보험은 직원들의 '일과 삶의 균형' 및 '근무 만족도 제고'를 위해 온라인 영업 관리 시스템을 평일 오후 7시 이후로 종료하는 온라인 다운 제도를 운영하여 직원들이 퇴근 이후 시간에 대인 관계와 자기계발 등을 위해 효율적으로 사용할 수 있도록 배려하고 있다. 나아가 매주 수요일 6시에 PC-Off제를 실시하여 조기 퇴근 후 가족과 함께 시간을 보내자는 취지로 '신난데이'를 운영한다.

그러나 아무리 조기 퇴근 프로그램이 진행되더라도 주어진 업무가 마무리되지 않아 야근을 해야 하는 경우가 있다. 보통 이럴 때는 별도로 야근을 신청하여 업무를 진행하게 된다. 그러나 신한생명보험은 조기 퇴근이 불가능한 경우를 대비하여 적시에 대체 인력을 지원하는 제도를 시행한다. 신한생명보험은 단 한 명도 조기 퇴근 낙오자가 없도록 하여 직원 스스로 가정생활을 케어하고 유지할 수 있는 문화를 조성하고 있다.

생명보험 본연의 업을 잇는 봉사활동

신한생명은 보험업을 통해 세상을 이롭게 하는 '따뜻한 보험'을 선포하고, 고객 가치를 최우선으로 하면서 사회적 약자를 배려하는 지속 가능 경영을 추진하고 있다.

먼저 임직원으로 구성된 '사랑의 징검다리 봉사단'은 '36.5 Love, 365 Forever'를 슬로건으로 세우고 봉사활동 프로그램 운영한다. 지정 기부금 단체 지원 등 다양한 사회 공헌 활동을 실시하고 있고, 지부별 'ON(온)사랑 봉사 리더'를 선정하여 지속적이고 자발적인 봉사활동으로 넓혀 가고 있다.

2013년에는 업계 최초로 설계사로 구성된 'Big Dream 봉사단'

을 발족했다. 이 봉사단은 봉사단장부터 운영위원회까지 모두 설계사로만 구성된 순수 봉사 단체이다. 각 지역별로 복지 시설과 매칭해 신한생명 1만1000여 명의 설계사가 참여하는 자발적이고 지속적인 봉사활동을 진행해 나가고 있다. 이런 신한생명의 봉사활동은 2013년 300회, 참여인원 4,100여 명, 총 참여 시간 14,325여 시간에 달하는 결과를 낳았다.

스마트폰 앱을 활용하여 닮은꼴 해외 아동을 후원하는 연계 활동을 시행하기도 한 신한생명보험은 2011년 지속가능 경영 대상 보건복지부 장관상 수상, 2012년 사회적 책임경영 우수 기업 선정과 보건복지부 장관 표창에 이어 2013년에는 헤럴드 경제 보험 대상 크리에이티브상 수상, 독거 어르신 종합지원 센터 우수 사례 등에 따른 보건복지부 표창을 연속 수상하는 등 모범적인 기업 시민으로서의 역할을 충실히 해 나가고 있다.

행복한 회사를 위한 'Fun Activity' 프로그램

신한생명보험에서는 직원들의 즐겁고 활기 넘치는 사회생활에 일조하고자 다양한 Fun Activity 프로그램을 실행한다. 미혼 직원을 위해서는 '동계 스키캠프'를 운영하고, 결혼 정보 회사 듀오와 제휴하여 미팅 프로그램을 운영하고 있다. 또한 동호회 지원을 증대하고 동호회 만남의 장으로서 연말 홍대 클럽을 대여하여 연말 페스티벌을 진행하였다.

더불어 직원 건강 관리와 연계한 다양한 활동도 진행하는데, 특히 금연 프로그램과 짝꿍 다이어트가 눈에 띈다. 금연 프로그램의 경우 성공한 직원에게 시상을 하고, 2인 1조로 참가하는 짝꿍 다이어트의 경우 2명이 모두 성공할 때 유명 브랜드의 청바지를 시상한다.

이러한 직원 만족 프로그램을 시행함으로써 직원들로 하여금 회사에 대한 긍정적 마인드를 더욱 가중시키고 신뢰도 제고를 기대하고, 동호회 활성화를 통해 직원 리프레시 및 소통 증대를 꾀하고 있다. 2011년 9월 기준으로 12개의 동호회가 2013년 8월 25개의 동호회로 확대되었다.

직원 감성 소통 프로그램 'U&Me 신한'

신한생명은 조직 내 자유로운 소통 문화 정착에 따른 양방향 커뮤니케이션의 활성화 기반을 마련하고자 직원 감성 소통 프로그램 'U&Me 신한'을 진행한다.

먼저 조직별로 다양한 소통 프로그램 관련 아이디어를 수집하여 제출한다. 각 아이디어를 직원 만족 센터에서 접수하여 심사를 거친 뒤, 신청 부서와 지점 일정을 조율한 후 프로그램을 실시한다.

접수된 소통 프로그램으로는 스킨십(손잡기)을 통해 마음의 벽 허물기, 부서별로 소그룹을 구성하여 서로 자신의 이야기 전달하기, 서로에 대해 인정하고 칭찬해 주기 등이 있다. 이러한 정서 교류 프로그램을 통해 서로 대화하고 스킨십 하는 것이 소통하는 데 있어서 얼마나 큰 힘을 지니고 있는지 서로 확인하는 계기가 된다.
 신한생명의 소통 프로그램은 구성원 간에 발생할 수 있는 갈등을 쉽게 해소해 나갈 수 있는 분위기를 형성해 준다. 또 직원들이 업무를 대하는 데 있어서 재미와 보람을 느끼는 등 긍정적인 변화를 가져오고 있다.

신한은행

주요업종 금융 서비스업
설립연도 1897년 2월 19일
종업원수 약 14,696명

신한은행은 신한금융그룹의 계열사로 1982년에 세워진 이래, 2006년 4월 1일 조흥은행과 합병하여 현재의 통합 법인이 설립되었다. '금융의 힘으로 세상을 이롭게 한다'는 미션 아래 고객 중심, 상호 존중, 변화 주도, 최고 지향, 주인정신을 핵심 가치로 두고 새로운 미래를 열어 가는 사랑 받는 1등 은행을 지향한다.

'더 나은 내일을 위한 동행同行'으로 사랑 받는 은행을 추구하며, 변화와 혁신을 통해 기존 은행업의 한계를 뛰어넘어 금융의 미래 트렌드를 선도하고자 한다. 이를 실행해 나가는 직원들이 사랑 받는 1등 은행의 직원이라는 자긍심을 가지고 신명 나게 일할 수 있는 여건 조성에도 힘쓰고 있다.

사내 방송 SBN을 통해 널리 공유한다

신한은행은 '현장에 답이 있다'는 신념을 바탕으로 현장 소통을 강조한다. 소통이 활발하게 이루어져야 조직의 열정이 한데 모여 팀워크가 발휘될 수 있다고 믿기 때문이다.

대표적으로 사내 방송 SBN을 통해 주요 현안에 대해 임직원과 공유한다. 매일 8시 15분부터 사내 방송을 통해 주요 현안을 소개하며, 시청하지 못한 직원들을 위해서 VOD 서비스를 제공한다. SBN은 2006년 3월 31일 개국한 이래 사내 뉴스와 기획물, 지점 탐방, 교육·연수 프로그램 등을 통해 통합 신한은행의 성공적인 출범과 전산 통합에 기여했다. 뿐만 아니라 행 내외 주요 이슈에 대한 전문가 인터뷰 등 심도 있는 내용을 전달하고 있으며, 우수 영업 직원을 취재해 그 직원만의 영업 노하우를 요약하여 직원들과 공유하고 있다. 그리하여 SBN은 2008~2009년 대한민국 커뮤니케이션 대상 시상식에서 '방송 부문 최우수 방송 대상'을 수상하는 쾌거를 이루었다.

신한은행은 이러한 소통 창구를 통해 조직 내부 사안에 대해 발 빠르게 구성원들과 공유하여 불필요한 오해를 없애고, 직원의 몰입도를 높이고 있다.

열린 조직 문화의 핵심은 소통에 있다

신한은행은 직원 간에 창의적인 생각과 아이디어를 자유롭게 교류하고 열린 조직 문화를 확산하기 위해 사내 통합 온라인 커뮤니케이션 채널 '광장 2.0'를 오픈했다. '광장 2.0' 내의 '영업 현장의 소리' 란은 현장의 목소리가 내부 정책에 즉각 반영될 수 있는 시스템이 구축되어 있고, 'CEO광장'은 CEO와 직원들 간에 나누고 싶은 이야기를 격의 없이 할 수 있는 공간이고, '토론광장'은 주요 이슈에 대한 직원들의 다양한 의견을 공유할 수 있는 공간이다.

이 밖에 부서 간에 업무 협조가 필요한 경우, 부서 간 '소통 도시락' 시간을 통해 상호 업무에 대한 이해도를 높이고 있다. 그리고 조직 내 커뮤니케이션 활성화를 위해 본점 15층 전체를 스마트 워킹 공간인 '신한 심포니'로 만들어 직원들에게 개방하고 있다. 전국 부서장 회의를 통해서는 주요 지표 및 경영 관련의 전반적인 상황을 공유하고, Daily Letter, Weekly Letter, Monthly Letter를 통해 소통을 위한 다각적인 시도를 한다.

사내 사보 '신한인[in]'을 통해 직원뿐만 아니라 직원의 가족들과도 소통을 꾀하기도 한다. '신한인'은 12개 그룹사와 2만여 임직원 및 2,500만여 고객에게 다양한 금융 서비스를 제공하는 그룹의 대표적인 커뮤니케이션 채널로써의 역할을 인정받아 2009년 대한민국 커뮤니케이션 대상에서 문화체육관광부 장관상을 수상했다.

신한은행은 이러한 소통 활성화를 통하여 조직의 몰입도와 민첩성을 향상시키고, 현장 아이디어 채택률을 높이고, 적시에 정보를 제공하여 구성원 간에 신뢰를 높이고 있다.

칭찬·인정·감사할 줄 아는 문화

신한은행은 임직원에게 감사의 마음을 전하고, 자긍심을 향상시키기 위해 다양한 포상 활동을 추진하고 있다.

'추임새2.0'은 칭찬과 인정을 받은 직원을 대상으로 포상을 진행하는 제도이다. 여타의 칭찬 포상 프로그램과 달리 주목할 만한 점은 칭찬 받는 직원뿐만 아니라 칭찬하는 직원에 대해서도 포상을 한다는 것이다. 이를 통해 '칭찬'과 '인정'이 회사 조직 내의 형식적 절차에서 나오는 것이 아니라, 하나의 문화로 자리 잡을 수 있는 시스템이 마련되었다.

칭찬과 인정 문화의 확산에 기여하고 있는 '추임새 운동'은 구성원 간에 칭찬과 감사의 마음을 전하는 것을 넘어 고객과 지역 사회에 따뜻한 금융을 실천한 사람을 칭찬하고 인정하는 공간으로까지 활용되고 있다.

신한은행은 은행장을 비롯한 전 임원이 영업점을 직접 찾아가 직원들의 노고를 칭찬하고 함께 소통하며 격려하는 '행복한 아침밥 상' 이벤트를 시행한다. 임원들이 준비해 간 샌드위치와 과일을 나누어 먹으며 고객 응대에 최선을 다한 직원들을 격려하고 담소를 나눈다. '행복한 아침밥 상' 이벤트에 참여한 한 임원은 "임원들의 다양한 경험담을 듣고 고객 중심의 서비스에 대한 중요성을 배우면서 직원들의 사기가 높아졌다고 들었다. 앞으로도 현장 직원과 함께하는 시간을 통해 고객 서비스 개선에 도움이 되도록 서로 논하는 자리로 삼겠다."고 말했다.

포상의 가치와 문화를 선도하다

신한은행은 성과와 관련된 포상뿐만 아니라 기업 가치와 문화에 관련한 포상을 확대함으로써 건전한 조직 문화 형성에 기여한 사람들에 대하여 칭찬을 아끼지 않는 조직 풍토를 만들고 있다. 월별·분기별로 진행되는 캠페인에 대해 우수 개인·부서·지역에 대한 다층적 포상을 하는 것은 물론이고, 신한 WAY 실천과 관련한 포상, 최우수 직원 포상 등을 실시해 많은 직원들이 다양한 부분에서 포상을 받고 있다.

포상의 형태 또한 기념이 될 수 있는 시계, 넥타이핀, 목걸이 등 가시적으로 드러낼 수 있는 것으로 지급함으로써 주변에서 인정받을 수 있는 기회를 제공한다. 또한 연수 기회 등을 제공하여 배움을 통한 성장을 도모한다.

신한은행은 이렇듯 다양한 감사와 인정 프로그램을 통해 조직의 활력을 높이고, 신한 WAY가 현장에서 실천될 수 있는 동력을 마련하고 있다.

신입 행원의 입장에서 생각하는 역질문·역멘토링 제도

국내 은행 중 취업 선호도 1순위로 꼽히는 신한은행의 취업 경쟁률은 100 대 1을 훌쩍 넘는다. 조금 과장하자면 바늘구멍보다 통과하기 어려운 셈이다. 그렇다면 신한은행의 원하는 인재상은 과연 어떠할까?

신한은행은 '따뜻한 가슴을 가진 창의적인 열정가'라는 인재상을 바탕으로, 완성된 인재가 아닌 신한의 문화 속에서 프로 금융인으로 클 수 있는 마음과 자세를 갖춘 인재를 모집한다. 이에 신한은행은 화려한 스펙을 갖춘 인재가 아닌 '적합한 인재 Right Person'를 찾기 위한 과정으로 학력, 나이, 출신 지역 등 선입견을 가질 수 있는 정보를 일체 배제하는 형식의 블라인드 면접을 시행한다. 이때 현장 업무를 담당하는 직원을 면접관으로 위촉하여 조직 문화에 잘 어울릴 수 있는 직원을 발굴해낸다.

면접 특유의 경직된 분위기와 긴장감을 풀어서 감성적인 면접 분위기를 조성하기 위하여 면접 전에 Ice breaking을 실시한다. 점심식사 후에는 가든 음악회를 열어 면접자들의 긴장감을 완화시키는 시간을 갖는다. 이러한 면접 분위기를 만드는 데는 긴장감을 조성하는 압박 면접 형식을 지양하고자 하는 신한은행의 가치관 때문인데, 그 속에는 편안한 분위기 속에서 면접자들의 자연스러운 모습을 확인할 수 있는 기회로 삼으려는 의도도 있다.

면접 마지막에는 캔 음료를 마시며 마음 터놓고 의견을 토론하는 '캔 미팅' 자리를 마련해 자연스럽게 기업 문화를 노출하고 서로의 정보를 공유한다. 이 자리에 면접관이 나와 지원자에게 감사의 인사를 전달한다. 이때 역으로 면접관들이 지원자들의 질문을 받는 시간을 가짐으로써 직원들이 어떤 조직 문화 속에서 일하고 있는지 자연스럽게 알려준다. 일방적인 질의응답식 면접이 아니라 상호 소통 가능한 열린 면접이라는 점은 타사와 다른 특징이다. 합격자 발표 후에는 면접관이 직접 합격자에가 축하 전화를 걸어 동료애를 전파함으로써 상호 존중의 조직 문화를 느끼게 해 준다.

일터·삶터·쉼터 3터의 행복 지원

신한은행은 한국능률협회컨설팅이 주관하는 '2012 가장 일하기 좋은 기업' 조사에서 은행 부문 1위에 선정됨으로써 5년 연속 수상하는 쾌거를 이루었다. 종합 순위는 지난해보다 2계단 상승한 3위를 차지했다. 신한은행은 탁월한 비전, 공정한 시스템, 행복한 기업 문화 등에서 높은 점수를 받았다.

신한은행은 '3터(일터·삶터·쉼터)의 행복 지원'이라는 독특한 목표를 가지고 있다. 고객과 사회로부터 사랑 받는 1등 은행이 되려면 직원들이 자긍심을 느껴야 한다는 취지다. 이에 맞춰 우선 직원의 자기계발을 전폭적으로 지원한다.

신한은행은 다양해지고 전문화되는 은행 산업의 특성을 반영해 투자은행, 자산 관리, 금융 공학 등을 배울 수 있는 '신한 금융 사관학교'를 운영하고 있다. 일정 기준에 따라 선발된 직원에게는 해외 MBA 과정을 이수할 기회를 주고, 행원·대리급 직원에게는 미국, 일본, 중국 등 해외 지점에서 3개월 동안 연수를 실시한다. 또한 자격증 취득 시는 취득 경비를 100% 지원하고, 어학 능력 향상 지원 제도도 운영한다. 뿐만 아니라 직급별 필요 역량을 규정하고, 지정된 교육은 필수적으로 이수하게 하는 직급 필수 이수제도 운영하고 있으며, 7-Day-Rule을 통해 집합 연수에 반드시 참여할 수 있도록 의무 교육 시간 이수 제도도 시행하고 있다. 경쟁력 있는 인재 육성을 위해 야간 대학·대학원의 학비를 지급하기도 하며, 각 지역 거점 도시별로 학습 공간을 운영하여 누구나 학습할 수 있도록 지원한다.

이렇듯 현장 주도·자기 주도·조직 주도라는 3가지 측면에서 인재 개발 제도를 시행함으로써 체계적으로 인력을 양성한다. 이를 통해 은행과 직원의 가치가 함께 제고되고, 조직 내 학습하는 문화가 정착되며 은행의 차별적인 강점이 되어 채용 및 고용 브랜드가 상승하고 있다.

신한인의 건강은 회사가 책임진다

건강한 신체에서 건강한 정신이 나온다. 신한은행은 몸과 마음이 건강해지는 삶을 위하여 직원들을 위한 다양한 건강 캠페인 및 프로그램을 시행하고 있다.

매년 정기 건강 검진(본인 및 배우자)을 실시할 뿐 아니라 신한은행 건강 관리 시스템을 운영함으로써 임직원의 건강 상태를 체크하고 관리한다. 금연을 지원해 주는 보조 프로그램도 진행하고 있다. 금연을 원하는 직원에게 금연 상담사가 매일 아침 전화를 해서 금연 상황을 체크한다. 금연한 지 100일이 되면 비타민을 선물 받고, 은행 내 게시판에 명단이 올라가 임직원들에게 격려를 받으면서 더욱 힘을 얻는다.

    신체 건강 관리에서 그치는 것이 아니다. 신한은행은 '1인 1취미 갖기 운동'을 통해 직원들의 풍요로운 삶을 위한 지원을 아끼지 않는다. 매주 수요일과 금요일은 회식이나 회의가 없는 'Happy 드림 Day'로 지정했다. 가족과 함께하는 행사를 늘림으로써 건강한 가족 관계를 유지할 수 있도록 지원하기 위해서이다. 또 'Healing, 하루 명상' 프로그램을 운영해 감성적으로 지친 직원들이 자연 속에서 에너지와 활력소를 얻도록 하고 있다. 신한 캠핑장·연성소를 운영하여 편안한 휴식을 할 수 있도록 돕고, 건강한 식단 만들기를 통해 현대인의 잘못된 식습관 개선을 유도한다.

    신한은행의 임직원은 건강과 관련된 체계적인 관리(검진+예방)로 생활의 활력을 높이고, 다양한 여가 활동을 위한 지원을 받아 일과 삶의 균형을 달성하고 있다.

재미있는 조직 만들기

신한은행은 자연스러운 소통 활성화를 통해 구성원 간의 관계의 질을 높이고 이를 바탕으로 조직 내 신뢰를 쌓고자 한다. 은행업의 특성상 정기적인 인사 이동과 지점 간 공동 영업 기회가 많아 그만큼 일체감과 팀워크 강화가 필요하기 때문이다. 이에 재미있는 활동을 통해 조직 내 활력을 제고하고자 한다.

    그 활동은 업무 전에 간단히 시행하는 5분 게임부터 1박 2일 캠프까지 다양한 프로그램으로 구성되어 있다. '펀펀데이'는 팀원들이 힘을 합하여 게임을 진행하는 프로그램이다. 게임에 소요되는 시간은 얼마 되지 않지만, 게임을 하는 짧은 시간 안에 자연스러운 신뢰 관계를 형성하고 경직된 분위기를 부드럽게 완화하는 데 큰 역할을 한다.

1박 2일에 걸친 프로그램도 마련되어 있다. 은행과 증권은 업종의 특성이 매우 다르기 때문에 서로의 특성을 이해할 수 있도록 직원들 간 소통 창구를 확대하는 것이 무엇보다 중요하다. 이를 위해 1박 2일 동안 '통통통캠프'를 운영한다. 은행과 증권의 직원들이 캠프를 통해 더 나은 고객 서비스를 위해 함께 토론하고 고민하는 과정에서 자연스럽게 서로의 특성을 이해하게 되는 것이다. 통통통캠프뿐 아니라 자율적으로 신청한 부서에 한해서 1박 2일의 팀 빌딩 프로그램도 진행한다.

이 밖에 소통 활성화와 팀워크 향상을 위한 '정·류·장情流場 프로그램', 춘계·추계 야유회, 신규 영업점을 위한 신한FST 프로그램까지 다양한 프로그램이 마련되어 있다.

짧은 시간을 활용한 게임에서 1박 2일의 프로그램에 이르기까지 재미있는 신한은행을 만들기 위한 다양한 프로그램은 팀 내외 소통 활성화를 통한 일체감과 몰입도를 상승시키는 데 큰 기여를 한다. 이는 나아가 고객만족도 및 성과 향상으로 이어지고 있다.

신한카드

주요업종 신용카드업
설립연도 1985년 12월 17일
종업원수 약3,435명

세계적인 카드 프로세싱 업체인 시노버스 파이낸셜은 '포춘 100대 기업' 중에서도 자부심 영역이 거의 100%에 가깝다. 고객과 접점에 있는 직원은 자신의 일이 궁극적으로 사회에 기여한다고 생각하고, 청소 용역원도 청결한 화장실은 직원들의 스트레스를 풀어준다고 이야기할 정도로 일에 자긍심이 높다.

    카드 회사는 고객과 접점에 있는 구성원들의 스트레스가 유달리 많은 편이다. 이러한 스트레스를 줄이기 위해서 선진화된 시스템을 구축해야 한다. 그러한 면에서 신한카드의 네트워크 기반은 탁월한 수준이다. 특히 고객의 편리한 소비 생활을 기준으로 구축된 네트워크 시스템과 효율적인 리스크 관리 시스템은 고객에게 안도감을 준다. 또한 2,200만여 명에 이르는 고객 기반 등 규모의 경제를 조기에 달성하고 상품과 프로세스의 전반적인 효율화 작업에 성공하였으며, 사업 구조 혁신을 통해 대내외 충격을 유연하게 흡수할 수 있는 안정적인 사업 기반을 구축하고 있다.

신한카드는 2014년 새로운 비전으로 'BIG to GREAT'를 내세웠다. 이것은 단순히 매출 1위 카드사가 되는 것을 넘어 가치면에서 '위대한Great 기업'으로 나아갈 의지를 담고 있다. 구성원들은 조직에 대한 자부심을 느끼고 있고 고객 충성도가 높은 신한카드는 '고객을 위해 더욱 세심하고 차별화된 서비스를 창조한다'는 의지를 비전에 담고 있다.

신한카드는 비전 실천의 일환으로 빅데이터 경영을 통한 새로운 가치 창출에 본격적으로 나서고 있다. 업계 최초로 빅데이터 센터를 출범하여 '빅데이터를 통한 본원적 경쟁력 제고'와 '新신성장 동력 강화'라는 핵심 전략 목표 달성에 박차를 가하고 있다.

이러한 빅데이터를 이용한 맞춤 솔루션의 성공 여부는 구성원들의 역량과 생각, 가치에 달려 있다. 그렇기 때문에 조직의 시스템 못지않게 중요한 존재인 구성원들을 위해 임직원 간의 소통, 임직원의 건강, 일과 가정의 균형을 핵심 키워드로 하여 직원 만족을 이끌어내고 있다.

직원 만족은 다시 고객의 행복으로 이어지고, 그 행복이 다시 기업 성과로 돌아오는 가장 바람직한 성장의 선순환을 이루는 것이 바로 신한카드가 꿈꾸는 좋은 기업 문화의 모습이다.

고유한 경영 혁신 '4×4 Innovation' 추진

신한카드는 어떠한 경영 환경에서도 견딜 수 있는 강한 체질을 갖추기 위해 전 임직원을 하나로 결집하여, 자발적 참여와 혁신을 이끌어낼 변화 관리 프로그램인 전사 경영 혁신 운동 '4×4 Innovation'을 수립하여 전개하고 있다. 4×4 Innovation은 모든 문제를 해결함에 있어 줄여야 할 4가지 영역(관성·중복·결여·과잉), 강화해야 할 4가지 영역(빅데이터·6시그마·따뜻한 금융·시너지)을 반복적으로 점검함으로써 문제의 해결점을 찾아낸다. 신한카드만이 가지고 있는 고유한 경영 혁신 방법으로, 이를 통해 임직원들의 업무를 바라보는 시각을 교정하고, 조직의 시스템이 가지고 있는 효과는 극대화시키는 노력을 결합한 것이다. 이것은 시스템의 효율화를 위한 일터의 문화 선진성을 동시에 추구하는 것으로 GWP가 추구하는 시스템과 조직 문화의 결합으로 인한 시너지를 창출한다.

'4×4 Innovation' 추진을 통한 경영 혁신을 성공시키기 위하여 먼저 전 직원을 대상으로 이러닝 교육, 본사·지점·센터 관리자를 대상으로 집합 교육을 실시한다. 이런 교육과 병행하여 임원, 부서장의 경우 지원 및 코칭 역량을 강화하는 프로그램을 진행하며, 전략과 KPI가 연계한 4×4 혁신 과제를 도출하기 위해 차별화된 교육을 한다.

또한 내부 자체 인력을 통해 4×4 문제 도출과 해결 방법론 교육을 시행하고 과제 멘토링을 진행하며, 수평·수직 간 커뮤니케이션을 통해 혁신 과제 추진 활동을 공유하고 본부장 주관에 의하여 과제 성과의 점검 및 향후 방향성에 대해서도 의견을 나눈다. 분기별로 부문장 주관의 우수 과제 보고회를 진행하고 있으며, 최종적으로 1년에 2회에 걸쳐 CEO 주관의 혁신 성과 포럼을 진행한다.

이렇듯 임직원 주도의 변화 관리 프로그램을 통해 혁신적인 역량을 강화하고, 전사적으로 관심과 참여를 제고하여 실행의 신한카드 조직 문화를 구축하고 있다. 언뜻 보면 획일적이고 표준화된 혁신 같지만, 구성원들이 하나의 등대를 향해 혁신의 의지를 집중시키는 효과를 가져오고 있다.

차별화된 사회 공헌, '아름人도서관' 지원 사업

신한카드는 2010년부터 사회 공헌의 일환으로 '아름人도서관' 프로그램을 사회복지법인 '아이들과 미래'와 함께 운영한다. 주요 활동으로 학습 환경이 열악하고 도서 지원이 필요한 지역을 찾아가 아동센터를 만들었다. 이곳에는 아이들이 즐겁게 책을 접할 수 있는 독서 공간이 마련되어 있으며 도서를 무상 보급하고 있는데 2013년 말 기준으로 344개의 지역 아동 센터에 아름인도서관을 개관했다. 이것은 신한카드의 전 직원이 자랑스럽게 여기는 사회 공헌 사업으로, 상대적으로 교육의 기회가 부족한 아이들에게 미래의 밑거름이 되는 양질의 도서를 제공하여 아이들의 전인적 자아 성장을 돕고 있다.

2012년부터는 '대학생 북 멘토' 제도를 도입하여 아름인도서관의 인프라를 바탕으로 올바른 독서 습관 및 도서에 대한 관심을 높여 주는 독서 지도 프로그램을 실시하고 있다. 이것은 도서관이라는 하드웨어와 독서 지도라는 소프트웨어를 결합한 한층 업그레이드된 사회 공헌 프로그램의 형태로, 자원봉사를 희망하는 대학생들에게도 좋은 기회를 제공하고 있다. 아름인 도서관 지원 사업은 교육의 기회가 도시로 치우쳐 있는 현실에서, 소외된 아이들에게 미래에 대한 희망을 심어 주는 훌륭한 사회 공헌 사업이다.

전 직원과 소통한다, 'CEO의 소통 경영'

서비스 업종 중에서 은행, 카드사, 보험사 등 금융 관련 서비스업은 비교적 보수적인 문화를 유지하고 있다. 상하 관계가 군대보다 더 위계적이라는 말은 금융기관에서 흔히 듣는 이야기이다. 그러나 신한카드는 이러한 경직된 위계 구조나 문화가 구성원들의 창의적인 발상을 저해한다고 본다. 그래서 상하좌우 원활한 소통을 통해 신뢰가 있는 조직 문화를 구축할 수 있다는 신념 아래, 우선 CEO가 솔선수범하여 구성원에게 다가가는 소통의 장을 열고 있다.

CEO는 정기적으로 전국 지점, 센터 등 현장을 방문해 직원들과 격의 없는 대화를 나누며 회사의 상황과 비전을 공유한다. 더불어 현장에서 일어나는 다양한 사건이나 애로 사항을 듣고 이를 해결할 수 있는 방안을 함께 고민하기도 한다. 대면 접촉뿐만 아니라 열

CEO 오픈톡

린 커뮤니케이션 채널인 위톡 및 YB$^{Young Board}$, New Leader 토론회 등을 활용해 다양한 계층의 직원과 정기적으로 소통한다. 또한 온라인으로 진행되는 'CEO OPEN TALK' 채널을 통해 CEO News, Message 등을 운영하여 경영 전반에 대한 CEO의 경영 철학을 공유함으로써, 구성원들과 직간접적으로 소통하기 위하여 노력한다. 이러한 CEO의 노력은 구성원들과의 심리적 거리감을 축소시키며 친근한 CEO, 함께 고민하고 해결점을 찾아가는 CEO의 이미지를 구성원들에게 심어 주고 있다. 구성원들은 CEO의 이러한 소통 노력이 조직의 위계적인 문화와 권위주의를 없애는 데 큰 역할을 한다고 말한다.

임직원의 건강이 신한카드의 경쟁력이다, '건강한 신한카드'

신한카드의 구성원들에 대한 배려와 보살핌은 '건강한 신한카드'를 통해 엿볼 수 있다. 회사는 임직원의 건강을 신한카드 최고의 경쟁력으로 생각하며 건강한 직원이 건강한 고객 서비스를 할 수 있으며 행복한 직장 생활을 할 수 있다고 믿는다.

이에 전 직원 건강 검진을 실시할 뿐만 아니가 각종 치료를 위한 의료비 지원, 질병 상해 보험 전 직원 가입 등 건강 관리를 위한 지원을 아끼지 않는다. 육체적 건강 외에도 EAP^Employee Assistance Program 상담 제도를 운영해 직원들의 각종 스트레스와 고민을 상담할 수 있는 기회를 제공하며, 스트레스와 우울증이 심할 경우 정신 건강 전문의로부터 전문 치료를 받을 수 있는 제휴 병원을 운영한다. 현대인의 병은 육체적인 것보다 정신적인 것에 더 많이 기인한다는 말이 있다. 심리적으로 안정적인 구성원이 업무에 더 열정적인 것은 당연하다. 신한카드는 고객 접점에서 정신적 스트레스를 많이 받고 있는 구성원들의 건강을 위하여 지속적으로 노력하고 있다.

두 마리 토끼를 잡는다, '일과 가정의 균형'

신한카드의 구성원에 대한 또 하나의 배려는 바로 일과 삶의 균형을 어느 기업보다 강조한다는 점이다. 행복한 가정 생활을 근간으로 업무에 몰입할 수 있도록 정규 근무 시간 내에 업무를 마칠 수 있는 환경을 조성하고, 퇴근 이후나 주말에 가족과 함께 여유로운 삶을 즐기도록 지원한다. 업무 특성상 퇴근이 늦는 부서나 본부를 위해서 매주 수요일을 정시 퇴근하는 날로 정해 가족과 가능한 한 많은 시간을 보내도록 유도하고 있다.

뿐만 아니라 충분한 휴식이 업무 성과로 이어진다는 믿음으로 연휴와 주말로 이어지는 기간에는 '힐링 휴가' 제도를 운영한다. 부서장 눈치를 보지 않고 휴가 사용을 보장하기 위해 부서장부터 솔선수범하여 월 1회 휴가를 사용하도록 유도하고 있으며 국내 휴양소뿐 아니라 좋은 품질의 해외 휴양소를 저렴하게 공급하여 직원들의 호응을 얻고 있다.

일하는 여성을 위해서는 I-Care 프로그램이 있다. 직장 생활을 하는 여성이 안정적인 가정 생활을 유지할 수 있도록, 근무 시간을 단축하거나 선택적 근무 시간 제도를 도입하여 운영하고 있다. 특히 임산부와 관련된 임산부 근로 시간, 태아 검진 휴가, 출산 전후 휴가 등 모든 제도를 시스템화하여 운영하는 등 적극적인 모성 보호 실천을 도모하고 있다.

직원의 가족까지 하나로 생각하는 회사

직원의 가족까지 챙기는 회사는 그리 많지 않다. 글로벌 기업인 구글은 직원이 사망하면 그 가족을 평생 책임지겠다는 복지 정책을 내놓아 많은 기업을 놀라게 하였다.

신한카드 또한 직원과 가족이 함께할 수 있는 다양한 프로그램 운영하여 직원 가족들로부터 좋은 반응을 얻고 있다. 명절 귀성버스 지원을 비롯하여, 가족이 함께 텃밭을 가꾸고 농작물을 수확하는 주말 가족 농장, 여행을 통한 소중한 추억 만들기, 가족간 소통의 기회로 활용하는 주말 가족 테마 여행이 주요 프로그램이다.

이러한 프로그램은 직장 생활 때문에 가족과 많은 시간을 보낼 수 없는 구성원들에게 절대 인기를 얻고 있다. 부서장이나 임원 등 리더는 프로그램에 참여하는 직원을 적극적으로 지원하며 시간을 할애할 수 있도록 업무 조정을 해준다. 뿐만 아니라, 직원 자녀의 학습과 진로 선택에 도움이 되는 입시 설명회, 자기 주도 학습 캠프, 1대1 진학 상담 등을 실시하고 있다.

신한카드는 나아가 조직 내에 가족과 같은 따스한 정이 흐르는 소통 문화를 구축하기 위해 '통통캠핑'을 새롭게 전개하고 있다. 주말에 가족과 함께하는 아웃도어의 새로운 개념으로 각광을 받고 있는 캠핑의 개념을 도입하여, 공간적·시간적으로 여유 있는 '대화의 장場'으로 마련하였다.

'통통캠핑'에서는 부서원과 가족을 모두 초청하여 주말 1박 2일 동안 함께 캠프를 한다. 그동안 서로 알고 지내지 않았던 가족들이 함께 텐트를 치고 음식을 만들어 먹고 밤을 보낸다. 이 시간을 통해 부서원들은 서로의 가족과 교류하며 이해하는 시간을 갖고, 각자의 업무에 대해 이야기 나누면서 힘든 일도 공유하는 가운데 조직 생활에 대한 이해의 폭을 넓힌다.

주말 가족 테마 여행

통통캠핑

이 프로그램은 부서 내의 상하 간 소통은 물론, 상호간 이해도 증진에 도움이 되고 있다. '통통캠핑'은 가족 사랑을 표현하고, 부서 단위 소통의 장으로 활용될 수 있도록 수도권 외, 부산, 광주, 대전 등 지역으로까지 퍼져 나가면서 임직원뿐만 아니라 가족들에게도 신한카드인이라는 소속감을 심어주고 있다.

부서 간 소통을 통한 조직 활성화

신한카드는 부서 이기주의를 배제한다. 협업이 무엇보다 중요시되는 현시점에서 부서 이기주의는 조직의 성장에 가장 큰 장애 요인이 될 수 있다. 특히 카드사의 특성상 빠른 변화를 수용해야 하는 시장 환경에 발맞추기 위하여 부서 이기주의 타파는 핵심 과제 중 하나이다.

신한카드의 임직원들은 다양한 사내 동호회와 CoP(Community of Practice) 프로그램을 통해 평소 잘 어울릴 수 없었던 타부서 직원과 학습, 취미 활동을 함께하면서 자연스럽게 소통한다. 현재 29개의 사내 동호회에 1,300여 명의 임직원이 활동하고 있으며 53개의 CoP를 운영 중이다.

회사에서는 부서 간 소통을 원활히 하기 위한 프로그램으로 중식 시간을 활용한 '소통 비빔밥'을 지원한다. '소통 비빔밥'은 말 그대로 여러 재료가 한데 어우러지는 비빔밥처럼 업무 연관성이 있는 부서가 모여 서로에 대한 배려, 이해, 격려 등의 의미를 담아 함께 비빔밥을 만들어 나눔으로써 부서 간 소통을 다짐하는 데 의미가 있다. 이 시간을 이용해 구성원들은 업무상 협조가 부족하거나 협업이 필요한 사항 등을 공유하게 되면서 자연스럽게 마음을 열게 만든다. 식사 후에는 커피 한잔을 하며 진솔한 대화를 나누며 서로 소통하고 공감할 수 있는 시간을 갖는다.

소통 비빔밥 행사 외에도 각 부서는 함께할 수 있는 활동을 협의하여 진행하는데, 때로는 본사 근처의 남산이나 청계천 걷기 등을 하면서 부서간 거리감을 좁히는 기회로 삼는다. 또한 '우리 부서 버킷리스트'를 통해 각 부서에서 꼭 하고 싶은 일을 논의한 뒤 회사의 지원을 받아 실행하기도 한다. 이를 통해 '템플 스테이', '힐링 캠프' 또는 '해병대 캠프' 등의 제안이 실제로 진행되었다. 이 과정에 참여한 구성원들은 육체적으로는 힘든 과정도 있었지만, 함께하는 가운데 일터에서는 느끼지 못한 따뜻한 동료애를 느낄 수 있었다고 말한다. 또한 동료들의 개인사를 공유하는 가운데 서로를 이해할 수 있었으며, 일터에 돌아와서도 그러한 이해가 배려와 관심으로 이어진다고 말한다.

무엇을 얼마나 많이 하는가는 GWP의 신뢰 구축에 크게 도움이 되지 않는다. 중소기업은 대기업의 복리후생을 따라갈 수 없다. 그렇지만 일하기 좋은 기업들의 내부를 들여다보면 복리후생이 많다고 하여 구성원들의 신뢰를 얻는 것은 아니라는 점을 명백히 알 수 있다. 어떤 제도나 프로그램이든 그것이 구성원들의 자발적 몰입과 헌신을 이끌어내어 성과 창출에 기여하는지를 살펴봐야 한다. 똑같은 방식의 GWP 프로그램을 운영해도 모든 기업이 똑같은 결과를 만들어 내지는 못한다. 조직이 어떤 경영 철학에 근거하여 어떻게 구성원을 보살피고 배려하는 프로그램을 운영하는지에 따라 조직 내 신뢰 수준은 결정된다.

LS엠트론

주요업종 산업기계 및 첨단 부품
설립연도 2008년 7월
종업원수 약 4,100명

LS엠트론은 함께하여 더 큰 가치를 만들어내는 LSpartnership이라는 경영 철학을 바탕으로 산업기계 및 첨단 부품을 제공하는 글로벌 기업이다. 크게 트랙터, 사출성형기, 궤도 등을 생산하는 기계사업과 커넥터, 동박, 울트라캐패시터, 자동차 고무호스 등을 생산하는 부품 사업으로 나뉜다.

국내 사업장은 본사(안양) 및 4개 사업장(하이테크센터, 전주, 정읍, 인동 사업장), R&D센터를 비롯하여 전국 주요 지역에 영업소를 운영한다. 국내 출자사로 대성전기공업, 캐스코, 농가온이 있고, 해외에는 미국, 중국, 브라질, 베트남 등 8개국에 16개의 해외 거점을 보유하고 있다.

LS엠트론은 각 사업 분야 최고 수준의 제품과 기술 경쟁력 강화에 주력하고 Vision 2015 달성과 Global Leading Company로 도약하기 위해 매진하고 있다.

다양한 교육을 통한 미래 방향 제시

LS엠트론은 경영 철학의 핵심 내용 전달과 사례 공유를 통한 임직원의 능률 향상 및 내재화를 위해 다양한 교육을 실시한다.

그 첫 번째가 LSpartnership이다. LS그룹은 2011년에 LSpartnership이라는 새로운 경영 철학을 선포하였고, 이에 대한 내용을 전 직원에게 전파하기 위한 교육을 시행하고 있다. 관리자, 중간관리자, 사원 순으로 교육을 진행하며 경영 철학에 대한 철저한

이해를 바탕으로 회사 생활을 할 수 있도록 독려한다.

두 번째는 바로 '3C Engine And 進진'이다. 이는 회사의 혁신 목표 및 비전을 이해하고 공감대를 형성하여 실천 의지, 혁신 주도자적 역할을 함양시키기 위한 교육으로, 3C(Creativity, Communication, Challenge) 행동 양식을 체화하기 위한 긍정 스토리 찾기, 역할 드라마, 3C 송 만들기, 깃발 춤 등의 프로그램을 진행하였다. 또한 사업부별로 다양한 주제의 명사 초청 특강과 전문가 초청 세미나 등을 지속적으로 실시한다.

LS엠트론은 다양한 교육을 통해 직원들에게 동기 부여의 기회를 제공하고, 직원들이 역량을 키워 나가며 회사에 자부심을 가질 수 있도록 방향을 제시하고 있다.

경영 성과를 공유하고 함께 논의한다

LS엠트론은 매월 진행하는 CEO 월례 조회 시간을 통해 월간 실적, 매출 등 경영 전반에 대한 리뷰와 현재 상황에 대한 내용을 직원들에게 투명하게 공개한다. 사업의 호조, 경영 현황에 대한 대내외 요인 등을 담당자가 직접 프레젠테이션하여, 직원들이 회사에 대해 정확히 이해하고 조직의 미래를 함께 고민하는 시간을 갖는 것이다. CEO 월례 조회뿐 아니라 사업부별로도 월례 조회를 진행하여 경영진의 의견을 직원들에게 전파하고 소통한다.

또한 매월 사보를 제작하여 경영 현황과 CEO의 당부 및 격려의 메시지를 전달하고, 직원들의 다양하고 재미있는 소식들도 공유한다. 이를 통해 직원들은 자신과 부서의 나아갈 방향을 파악한다.

사내 게시판인 인포피아도 훌륭한 소통의 장이 되고 있다. 이는 일반직, 기능직을 포함하여 전 임직원이 사용하는 게시판으로, 전사 게시판 및 각 사업장 게시판을 통해 모든 정보를 전달하고 공유한다.

매월 기획·제작하는 사내 방송 역시 정보와 메시지를 전달할 뿐 아니라 직원들의 재미있고 감동적인 이야기를 함께 전하여, 공감과 재미있는 일터 분위기를 형성하는 데 일조한다.

LS엠트론은 노사 협력을 통해 근로자의 복지 증진은 물론 회사의 건전하고 지속 가능한 발전을 도모하고자 노경 회의체를 운영한다. 이를 통해 회사의 경영 현황과 직원의 고용 안정 등에 대한 내용을 신속하고 정확하게 공유해 사내 소통 및 가치 창조적 노경 문화를 구축하고 있다.

다양한 직급 및 계층과의 소통을 꾀한다

LS엠트론은 구성원들의 자유롭고 활발한 의견이 최고경영자에게 직접 전달될 수 있도록 매달 'CEO와의 만남'을 정기적으로 진행한다.

'CEO와의 만남'에서는 신규 진급자, 신입·경력 입사자, 분임조 지도위원, 봉사 인포멀 등 일반직과 기능직을 총망라한 다양한 직급과 대화가 이루어진다. CEO는 직원과의 만남의 자리에서 직원들의 의견을 귀 기울여 듣고 필요에 따라서는 즉시 실행을 지시하기도 한다. CEO와의 만남을 통해 개선된 사례로 출장 여비 규정 개선, 신축 건물 내 수유실 개설, 사내 어린이집 개설 등이 있다.

CEO가 직접 찾아가는 대화의 장도 마련하고 있다. 4개 사업장을 운영하는 LS엠트론은 매달 CEO 현장 경영을 실시한다. 이는 CEO가 직접 생산 현장을 찾아 개선 활동 현황을 점검하고 구성원들의 노고를 격려하는 시간으로 운영된다. 현장 방문 후에는 간담회 자리를 마련해 구성원들의 애로 사항을 청취하고 개선 방안을 논의한다.

이 밖에도 경영진과 구성원 간의 의사 소통을 위한 '사업부장과의 대화'를 운영하며, 기능직 대상으로는 '노경 신뢰 협의회'를 정기적으로 운영하여 의견과 고충 등을 수렴하여 신속하게 처리하고자 한다.

이러한 경영진과의 만남을 통해 회사에 대한 구성원들의 이해를 높이고, 주인의식과 소속감, 자부심을 고취할 수 있는 기회를 제공한다.

다양한 지원을 통한 인재 육성

LS엠트론은 임직원들의 역량 강화를 위해 개인에 따른 자율적 교육 기회를 제공하고, 체계적인 직무 전문가를 육성하기 위해 전사 직무 체계를 운영하고 있다. 또한 그룹 교육원인 'LS미래원'에서 경영 교육, LS Identity, 직무 교육, 글로벌 교육 등을 통해 인재를 집중적으로 육성하고 있다.

우선 미래 경영자 양성을 위해 다양한 학위 과정과 중장기 지원을 하고 있다. 특수대학교 전액 지원, R&D 인재 육성을 위한 테크노 MBA, 마케팅 역량 강화를 위한 마케팅 MBA 과정, 해외 연수를 적극적으로 지원해 준다. 또한 직급별 리더십 향상과 글로벌 인재 양성 과정을 운영하고 있으며, 사업 전략 수행 및 성과 창출을 위해 필요한 역량과 현재 수준을 파악하여 부족한 역량을 체계적으로 개발할 수 있도록 가이드라인을 제시하고 교육 과정을 지원한다.

LS엠트론은 혁신 인재 육성에도 힘쓰고 있다. 6시그마, LPS, Triz 등 분야별·단계별 교육 프로그램을 운영하여 직원들에게 지식 습득의 기회를 제공한다. 교육을 수료한 후에는 MBB의 지도 아래 현업 과제 수행을 거치고, 시험과 면접 등의 엄격한 관문을 통과하면 단계별 혁신 벨트를 수여하여 전문성을 인정해 준다. 전문 벨트를 획득한 혁신 인재들은 과제 지도 및 사내 강사로 활동하는 등 지속적으로 전문성을 개발하고 후배들을 양성하는 데 자신의 역량을 발휘할 수 있는 기회를 갖는다.

이 밖에도 우수 기업 벤치마킹, 워크숍 등의 새로운 트렌드를 지속적으로 학습하도록 독려한다. 임직원들은 이러한 사외·사내·사이버 교육 등을 통해 끊임없이 회사와 자신의 미래를 위해 선진적인 역량을 강화해 나가고 있다.

다면적 면접 방식으로 인재 발굴

LS엠트론에는 LS그룹의 독자적인 인재상을 반영한 LSAT 인적성 검사 시스템이 있다. 이 시스템을 통해 지원자의 성향이 회사의 인재상과 얼마나 부합되는지 파악한다. 또한 구조화된 면접을 통해 업무 기술이나 지식뿐 아니라 지원자의 가능성, 열린 태도, 변화 추진성 등을 점검한다.

1차 면접을 통해서는 지원자의 실무적 능력을 파악하고, 2차 면접에서는 지원자의 인성적인 면을 파악한다. 단계별로 다른 면접관이 참여하여 지원자의 다양한 면을 체크하면서도 1, 2차 면접에 인사 부서가 반드시 참석해 전체적인 일관성도 유지한다.

이런 과정을 거쳐 선발된 신규 입사자들은 JUMP 프로그램을 통해 체계적으로 관리된다. 신규 입사자들은 입사 당일에 기초 교육을 통해 회사 생활에 필요한 기본 사항을 습득하고, 인사 담당 임원들의 환영 행사를 통해 자부심을 갖고 LS엠트론인으로서 생활을 시작한다.

이후에는 멘토링 프로그램을 운영하여, 신규 입사자 한 명에 멘토 한 명을 선정하여 업무와 조직 문화에 안착할 수 있도록 돕는다. 또 CEO 특강 및 중국법인 연수를 통해 조직 이해 및 자긍심 함양을 도모한다. 기능직의 경우, 사업장별 자체적으로 신규 입사자 대상 입문 과정을 운영한다.

이러한 프로그램을 통해 신규 입사자들은 조직을 제대로 이해하고, 빠르게 정착할 수 있는 발판을 마련한다.

마음 나누는 기쁨을 아는 기업

LS엠트론은 자발적으로 봉사활동을 하고자 하는 직원들을 위해 안양, 전주, 정읍, 인동에서 각각 인포멀 형태의 봉사단을 조직하여 지원하고 있다. 봉사 내역을 매달 관리하여 연말에는 단체, 개인 부문으로 사회 공헌상을 시상하여 더 많은 직원들이 봉사활동에 참여할 수 있도록 독려한다. 2013년에는 대외적으로도 여러 상을 수상해 LS엠트론 봉사 인포멀의 자발적이고 활발한 봉사활동을 인정받았다.

LS엠트론은 '농촌 사랑 봉사단' 프로그램을 운영한다. 이는 사회 공헌 활동의 틀을 구축한 국내 대표 프로그램으로, 사업장 인근 마을을 방문해 독거 노인들의 주거 환경 개선, 장수 사진 촬영, 이미용 봉사 등의 활동을 한다. 나아가 글로벌 사회 공헌 활동으로 베트남에 반푸초등학교를 건축하고 임직원 봉사단을 파견하기도 했다.

이외에도 다양한 프로그램들이 마련되어 있는데, 그중 첫 번째가 바로 우수리 제도이다. 이는 직원들에게 급여를 지급할 때 100원 단위를 절사하고 동일한 금액만큼 회사에서 기부하여 우수리 재원을 확보하는 것이다. 매년 말에 사회 공헌 운영위원회를 개최하여 우수리 재원의 활용 방안을 논의하고, 사회 공헌 활성화 방안에 대해 논의한다.

또한 완주군 봉동 추동마을과 1사1촌 결연을 맺고 주말 농장 운영, 농산물 직거래 장터, 우수마을 견학 지원 등의 활동을 통해 활발하게 교류하고 있으며, 봉동초등학교와 1사1교를 맺어 장학금과 행사, 견학 등을 지원한다.

   2013년부터는 LS그룹의 'LS Dream Science Class'를 운영하고 있다. 이는 LSpartnership 실천을 위한 사회적 약자층과 미래 세대를 후원하는 사회 공헌 활동 중 하나로, 계열사 인근 지역 아동들을 대상으로 이공계 전공 대학생 멘토가 과학 실습을 통해 쉽고 재미있게 과학 원리를 가르쳐 주는 과학 교육 프로그램이다. 직업 체험 등 다양한 문화 활동과 비전 캠프를 병행해 아이들이 장래 희망을 직접 설계할 수 있도록 도와준다.

GWP를 만들기 위한 자발적인 활동

LS엠트론에서는 '일하기 좋은 기업^{GWP}'의 조직 문화 구축을 위해 조직 내에서 자발적인 활동이 진행된다. 각 사업부에서 조직 문화 관련 TF 활동과 C.A^{Change Agent}가 구성되어 다양한 프로그램을 진행하며 적극적인 조직 문화 변화를 이끌고, 잼터지기(재미있는 일터를 만드는 사람들) 또한 조직이 유기적으로 소통될 수 있도록 힘쓰고 있다.

   이 밖에 정읍 사업장에서는 드림^{Dream} 워크숍을 진행한다. 이는 회사 밖에서 자유롭게 토론하고 긍정 마인드를 키우는 행사로, 개인의 꿈과 회사의 꿈을 펼쳐 나가는 하나의 과정이다.

   '오솔길 공감 동행' 역시 빠질 수 없는 행사이다. 이는 팀별로 한나절 동안 내장산 오솔길을 함께 걸으며 유대감을 높이고 힐링의 시간을 가질 수 있도록 마련한 행사이다. 중간중간 게임을 하며 팀워크를 키우고 팀원들과 평소에는 하지 못했던 대화를 나누며 관계를 증진시키는 소중한 시간이다.

또한 인동 사업장에서는 직원들의 사기를 진작시키고자 자동차 부품사업부 자랑대회를 진행한다. 자신의 성과와 혁신 등에 대한 체험 내용을 자랑하는 것으로, 수상자에게는 사업부장의 얼굴이 프린트된 지폐가 지급되어 재미를 더한다.

전주 사업장에서는 직원들의 건강을 위한 금연 펀드, 명절 때마다 진행하는 귀성 버스 운행과 인절미 나누기 등의 귀성 이벤트로 직원들에게 큰 호응을 받고 있다.

GWP를 만들어 나가기 위해 직원과 소통하고 배려하는 LS엠트론의 강력한 의지는 직원들의 자발적인 활동과 부합하여 강력한 에너지를 쏟고 있다. 직원들의 자발적인 협력과 애사심은 깊어지고, 한가족이라는 소속감은 업무에 대한 강력한 동기 부여가 되고 있다.

코웨이

주요업종 제조 및 판매업
설립연도 1989년 5월 2일
종업원수 약 4,748명

코웨이는 1989년 창립 이후 우리나라를 대표하는 생활 환경 전문 기업으로 성장하면서 생활 환경 가전 시장의 대중화, 전문화, 고급화 트렌드를 주도적으로 이끌어 왔다. 코웨이는 정수기, 공기청정기를 비롯해 비데, 연수기, 음식물처리기 등의 환경 가전 사업을 중심으로 하고 있으며, 2010년 화장품 사업을 시작함으로써 웰빙 라이프를 주도하는 기업으로서 입지를 확고히 하고 있다. 1998년, 업계 최초로 렌탈 비즈니스 개념을 도입하고, 서비스 전문가 '코디[cody: coway lady]'의 양성을 통해 사전 서비스 개념을 제공함으로써 시장 점유율, 고객만족도, 브랜드 인지도 등에서 최고의 위치를 차지하고 있다. 최근에는 매트리스 렌탈 및 관리를 기반으로 다양한 홈케어 사업에 진출하여 성공적으로 안착하고 있다. 코웨이는 국내에서의 성공에 안주하지 않고 탄탄한 기술력과 제품 경쟁력을 바탕으로 해외 진출을 가속화해 미국을 비롯한 중국, 태국, 말레이시아 법인까지 총 4개의 현지 법인과 네덜란드에 물류 기지를 운영하고 있으며, 전 세계 60여 개 국가에 수출하고 있다. 웅진그룹 내에서 가장 튼튼하고 역동적인 일터 환경을 가꾸어 가는 코웨이는 그룹의 위기에도 어려운 환경을 극복해낸 독특한 GWP 기업이다.

임직원이 함께 만든 새로운 경영 정신 '착한 믿음'

2013년 코웨이는 '착한 믿음'이라는 새로운 경영 정신을 확립하였다. '착한 믿음'이란 '내가 하는 일과 우리가 하는 일이 모여 더 나은 세상을 만든다는 믿음을 가지고 한 번도 가 보지 않은 새로운 길을 함께, 즐겁게 달려간다'는 의미를 갖는다. '착한 믿음'의 핵심 가치는 다음과 같다.

- 자율적 의사 결정, 유연한 사고, 열린 사고를 지향하는 '자유로움'
- 업무 중심적 소통, 자율적 소통, 상하간·조직간 소통, 현장과의 소통, 수평적 관계를 강조하는 '소통'
- 진정성과 사랑이 담긴 '책임'
- 조직과 개인의 성장과 건전한 경쟁을 위한 '전문성'
- 기본을 지키는 '존중'

• 새로움에 대한 열정과 혁신, 창의를 추구하는 '도전'

코웨이는 이 핵심 가치를 중심으로 유기체적으로 서로 조합을 이루면서 그 안에서 또 다른 의미를 만들어내고자 노력하고 있다.

코웨이의 새로운 경영 정신과 핵심 가치는 임직원이 스스로 만들어낸 것이다. 두 달여의 기간 동안 임원부터 사원까지 모든 직군을 대상으로 회사의 장점과 미래에 대한 인터뷰를 실시했고, 그 결과를 바탕으로 임직원들이 워크숍을 통해 회사의 미래를 위한 핵심 가치를 도출하고 경영 정신을 만들어냈다. 기업의 미래를 결정 짓는 경영 정신을 임직원들이 직접 참여하여 만들어냈기 때문에 그 의미는 특별하다.

코웨이는 '착한 믿음'과 함께 새로운 도약, 또 다른 도전을 위해 착하고 따뜻한 심장을 품고 힘차게 발을 내딛고 있다.

창의적인 인재의 말에 귀 기울이다, '신기나라 운동본부'

코웨이는 정형화되지 않고 창의적인 젊은 사원들의 생각에 귀 기울이기 위하여 '신기나라 운동본부'를 운영한다. '신기나라 운동본부'는 '일하기 좋은 일터'를 만들기 위해 신입사원들의 말랑말랑한 아이디어를 도출하고 조직 문화로 정착시키기 위한 CEO 직속 본부이다. 조직 생활 경험이 적은 신입사원들의 여과 없는 생각을 통해 편견 없는 다양한 의견을 받아들이고, 진정 임직원이 원하는 조직 문화 프로그램을 만들어 보고자 만들어졌다.

　입사 1~3년인 신입사원 중에서 창의적인 생각을 가진 직원을 본부 단위로 10명씩 선발하여 대리로 승진하기 전까지 '신기나라 운동본부' 활동에 참여시킨다.

　한 해 약 20명의 인원이 활동하는데, 회사의 대부분의 사안은 신기나라 브레인스토밍을 통해 새로운 의견을 도출하여 실시하고 있다. 이들은 매월 2회 모여 '일하기 좋은 일터'를 만들기 위한 참신한 아이디어를 공유한다.

　주목할 만한 점은 여기서 나온 의견들은 전혀 중간 관리자를 거치지 않고 CEO에게 직접 전달된다는 점이다. 중간 관리자의 역할을 배제하는 이유는 신입사원들의 창의적인 생각에 브레이크를 걸지 않고 새로운 생각들을 여과 없이 듣겠다는 혁신적인 의지 때문이다. 경영진과 기존 담당자들이 등잔 밑이 어두운 격으로 미처 생각하지 못한 것들을, 신입사원들이 제안하는 경우가 많다. 이러한 것을 놓치지 않기 위해 '신기나라 운동본부' 멤버들과 분기 단위의 정기 회의를 진행하면서 새로운 아이디어를 받아들이고 곧바로 제도로 시행한다.

　대외적으로 많이 알려진 코웨이만의 조직 문화 프로그램들이 '신기나라 운동본부'의 의견을 통해 만들어졌다. 전사적 연차 활성화를 위한 생일 연차와 연차 달력 등은 지금도 시행되고 있는 제도이며, 이를 통해 전사 연차 사용률이 약 15% 증가하였다. 이외에도 정시 퇴근을 장려하기 위한 패밀리 데이는 3년 넘게 진행되고 있는 코웨이의 대표 조직 문화 활동으로 외부에 여러 차례 소개되어 직원들의 자부심을 높이고 있다.

아이디어를 제안하고 마일리지를 쌓는다, '상상오션'

창의력에 제한을 두지 않고, 다양한 이야기에 귀 기울이는 코웨이의 방침은 '상상오션'에서도 확인할 수 있다. 직원들이 업무 중에 느끼는 개선점이나 아이디어를 바로바로 제안하고 곧바로 피드백을 받을 수 있는 시스템이다.

반복되는 업무 속에 익숙해지다 보면 매너리즘에 빠져 창의적인 아이디어를 내는 데 소홀하거나 무뎌지기 마련이다. 상상오션은 이런 점들을 보완하기 위해 회사 차원에서 격려하고 북돋아 준다. 칭찬은 고래도 춤추게 한다는 말이 있듯 아이디어를 제안하는 사람에게 격려와 칭찬을 아끼지 않고, 이를 통해 직원 또한 안일한 업무에 무뎌지는 자신의 태도를 되돌아보고 새로운 아이디어를 위해 고심하는 긍정적인 태도로 전환하게 된다.

'상상오션'에 좋은 아이디어를 제안한 직원은 심사를 거쳐 시상을 한다. 아이디어 심사자는 각 팀의 팀장을 포함한 코웨이 전 직원이다. 추천을 받은 우수한 제안은 오프라인에서 발표회를 가지며, 이중 상상왕을 뽑는 '으뜸 상상위원회'도 개최하고 있다. 으뜸 상상위원회 심사는 임원뿐 아니라 심사를 원하는 모든 직원을 대상으로 한다. 심사자들은 직접 좋은 제안을 평가하고 상상왕을 추천함으로써 임원과 같은 영향력을 행사한다. 이를 통해 수직적 평가 제도가 아닌 수평적 평가 제도가 실천되고, 직원들로 하여금 본인 업무 영역 외에 타인의 업무에 대한 성과나 제안에 관심을 가지고 들을 수 있는 업무 공유의 장으로서 역할도 하고 있다.

코웨이에서는 상상오션을 실시한 후로 업무 개선점, 회사나 고객을 위한 가벼운 제안까지 편하고 자유로운 분위기에서 의견을 나눌 수 있게 되었다. 작고 사소한 제안일지라도 심사가 이루어지고 긍정적인 피드백과 함께 보상이 주어지니 제안에 대한 두려움이 없어지게 된 것이다.

애써 아이디어를 냈는데 기각되면 그것처럼 힘 빠지는 일도 없다. 상상오션에서는 채택 여부를 평가하기 전에 회사를 위해 제안했다는 사실만으로 충분히 보상할 만한 가치가 있다고 본다. 그래서 채택 여부와 상관없이 기본적으로 제안 1건당 새우 5마리의 마일리지를 부여하고 있다. 이러한 상상오션을 통해 직원들은 단순히 주어지는 업무를 수행하는 역할 이외에도 업무와 회사의 미래에 대해 고민하고 개선점을 찾는 능동적인 자세를 가질 수 있게 되었다.

칭찬과 감사를 생활화한다

코웨이 전 임직원들은 감사하고 칭찬하는 조직 문화를 만들어 나가기 위해 다양한 시스템을 만들었다. 이는 업무에 대한 체계적인 포상뿐 아니라 칭찬과 감사의 문화 자체를 생활화하기 위한 것이다.

칭찬과 감사 문화가 생활화되기 위해서는 생활이나 업무 전반에 걸쳐서 작은 부분이라도 그것을 표현할 수 있는 시스템이 마련되어야 한다.

'하트콘'의 경우 카카오톡의 기프티콘과 비슷하다. 칭찬하고 싶은 대상과 내용을 적고 음료 교환권이나 식사권, 영화 관람권 등을 선택하면 사내 시스템을 통해 기프티콘의 형태로 발송된다. 모든 본부장과 팀장에게는 매월 하트콘 금액이 충전되며 직원들 간에도 사용할 수 있다. 소수의 업무 성과를 인정하고 보상하는 제도들과는 달리 칭찬과 감사의 표현을 생활화하고 조직 문화로 정착시키기 위한 활동이다. 전사적으로 매월 약 500명의 인원이 하트콘을 통해 칭찬 받거나 감사의 표시를 하고 있다.

연구원들의 사기를 북돋워 주고 격려하기 위한 다양한 시스템도 구축되어 있다. Run Away 프로젝트는 매년 100개 이상의 개발 프로젝트에 참여하는 연구원들의 업적과 성과를 칭찬하기 위하여 만들어졌다. 프로젝트가 종료되는 시점에 전 구성원이 1박 2일 여행을 통해 다양한 활동을 즐기고, 진솔하게 이야기를 나눌 수 있는 시간을 가진다. 매년 다양한 프로젝트에 참여하는 연구원들의 쌓인 스트레스를 풀고, 업무 성과를 인정하기 위한 프로그램이다.

임직원의 역량을 개발하는 STEP 과정

STEP^{Self Teaching Education Plan}이란, 코웨이 임직원들의 역량을 개발하기

위해 연 단위로 시행되는 모든 학습 활동을 말한다. 코웨이 전 임직원의 직무 역량과 리더십 역량을 함양하여 개인과 조직의 발전을 달성하고자 하는 코웨이만의 교육 제도이다.

교육 과정은 경영 전략과 연계된 필수 교육 과정과 자기계발을 위한 자기 주도 학습 과정으로 구성된다. STEP 규정은 매년 초 전사적으로 공지되어 대상자별 필수 교육을 안내한다. 임직원의 역량 개발을 위한 교육 과정과 성장 가이드라인 또한 제시한다. 개인별 연간 교육 실적은 매년 하반기에 집계되어 공지되며, 다음 연도의 인사 평가에 반영된다. 필수 과정을 제외한 선택 과정에 대한 개인별 교육 이력을 종합하여 우수자에게는 교육 가점을 부여함으로써 임직원의 역량 개발을 독려하고 있다.

업무 이외의 학습 활동에서 가장 큰 문제가 되는 것은 시공간이 자유롭지 못하다는 것이다. 코웨이는 이 점을 고려하여 장소와 시간, 과정에 구애받지 않고 임직원이 원하는 교육을 받을 수 있도록 하기 위한 효율적 교육 인프라 구축을 목표로 한다.

또한 전사 직무 역량 개발을 위한 코웨이 학습 조직 활동을 통해 임직원들은 해당 직무와 연계된 자격 시험에 응시하여 직무 역량을 향상시키고 있다. 이는 교육 만족도를 통한 성과 측정보다 더욱 실질적으로 직무 역량 향상도를 판단할 수 있는 부분이다.

2012년 첫 시행 이후 40여 개의 CoP^{Community of Practice}가 활동하였으며, 직원들은 이를 통해 다양한 직무 전문 자격증을 취득하였다.

코웨이의 사회적 책임, '한뼘 사랑'

코웨이는 임직원 모두가 사회 공헌 활동에 적극적으로 참여하여 유구천 가꾸기를 비롯한 도움의 손길이 필요한 곳에 봉사활동을 해 왔다. 특히 물과 관련된 기업의 특성을 살려 캄보디아 우물 파기 활동을 진행해 왔으며, 2014년 888공의 우물을 완성했다.

2014년부터 코웨이는 '착한 믿음'이라는 새로운 경영 정신을 확립하면서 '한뼘 사랑'이라는 이름으로 사회 공헌 활동을 펼쳐 가고 있다. 한뼘 사랑은 코디들이 담당 지역의 소외된 아이들과 결연을 맺어 돌봐 주는 사회 공헌 활동에서 시작되었다. '한 뼘 가까이에 있는 이들에게 한 뼘 더 가까이 다가가 세상을 한 뼘 더 밝게 만들겠다'는 취지로 시행되는 한뼘 사랑 활동은 일회성 방문이 아니라 지역 소외 아동과의 결연을 맺음으로써 지속적인 관심을 가지고 함께 하고자 한다.

한뼘 사랑은 코웨이 전체로 확대되어 각 본부 단위로 각 봉사처와 결연을 맺어 지속적으로 관심을 갖고 매주 활동을 하고 있다. 착한 믿음을 품은 코웨이는 앞으로도 사회적 책임에 진심과 진정성을 담기 위해 노력할 전망이다.

임직원을 위한 감성 특강, '착한 교육'

업무 역량 강화만큼 임직원의 올바른 인성을 가꾸어 가는 것 또한 중요하다. 코웨이는 임직원의 인성 발달에 도움을 주고, 이를 통해 행복한 조직 문화를 가진 일터를 만들기 위한 활동을 지속적으로 추진하고 있다. 그중 '착한 교육'은 매월 임직원이 만나고 싶은 명사를 초청하여 강의를 듣는 프로그램이다. 단순히 횟수와 자리만 마련하기 위한 형식적인 교육이 아니라 회사의 적극적인 협조에 따라 각계각층에서 막강한 영향을 미치는 유명 인사들로 구성되어 있다. 혜민 스님, 데니스 홍 등 현재까지 30회 진행되었으며, 직원들이 궁금한 사항을 직접 질문하고 답변하는 시간과 사인회 등을 통해 임직원의 감성을 관리한다. 착한 교육은 매월 2회 실시되고, 직접 참가하지 못하는 직원들을 위하여 생중계를 통해 전국 영업소에 방송된다. 직원들의 적극적인 참여를 권장하기 위하여 코웨이 임직원은 필수적으로 연간 3회의 '착한 교육'을 수강하도록 하고 있다.

코웨이가 추구하는 '감성 디자이너'는 단번의 노력으로 구축되는 것이 아니라 개인과 회사 차원의 노력으로 차곡차곡 쌓이는 것이다. 이 노력의 연장선에 코웨이의 '착한 교육'이 있다.

콘티넨탈 오토모티브 시스템

주요업종 자동차 전자 부품 개발, 제조, 판매
설립연도 1987년
종업원수 약 1,020명

콘티넨탈 오토모티브 시스템(이하, '콘티넨탈')은 아시아 지역 엔지니어링 허브로서 첨단 기술력을 바탕으로 자동차 관련 전자 제어 장치를 개발, 제조, 공급하여 국내 및 해외 자동차 산업 발전에 이바지하고 있다. 최첨단 선진 기술력과 350여 명의 유능한 엔지니어, 첨단 제조 공장을 보유하고 있는 콘티넨탈은 환경과 인간 중심의 사고를 바탕으로 보다 고객 지향적인 시스템을 추구하며, 고객의 입장에서 무결점, 최고의 제품을 제공하기 위해 전 직원이 노력하고 있다.

핵심 가치와 목표 의식 공유를 통해 이루어낸 성과

콘티넨탈은 전 직원을 대상으로 VBL^{Value Based Leadership}과 Our

Basics 교육을 실시한다. 이 교육을 통해 직원들은 서로의 개성을 인정하고 기업의 핵심 가치를 이해하여 공통의 목표로 나아가고자 다짐하고, 자신들이 만드는 제품이 고객의 생명과 절대적인 관련이 있다는 생각을 바탕으로 '제품의 무결점'을 이루기 위해 힘쓰고 있다. 이러한 노력은 주요 고객사인 현대자동차로부터 '올해의 Supplier' 대상을 수상하고, 품질 5스타 및 기술 5스타 인증을 획득함으로 확인되고 있다.

콘티넨탈은 2005년 '한국 최고의 자동차 전자 회사로의 도약'을 다짐하는 비전 선포식을 가진 이후 10여 년 동안 10배 이상의 매출 성장을 이루었다. 자동차 전자 부품 산업의 핵심인 전장(인테리어), 섀시 안전 및 구동 분야에서 한국 자동차 산업이 국가 경제의 중심 산업으로 성장하는 데 근간이 될 수 있었던 첨단 부품을 도입하고 국산화하는 데 일익을 담당하였다. 그리하여 2011년에 포춘 코리아의 '초고속 성장 기업'으로 선정되었고, 한국무역협회로부터 '5억불 수출의 탑'을 수상했다. 내부적으로도 무결점 제품을 효율적으로 생산할 수 있는 역량을 인정받아 콘티넨탈그룹에서 '최고 린Lean 사업장'으로 선정되었고, '최고 성과 사업장' 상도 6년 연속 수상했다.

콘티넨탈의 선우 현 사장은 매년 임직원들과 산에 오른다. 내설악 공룡 능선과 같은 어려운 코스를 정복하기 위하여 주말마다 미리 훈련을 한다. 많은 CEO들이 새해에 산 정상에서 임직원들과 함께 시무식을 하기도 한다. 그러나 콘티넨탈은 정상 정복이라는 목표 아래 매주 구성원들과 함께 훈련을 실시한다는 점에서 차이가 있다. 또한 선우 현 대표의 경영 철학이 단순한 산의 정상 정복이라는 것을 넘어 이 활동을 업무와 연계시킴으로써 구성원들이 생활 속에서 도전을 거듭할 수 있도록 내면 의식을 변화시켜 왔다. 전 임직원이 고객에게 최고의 기술을 제공하고, 전 세계 콘티넨탈 중에서 최고의 공장이라는 높은 긍지를 가지게 된 것은 CEO의 '연습의 힘'이라는 경영 철학이 가장 큰 기여를 하였다.

신뢰와 소통의 경영이 GWP를 만든다

콘티넨탈의 CEO를 만나면, 소탈하면서도 당당함과 자신을 낮추는 겸손함에 옷깃을 여미게 된다. 그의 서번트 리더십은 말이 아니라 생활 속에 배어 있다. 그는 자신이 먼저 '섬기는 CEO'의 자세로 기업과 임직원이 하나가 되는 데 앞장선다. 이를 위해 신뢰와 소통, 명확한 비전과 목표 의식 공유, 자율과 책임, 하이브리드 개념의 기업 문화, 그리고 꿈꾸는 인생을 경영 원칙으로 생활 속에서 실천하고 있다. 또한 전 직원이 '재미있게 일하는 일터'를 만드는 것이 회사의 성장과 연결된다는 생각으로, 임직원과 명확한 비전과 목표를 공유하여 신뢰와 소통을 구축함으로써 회사에 대한 자부심 넘치고 재미있는 일터를 만드는 데 온 힘을 기울이고 있다.

임직원의 긍지를 한자리에 끌어내고자 전 임직원이 모여 사장과 소통하는 '올 핸즈 미팅All Hands Meeting', 젊은 인재들의 이야기에 귀 기울이기 위한 'Young Strategy Meeting', CEO 홈페이지, 사장님과의 대화, 임직원 가족들이 함께하는 창립 기념 파티, 전 직원에게 직접 보내는 축하 메시지가 실린 생일 카드

CEO의 생일 축하 카드

등은 CEO의 소통 노력을 보여주는 대표적인 예이다. 또한 직원이 선호도에 따라 유연하게 설계할 수 있는 '선택적 복리후생 제도' 등을 통해 직원의 의사를 충분히 반영할 수 있도록 노력하고 있다.

CEO가 앞장서서 직원들의 목소리에 귀 기울인다는 것은 조직 문화가 수평적인 분위기에 가깝다는 의미이다. CEO는 자유로운 분위기 속에서 업무에 충실할 수 있는 조직의 분위기를 만들기 위해서 회사 내 문화생활 때 깜짝 퍼포먼스에 참여하기도 한다. 또한 전 직원이 심사하는 '포토 콘테스트'와 전 세계 현지 법인들이 대항하는 'ContiTeamCup 축구 대회' 등을 통해 팀워크를 향상시키면서 재미를 더하고 있다.

ContiTeamCup 2014 아시아 챔피언십

콘티넨탈에는 노조는 없지만 노사 대표로 구성된 '회사 발전 협의회'를 통해 직원의 처우 개선 등을 논의하고, 급여 수준을 경쟁력 있게 유지하고 있다. 구성원들은 조직과 개인의 유대감이 남달라 굳이 노조를 만들지 않아도 자신들의 의견이 충분히 회사에 반영된다고 말한다. 회사는 '대한민국 일하기 좋은 100대 기업'에서 전달받은 TI 보고서를 토대로 직원 만족도를 분석하고, '일하기 좋은 일터 환경'을 만들기 위하여 연간 계획에 반영한다. 구성원 신뢰도 조사를 실시하면서 원칙을 준수하고 직원의 피드백을 지속적으로 개선 활동에 반영한 결과, 2013년까지 12년 연속 '대한민국 일하기 좋은 100대 기업'으로 선정되는 탁월한 업무 환경을 갖추었다.

직원들은 회사가 이룩한 성과에 대해 적절한 보상이 이루어질 것이라는 믿음을 가지고 있고, CEO는 그들의 믿음이 헛되지 않도록 투명하게 실행하고 있다. 그 결과 창립 이래 27년 동안 단 한 건의 노사 갈등도 없이 전 직원이 자신의 직무에 최선을 다하고 있다. 이러한 경영진에 대한 구성원들의 강한 믿음이 콘티넨탈이 승승장구하는 데 가장 중요한 원동력이 되었다고 임직원들은 한결같이 말한다.

GWP를 만들기 위한 특별한 활동이나 슬로건을 따로 두고 있지 않은데도 12년 연속 '대한민국 일하기 좋은 100대 기업'에 선정된 데는 이러한 CEO의 신뢰 경영이 바탕에 자리 잡고 있기 때문이다. 조직 내 신뢰가 형성되었을 때 임직원이 업무에 임하는 마음가짐과 질이 다르기 때문에 CEO는 첫째도 신뢰, 둘째도 신뢰를 강조한다.

단단한 결속력을 위한 소통의 장

콘티넨탈은 경영진과 구성원의 열린 소통을 통해 발전을 모색하는 기업이다. 격월로 진행하는 회사 발전 협의회를 통해 직원들의 의견을 수렴하여 해결하고, CEO와의 대화를 진행하여 직원들이 자유롭게 건의하도록 한다. 실현 가능하고 타당한 건의 사항은 바로 해결 방안을 모색하고, 이 내용을 게시판에 공유한다.

젊은 직원들과 경영진이 회사 전략에 대해 자유롭게 토의할 수 있는 Young Strategy Meeting도 마련되어 있다. 이 자리는 직원들과 경영진의 일반적인 대화를 넘어 전략적 접근의 회의 방식으로 진행되어 새로운 아이디어와 수준 높은 해결안이 많이 도출되고 있다.

콘티넨탈은 회사의 문제점을 정확하게 진단하고 구체적인 계획을 수립하여 문제를 해결하기 위해서 3년에 한 번씩 설문 조사를 진행한다. Basics Live는 전문 기관에 의뢰하여 회사 생활 전반에 대한 설문 조사를 실시하고, 그 결과를 팀원들과 공유하여 개선안을 도출하고 실행한다. Big Six Radar는 부서장에 대한 다면 설문 평가를 실시하고 결과를 인사에 반영한다.

또한 업무 개선 및 업무 환경 개선을 위한 제안 개선 활동으로 CIM(Continental Idea Management)을 비롯하여 각 부서별 6시그마 활동의 유종의 미를 거두는 '전사 6시그마 경진대회'를 통해서도 시너지 효과를 얻고 있다. CIM의 우수 제안은 월별 뉴스레터와 전사 게시판에 공지한다. 우수 제안자에게는 포상과 다양한 혜택을 제공한다.

이 밖에 사내 게시판, Employee Dialogue, Whistle Blowing

을 통해서도 직원들이 다양한 목소리를 낼 수 있도록 유도하고 있다. 사내 게시판은 무기명으로 운영하며, 전 직원이 언제나 접속할 수 있다. 건의 사항에 대해서는 담당자가 신속하고 정확하게 피드백을 한다. Employee Dialogue는 연 2회 실시하며 상사와 솔직한 대화를 통해 근무 평가 및 단기 계획 수립을 할 수 있다. Whistle Blowing 역시 무기명으로 운영하는데 경영진에 직접 전달되기 때문에 답변을 바로 받을 수 있다.

콘티넨탈의 다양한 소통 창구는 임직원 간의 갈등을 조정하고 결속력을 강화하며, 진솔한 대화를 통해 구성원들은 더욱 유기적인 관계를 유지해 간다.

직무 발명을 독려하는 보상 프로그램

콘티넨탈 글로벌 또한 성과에 대해 공정한 보상을 하고 있다. 독일 본사에서는 각국 현지 법인별로 성과를 측정하여 전 직원에게 보너스를 지급하는 등 직원의 사기를 북돋아 주고, 기업에 대한 믿음 향상에 기여하고 있다.

주목할 만한 것은 직무 발명 부분에 보상을 해 주는 프로그램이 마련되어 있다는 것이다. 발명 제안만 해도 소정의 포상금을 지급하며, 특허 출원을 할 경우 지원금을 아끼지 않는다. 이러한 프로그램을 통해 전 직원이 신기술 아이디어 개발에 고심하고, 목표 달성을 위해 노력하는 회사 풍토가 자리 잡았다. 활발한 직무 발명은 신기술 개발 및 독자적 기술 확보에 밑거름이 되고 있다. 현재 출원 1,000여 건, 등록 300여 건 정도의 특허를 보유 중이다.

열린 조직 문화 선도, '근무복이 있지만, 입는 것은 자유'

콘티넨탈에는 많은 기업에서 당연한 듯이 이루어지는 형식적인 관례를 배척하기 위해 실행하고 있는 것들이 있다.

가장 대표적인 것이 정시에 퇴근하는 조직 문화이다. 많은 기업이 야근 문화를 조성하는 상사 때문에 비효율적인 업무 진행과 불필요한 야근을 하며 시간을 낭비하곤 한다. 하지만 콘티넨탈에서는 특별한 일이 없는 한, 본인의 업무가 끝나면 눈치를 보지 않고 자유롭게 퇴근하는 분위기가 조성되어 있다. 상사가 퇴근할 때까지 기다리는 직원은 찾아볼 수 없으며 상사 또한 가급적 정시에 퇴근한다. 이를 통해 가족과 함께하는 시간과 개인 여가 시간이 많아져 업무와 적절한 균형이 유지되고 있다. 시간의 압박에서 벗어나면 마음과 몸이 여유로워지는 법이다. 직원들은 더욱 유연한 사고를 통해 회사 발전에 긍정적인 역할을 하고 있다.

근무복을 지급하지만 반드시 입어야 한다는 규정은 없다. 각자 편안한 복장으로 근무하는 환경으로 업무 효율성을 높이고 있다. 또한 주 5일 근무제가 일반화되기 전에 선진 제도를 도입하여 조기에 실시하는 등 차별화되고 자유로운 기업 문화를 계승 발전시켜 직무 효율성을 극대화하고, 개인이 업무에 책임감을 가지고 충실히 하는

'프로페셔널리즘 문화'로 발전시키고 있다.

개인의 자율성이 보장될수록 구성원들은 더 많은 책임감을 느끼게 된다. 그렇다고 자율에 따른 심리적 부담감이 크게 작용하는 것은 아니다. 이미 콘티넨탈의 문화로 자리잡은 자율적 업무 분위기는 정교한 제품을 생산하는 제조업체에서는 쉽게 보기 힘든 수평적 문화를 뿌리내리고 있다.

완벽한 콘티넨탈인으로 거듭나는 그날까지 …

콘티넨탈은 직무별 포지션에 대한 연 단위 분석을 토대로 그에 맞는 역량을 정확하게 파악하여 인재를 채용하는 특징이 있다. 인재 채용 시에는 상세한 직무 프로파일을 공지하고 정확한 인터뷰 가이드라인을 세워 제시한다. 이를 통하여 지원자들은 회사가 원하는 인재의 역량과 조직 문화를 확인할 수 있다.

콘티넨탈에서 추구하는 4Values(Trust, Passion to Win, Freedom to Act, For One Another) 즉 4대 핵심 가치를 면접에 활용하여 회사가 추구하는 가치, 문화에 부합하는 인재를 발굴한다. 이 과정에서 지원자의 성향과 업무 적합성을 잘 파악할 수 있어서 입사 후 적절한 업무 배치가 이루어지고, 타사 대비 이직률을 낮추고 있다.

신입사원들을 위해서는 완벽하고 빠른 시간에 적응할 수 있도록 다양한 프로그램을 진행한다. 입사 확정된 사람이 회사에 친밀감을 갖도록 출근 전에 미리 이메일로 회사 소개 자료를 배포한다. 이는 글로벌 회사에 대한 전반적인 정보를 이해하고 콘티넨탈인으로서 자긍심을 심어 주고, 출근 후에 빠르게 적응해 나가는 기반이 된다. 또한 사회생활에 첫발을 내딛는 예비 콘티넨탈인에게 학교 졸업식에 꽃다발과 카드를 보내 축하하고 회사에 대한 소속감을 높인다.

출근 첫날에는 회사 유니폼을 비롯하여 회사 로고가 새겨진 각종 문구류 등을 지급하여 진정한 콘티넨탈인이 된 것을 환영해 준다. 그리고 전 부서를 순회하며 모든 직원과 인사를 나누며 축하를 받고, 인사팀에서 진행하는 'Warm Welcome Process'에 참여한다. 이는 긴장감을 해소시켜 주는 동시에 외국계 기업으로서 갖추고 있는 조직 문화를 익히고 기본 업무, 복지 및 급여 제도 등에 대한 설명을 들으며 조직에 대한 이해를 돕는 자리이다.

입사 후 6개월 동안은 선배 사원과 신입사원 간의 멘토링을 실시한다. 이를 통해 신입사원의 조직 적응을 돕고, 회사 생활에 대한 궁금한 사항을 빠르게 해결하도록 지원한다.

이외에도 신입사원 교육 CEC$^{\text{Continental Entry Conference}}$와 입사 후 1년 이내 입사자 추가 교육 CEP$^{\text{Corporate Entry Program}}$도 마련되어 있다. 이는 회사의 역사와 문화, 철학을 이해하고, 함께 입사한 사원들 간의 팀워크 향상을 위한 교육이다.

콘티넨탈은 조직 문화 전파를 매우 중요하게 생각해서 입사자 교육에 큰 의미를 부여한다. 이를 통해 직원들은 글로벌 회사의 문화에 자긍심을 갖고, 완벽한 콘티넨탈인으로 거듭날 수 있다.

나누는 즐거움, 함께하는 기쁨

콘티넨탈은 강력한 동기를 유발하기 위해 다양한 방법으로 일한 만큼의 공정한 보상을 해 주기 위해 노력한다.

직원들이 서로 취미를 공유하고 친목을 도모하는 낚시, 축구, 골프, 산악회, 야구, 테니스, 배드민턴 등의 동호회 활동을 적극적으로 지원하고 있으며, 연 2회 피크닉을 진행한다. 이들 활동을 통해 임직원 간의 공동체 의식을 강화하고 역동적인 환경이 조성된다.

또한 콘서트, 공연 등 문화 행사를 적극 후원해 직원들이 가족과 함께 문화생활을 즐기고 휴식할 수 있는 기회도 마련하고 있다.

콘티넨탈은 '기업 시민 의식Corporate Citizenship'이라는 경영 철학을 바탕으로 수재민 및 이재민 돕기, 불우 이웃 돕기에 참여하여 성금을 전달했고, 해외 아동들을 후원하기 위해 월드비전, 기아 대책, 유니세프 등에 지원하고 있다.

지역 사회 기여의 일환으로 가정 형편이 어려운 초·중·고 아이들을 위해 급식비를 지원하고 있으며, 정기적으로 장애인 시설을 방문하여 바비큐 파티와 문화 행사 등을 진행하고, 소년 소녀 가장을 위한 기부금 전달도 꾸준히 실천하고 있다. 또한 지역 고등학교 학생들에게 취업을 연계한 회사 소개 및 라인 투어를 실시하며 저소득층 가정의 학생들이 건강하게 성장할 수 있도록 돕고 있다. 이런 활동은 구성원들의 자발적 참여로 이루어지고 있으며 구성원들은 지역 사회 봉사를 통해 자부심을 키워 가고 있다.

한국 자동차 산업의 발전을 위해서도 산학 협력에 적극 힘쓰고 있으며, 인재 확보를 위한 대학생 장학금 제도 및 자동차 관련 학회나 단체에서 주관하는 행사에서 강연, 기금 지원 등도 적극 참여하고 있다. 협력업체에 대한 지원과 상생도 중요 정책이며, 기술과 품질이 세계적인 업체는 글로벌 구매 대상으로 추천하여 글로벌 기업으로 성장할 수 있는 기회를 제공한다.

이는 기업의 사회적 책임을 다하고 지역 사회 발전에 이바지하기 위한 것이며, 직원들은 봉사활동을 통해 개인적인 성취감을 얻을 수 있다. 이렇듯 콘티넨탈은 봉사활동과 사회 공헌 활동을 통해 사회에 이바지하는 바람직한 조직 문화를 선도하고 있다.

이러한 만족도 높은 기업 문화와 더불어 다양한 보상 프로그램을 통해 콘티넨탈의 퇴직률은 매우 낮게 유지되고 있으며 직원들은 동종 업계 최고의 대우를 받고 있다는 자부심을 갖고 회사에 대한 강력한 믿음을 보이고 있다. 이는 기업 이미지 제고에도 크게 기여하고 있다.

회사 잔디밭에서 임직원과 가족이 함께하는 창립 기념 행사

한국남부발전

주요업종 발전 전기업
설립연도 2001년 4월 2일
종업원수 약 1,947명

한국남부발전은 전력산업 구조개혁 촉진에 관한 법률에 의거 2001년 한국전력공사(이하, '한전')에서 분할하여 설립되었다. 발전 사업을 주력으로 전력 자원의 개발 및 이와 관련된 부대 사업을 수행하고 있다. 한전에서 전액 출자한 자회사로 운영되고 있으며, 생산한 전기는 전력 거래소를 통하여 한전에 판매한다. 4,000MW 용량의 기저부하인 하동화력본부를 비롯하여 인천, 부산, 영월, 울산, 제주 지역에 국내 설비 용량의 11.2%에 해당하는 발전 설비 용량을 보유, 국내 전력 공급량의 13%를 담당하고 있다. 현재 삼척화력발전소와 안동복합발전소를 건설 중이다.

한국남부발전은 국내를 넘어 세계를 대표하는 에너지 기업으로 도약하기 위해 지속 가능 성장의 기반을 확립해 나가고 있다. 전력 공기업으로서 기본 책무인 안정적인 전력 공급은 물론, 세계 초일류 발전 기술 확보, 해외 사업 다각화, 녹색 성장 사업의 집중 투자, 연료 자원 개발 등으로 국제 경쟁력을 더욱 강화하고 있다. 나아가 끊임없는 열정과 도전 정신으로 세계 에너지 산업을 선도하는 'Global Top 10 Company'를 향해 최선을 다하고 있다.

원수급자와 하도급자 사이의 보호 협약 체결

한국남부발전의 신규 발전소 건립에 따라 대기업과의 계약을 체결하면서 대기업(원수급자)과 하청업체 사이의 하도급 거래가 2012년 총 59건이 발생하는 등 빠른 폭으로 증가하였다. 이러한 거래 증가에 따라 원수급자 물가변동 증액 금액이 하도급자에 미지급되는 사례가 발생하고, 대금 지급 지연 및 어음결재 등 불공정한 관행 사례가 나타나기 시작했다. 이에 하도급 업체로부터 도움 요청이 쇄도하였다. 한국남부발전은 전사에 걸쳐 하도급 실태 조사에 착수하여 선급금 지급 지연 등 총 불공정 관행을 발견하였다. 이에 한국남부발전은 즉각 원수급자에 시정 조치를 내리고 이행 사항을 점검했다.

한국남부발전은 이러한 불공정 관행을 막기 위해서 증가한 거래 규모에 적합한 건설 사업장의 제도 개선이 시급함을 깨닫고, 단순히 실태 조사에 그치는 것이 아니라, 하도급사의 의견을 반영한 건설 사업장 제도 개선을 시행하였다. 우선 불공정거래 방지용 표준계약서를 사용하여 하도급자와 계약한 원수급자에 입찰 가점을 부여하였고, 계약대금 지급 시 노무비를 구분 관리하여 하도급사 급여의 체불 및 자의적 삭감을 방지하였다. 또한 불공정 하도급 계약을 강요할 경우 향후 2년간 한국남부발전 발주 입찰에서 감점 처리를 하는 규정을 신설하였다.

이뿐만이 아니라 하도급사에 적기에 적법적으로 대금을 지급하는지 확인하는 실시간 모니터링 시스템을 운영하여 원도급사가 한국남부발전에 대금 지급을 요청할 때 하도급사의 대금 수령 확인서를 첨부하도록 제도화했다.

이러한 공정거래 활동은 조직 내에 주도적 업무 수행의 귀감이 되었고, 해당 직원에 대해서는 홈페이지에 사례를 게시하고 모범 직원상을 수여하여 직원들에게 동기 부여를 하였다.

공유를 통해 신뢰를 얻는다, 정보 공시 시스템

한국남부발전은 조직 내 정보를 공유하여 구성원 간에 협력 수준을 향상시키고, 양질의 커뮤니케이션을 통한 신뢰 높은 조직 문화를 구축하기 위하여 회사 정보를 공개하는 '정보 공시 시스템'을 운영하고 있다.

사내 홈페이지에 회사와 사업소의 최신 뉴스를 게시하는 것은 물론이고, 직원들은 홈페이지를 통하여 회사의 일반 현황, 조직 및 인사, 예산·재무 현황, 이사회·감사위원회 결과 및 대내외 평가 결과까지 자유롭게 열람할 수 있다.

　직원 간의 정보 교환뿐 아니라 경영진 주재로 전사 경영 현안에 대한 설명회를 개최하기도 한다. 경영진이 직접 전 사업소를 순회하면서 당면한 현안 사항에 대한 설명과 질의응답 시간을 갖는다. 설명회는 현안을 보고하는 형식적인 절차에 그치지 않고 각 사업장의 현안에 대하여 경영진과 심도 있는 대화를 나눌 수 있는 자리가 마련된다.

　이러한 투명한 정보 공유를 시도하는 이유는 조직의 공동체 의식을 강화시키고 신뢰를 구축하기 위해서이다. 한국남부발전은 회사의 장점과 단점, 전반적인 개선 사항 등을 임직원과 함께 나눔으로써, 궁극적으로는 직원들 간에 공동체 의식이 형성되고 회사의 발전으로 이어진다.

　업무 관련 정보만 공유하는 것은 아니다. 특정 사원의 자격증 취득부터 대외 수상 등의 소식 등 개인적인 정보 사항을 전달하기도 한다. 전 직원이 동시 열람 가능하고 댓글도 입력할 수 있기 때문에 구성원 간에 축하, 격려 메시지 등을 전달할 수 있다.

　이러한 정보를 공유하는 것은 단순히 축하와 격려를 나누기 위한 것만은 아니다. 이러한 공유 시스템을 통해 개별적이든 조직적이든 긍정적인 사안은 전사적으로 시너지 효과를 낼 수 있고, 부정적인 뉴스는 내부 경각심을 유도하여 조직의 발전을 꾀한다는 점에서 의미가 있다.

신뢰 문화를 구축하는 커뮤니케이션 프로그램

한국남부발전은 경영진과 구성원 간의 양질의 커뮤니케이션을 통하여 신뢰 문화를 구축하기 위해 다양한 프로그램을 운영하고 있다.

사내 홈페이지에서 운영되는 '만남의 광장'은 직원들의 의견을 경영에 반영하기 위한 CEO와의 온라인 양방향 소통 시스템이다. 접수된 의견은 경중에 관계없이 모든 사항에 대해 CEO가 직접 답변을 해 주며, CEO와 접수 직원에게만 오픈하여 철저한 보안을 유지하고 있다.

온라인을 통해서만 CEO와 소통할 수 있는 것은 아니다. 매주 금요일 CEO 주재로 'GWP 금요 포럼'을 시행하여 전 경영진이 참석한 가운데 직원 자유 주제 방식의 발의를 진행한다. 일본 원자력 사태에 따른 방사능의 폐해부터 남전 KOSPO-Pop까지 다양한 정보를 공유하고 즉석 토론을 진행한다.

또한 GWP 혁신 리더를 중심으로 주니어보드(청년이사)를 임명하여 경영진이 참석하는 주요 회의 및 업무 보고에 함께 입회시켜 불합리한 관행 등에 개선을 요구할 수 있는 기회를 준다. 주니어보드는 자녀의 개학 일정을 고려하여 정기 인사이동이 1사분기 이내에 시행되도록 규정 개정을 요구하는 등 활발한 활동을 펼친다.

경영진과 노동조합, 직원이 참석한 가운데 현안에 대해 토론을 펼치는 '경영진 100분 토론회'도 개최한다. 주로 근무 환경 개선 방향에 대한 논의가 이루어지며 회사 정책에 대한 질타까지 가감 없는 현장의 목소리를 전달한다.

이러한 임직원 간의 양방향 커뮤니케이션을 통해서 심리적 거리감은 줄이고 상호 신뢰는 탄탄한 기반을 다지고 있다. 직원들의 의견이 회사 정책에 반영됨에 따라 업무에 대한 동기 부여와 회사에 대한 충성도는 더욱 향상되고 있다.

'직원 역량 개발'은 지속 성장을 위한 잠재력이다

한국남부발전은 '직원의 역량 강화'가 조직의 목표 달성에 활용되는 보이지 않는 자산으로 보고, 회사의 지속가능 성장을 위한 4대 역량(공통, 리더십, 직무, 글로벌 역량) 강화에 주력하고 있다. '사람이 희망이다'라는 CEO의 인재 육성 철학을 반영한 중장기적 관점의 인재 양성 체계와 직원 역량 개발이 곧 회사의 지속 성장을 위한 잠재력이라고 인식한 것이다.

한국남부발전은 직원들의 교육 접근성과 편의성을 제고한 e-HRD 시스템(Design-Me)을 구축하여 교육의 One-Stop 서비스를 제공하고, 이를 통해 역량 기반 교육 신청 및 평가, 다면 역량 진단, 경력 개발 등 직원 역량을 높일 수 있는 교육 인프라를 다지고 있다.

먼저, 개별적 역량에 따른 다면 역량 진단을 통해 계층별 역량 개발 교육을 시행하고 있다. 전 직원을 대상으로 직급별 90~360도 다면 역량 진단을 시행하여, 직급별 우선 개발 역량과 개인별 필요 역량 발굴을 통한 맞춤형 교육을 시행한다. 또한 고졸 채용자 및 저

성과자를 위한 맞춤 교육으로 조직 역량 강화를 꾀한다. 고졸 채용자의 경우 산학 협력을 통한 사내 대학을 개설하여 학위 취득을 지원한다. 성과가 낮은 직원의 경우 전문기관의 심층 진단을 통한 유형별 맞춤 교육을 시행하고 있다.

두 번째로 자기주도형 경력 개발 시스템 'Design-Me'를 운영한다. 52개 직무를 17개 전문가 유형으로 분류하여, 본인의 직무 전문 수준을 e-HRD 시스템을 통해 상시 자가 측정할 수 있다. 또 전문 역량 취득에 필요한 경력·학력·교육·자격증 등을 데이터베이스로 구축하여 개인에게 제공함으로써 자체적으로 경력 개발 계획을 수립하도록 지원한다. 이러한 사내 경력 개발 분위기를 조성하기 위하여 직급별 필수 학점 이수제를 운영하고 부서원의 교육 이수율을 부서장 KPI인사평가에 반영함으로써 부서원 육성 노력도를 평가한다.

세 번째로 역량 개발 프로그램의 내실성과 효과를 높이기 위해 공공기관 최초로 리더십 역량 평가를 전 간부 직원으로 전면 확대 시행한다. 또한 개인별 역량 평가 결과를 승진, 보직 등에 연계하여 인사 운영에 적극 활용함으로써 연공서열식 조직 문화를 탈피하여 청렴도 1등 공기업으로서 공정하고 투명한 인사제도 정착에 선도적인 역할을 수행하고 있다.

한국남부발전은 체계적인 역량 강화 프로그램을 통해 발전 산업 특성에 맞춘 역량 기반 인재 육성을 하여 직원 개인에 대한 상시적이고 자발적인 역량 개발의 기회를 다양하게 제공하고 있으며, 전문가가 되기 위한 직원들의 성장 욕구를 충족시킬 수 있도록 자기주도형 학습 문화 조성에 지원을 아끼지 않고 있다. 이러한 노력에 기인하여 2012년도 정부 경영평가 111개 기관 중 1위 달성, 국권위 627개 공기업 대상 청렴도 조사 결과 1위 달성, 일하기 좋은 기업 GWP 3년 연속 대상 수상 및 노사 문화 대상을 수상하는 등 우수 공기업으로서 지속적인 성과를 달성하고 있다.

나눔에 나눔, 기부에 기부를 더하다

한국남부발전은 사회 공헌을 통한 대외 인지도 향상으로 회사에 대한 자부심을 함양하고, 공기업으로서 주도적인 사회적 의무 수행의 필요성을 인식하여 다양한 봉사 및 기부 활동을 하고 있다.

먼저 이웃·환경·문화·농촌 사랑 운동 'Love 4'를 전개해 나가고 있다. 그 활동으로 '사랑의 연탄 나눔', 사회 배려 계층을 위한 '삼계탕 배식' 봉사, 소년 소녀 가장을 위한 '산타 원정대' 활동 등을 통해 기부 금액을 전달하였다.

주목할 만한 것은 매칭그랜트를 통한 기부 문화를 확산시키고 있다는 점이다. 매칭그랜트는 직원들이 자발적으로 모은 성금액에 회사가 동일한 금액을 기부하는 제도로, 직원의 기부액이 늘어날수록 회사의 기부액도 증가하는, 기부에 기부를 더하는 제도이다.

이 밖에 소외 계층 자녀를 위한 방과 후 학습 지원 프로그램 '프로보노', 사무실 전기 절약 분만큼 기금을 조성하여 에너지 빈곤층을 지원하는 'CO_2 빼빼로', 연간 봉사 마일리지를 최대로 확보한 직원을 봉사왕으로 선발하여 해외 봉사 기회를 부여하는 '우리 회사 봉사왕' 제도 등 다양한 봉사활동을 펼치고 있다.

2013 CO2 빼빼로 에너지 주거환경개선 사업 현판식

동료애가 곧 조직력이다, 스킨십 강화 프로그램

한국남부발전은 공동체 의식이야말로 조직의 목표를 달성할 수 있는 원동력으로 보고 공동체 의식을 함양시키기 위한 다양한 프로그램을 펼치고 있다.

대표적으로 사내 동호회 활동을 통한 직원 간의 교류 활성화를 꾀한다. 직원 1인 1동호회 가입을 권장하여 2013년 총 78개 동호회를 운영하고 있으며, 각 동호회에는 활동 지원금을 지급하고 있다. 회사 주관으로 동호회 간 대항 경기(테니스, 탁구 등)를 개최하여 사내 동호회 활성화에 힘을 싣고 있다.

또한 조직의 성과가 탁월할 때 기념 행사 등을 진행하여 고무적인 격려를 함으로써 구성원들은 다시 한번 자발적 협업을 다진다.

팀, 부서 단위로 우수한 성과를 달성한 경우, CEO가 직접 현판식을 수행하고 자체 축하 행사를 위한 비용을 전폭적으로 지원하고 있다.

이러한 다양한 공동체 활동을 통하여 부서간 이기주의를 타파하고 협업을 강조하여 시너지 효과를 창출하고, 직원간 스킨십 강화를 통한 신뢰를 구축하여 가족 같은 직장 문화를 조성하는 데 이바지하고자 한다.

직원의 건강은 회사가 책임진다

한국남부발전은 회사 주도형 건강 관리 프로그램을 통해 직원의 건강한 삶을 지원한다. 건강한 직원이 가정과 회사의 경쟁력이라는 모토 아래, 사내 건강 증진 분위기를 조성하고, 'BEST 건강 경진대회' 및 '나트륨 줄이기' 캠페인 등을 전개하고 있다. 사내에 건강관리실을 두어, 건강 관리자를 배치하고 인바디 등 자가 측정기기를 설치하고, 헬스장, 수영장, 탁구장 등 다양한 체력 단련 시설이 구비된 회사 및 사택 내 복지관을 운영한다. One-Cycle 건강 관리 체계를 운영하기 위하여 검진 데이터를 관리, 건강 검진, 상담, 치료비 지원까지 체계적인 건강 관리 시스템을 구축하고 있다.

재충전의 시간을 갖고자 하는 직원들을 위해 생활연수원, 하계 체련장, 콘도·리조트 등을 운영한다. 숙박비 및 경비 등에 대한 직원들의 부담을 줄이고 가족과 함께 편안한 리플레시 시간을 가질 수 있는 여건을 마련하고 있다. 또한 연차 휴가 사용을 의무화하기 위하여 '여러분의 권리입니다' 캠페인을 통하여 휴가 장려 문화를 조성하고 있다.

  회사는 인생 전반에 걸친 세심한 배려도 잊지 않는다. 입사부터 퇴사 시까지 직원의 가정사에 대해 맞춤형 지원 체계를 운영함으로써 생애주기 맞춤형 복리후생 제도를 운영하고 있으며, 경조금 지원으로 직원들의 희로애락을 함께하며, 재난 발생 시 적극적인 구호로 빠른 시기에 심리적 안정을 찾도록 지원한다.

  일과 가정이라는 두 가지의 행복에 모두 중점을 두고 직원의 행복한 삶을 위해 전폭적인 지원을 아끼지 않는 한국남부발전의 다양한 제도는, 여성가족부 주관 '가족 친화 경영'에 5년 연속 인증은 물론 보건복지부 주관 '일·가정 양립 우수 기관'에 선정되는 기반이 되었다.

credibility respect fairness pride fun

한국애브비

주요업종 **제약업**
설립연도 **2013년 1월 1일**
종업원수 **약 70명**

한국애브비Abbvie는 시카고 출신의 의사 월러스 애보트Dr. Wallace Abbott가 1888년 설립한 글로벌 바이오 제약기업 '애보트'가 두 개의 기업으로 분사하면서 2013년 설립되었다. 애브비는 최첨단 바이오테크 기업의 집중과 열정 그리고 업계를 선도하는 제약 회사로서 장기간 확립해 온 전문성과 체계를 결합했다. 회사의 미션은 전문성, 현실적인 지원, 혁신을 향한 독창적인 접근법을 활용해 세계적으로 가장 복잡하고 심각한 질환들을 치료하는 첨단 치료제를 개발해 시장에 출시하는 것이다. 상당수 환자들에게 영향을 끼치는 난치성 질병을 치료하기 위한 치료법을 개발하고 있다.

치료 중점 분야로 C형 간염, 류마티스 관절염, 판상건선, 다발성 경화증, 알츠하이머병, 파킨슨병, 척추관절염, 다발성 골수종, 자궁내막증 등이 있다. 2013년 애브비는 전 세계에 2만 1천여 명의 직원들과 함께 170여 개 국가에 의약품을 제공하고 있으며, 생활의약품과 표적 의약품에 초점을 두고 문제를 해결하는 데 앞장서고 있다.

애브비는 환자들이 건강한 삶을 영위할 수 있도록 돕고 지속 가능한 보건의료 솔루션을 위해 협력하는 것을 목표로 하고 있다.

내가 곧 회사다, 'I'm Abbvie'

한국애브비는 2013년 1월 7일 3일간에 걸쳐 용평에서 전 직원이 참여한 가운데 브랜드를 론칭했다. 전 직원이 '창립 멤버'인 한국애브비는 끈끈한 동료애를 함께 나누고, 회사 비전과 경영 철학, 가치, 브랜드 의미를 되새김으로써 독자 기업으로서의 사명을 되새기고, 회사와의 일체감을 형성하고자 다각도의 노력을 기울이고 있다.

대표적인 활동으로 애브비 브랜드 공모전, 'I'm Abbvie'가 있다. 직원들을 대상으로 애브비 브랜드와 가치에 대해 사진, 글, 동영상 등 자유로운 형식으로 표현한 작품을 공모하고, 작품 선정은 전 직원 투표 형식으로 진행하여 우수 작품에 시상을 하였다.

'I'm Abbvie'라는 이름의 뉴스레터도 발행한다. 뉴스레터에는 애브비의 기업 가치와 사명, GM 메시지, 주요 이해관계자가 바라본 애브비, 회사 소식, 정보, 직원 이야기 등 다채로운 소식을 전한다. 주목할 만한 점은 'I'm Abbvie' 뉴스레터를 따로 제작하거나 외부에 위탁하는 것이 아니라, 각 부서 직원이 참여한 Cross-Divisional Team을 꾸려 직접 작업한다는 것이다. 각 부서 대표로 구성된 뉴스레터 위원회를 구성하여 기획 방향을 논의하는 등의 절차를 거쳐 4개월에 한 번씩 발행한다. 발행된 뉴스레터는 각 가정으로 배송되는데, 온 가족이 함께 볼 수 있다는 점에서 친밀도, 자긍심이 향상되는 이점이 있다. 'I'm Abbvie' 뉴스레터는 단순히 회사의 소식을 전달하는 매체에서 그치는 것이 아니라, 동료 간에 서로 배우고 익힐 수 있는 기회를 만들어 성공적인 기업 문화를 이루어 나가는 데 일조하고 있다.

'애브비 TED 프로그램'도 눈에 띈다. 흔히 강연은 외부 강사를 초빙하여 진행하는 경우는 많다. 그러나 한국애브비에서는 매월 각 분야에 전문성을 지녔거나 공유할 아이디어가 있는 직원을 강연자로 발탁하여 자연스러운 분위기에서 서로의 경험, 지식, 아이디어를 공유한다.

이러한 직원 참여 프로그램을 통하여 '내가 곧 회사'라는 소속감을 고취시킴은 물론, 회사와 일체감을 형성해 나가고 있다.

직원의 목소리에 귀 기울인다, 노사 공동의 이익 증진
한국애브비는 기업을 론칭한 그해에 한국경제 매거진이 선정한 '2013년 일하기 좋은 기업'에서 대상을 수상하는 영광을 안았다. 한국애브비 한국 지사의 역사는 짧지만 직원들의 목소리에 귀 기울이고 아이디어를 공유함으로써 '일하기 좋은 일터'를 만들기 위해 다각도의 노력을 기울이고 있다.

직원 목소리에 귀 기울이기 위하여 직원 대표와 회사 경영진으로 구성된 노사 협의회 EWC를 설립하였다. EWC에서는 노사 공동의 이익 증진을 꾀하고, 직원들의 다양한 목소리를 경영진에게 직접 전달한다. 또한 회사 내부에서 불공정한 거래 및 업무 등을 신고할 수 있는 ACC Box를 만들었다. 한국애브비는 자칫 소외되거나 배제될 수 있는 정보를 투명하게 공유함으로써 회사와 개인 간의 이해 및 신뢰를 증가시키며, 회사에 대한 자긍심을 고취하기 위하여 다양한 의사소통 프로그램을 활용한다.

2013년 6월 EWC 설립 후 첫 분기 모임에서는 임직원 요청으로 올라온 안건이 모두 반영되었다. 출산 직원의 요청으로 워킹 맘의 수유와 휴식을 위한 공간 '엄마 방' 방안을 마련하였으며, 2013년 9월부터 임직원을 대상으로 온라인 영어교육을 실시하였다. 지방 영업 직원 처우를 개선하고. 재택 근무를 활성화하기 위해서 업무상 발생 비용을 월별로 지원한다. 업무 이외의 안건으로 2013년 8월 취미 활동을 할 수 있는 Hobby Club을 개설하였다. 각종 동호회에 직원의 85%가 참여할 정도로 활발하게 운영되고 있고, 동호 회원 1인당 일정 금액을 지원하여 다양한 문화, 체육 등의 취미 활동을 장려하고 있다. 또한 지정 은행과 거래 시 회사를 통하여 이자율 감면 혜택을 받을 수 있는 제도가 마련되었다.

고충 처리 및 아이디어 제안 시스템도 눈에 띈다. 고충 처리 및 아이디어보드는 애브비 사업장 내 직원들의 제반 고충을 해결하고 다양한 아이디어를 반영하기 위해 만들어졌다. 모든 아이디어 및 고충 처리 관련 사안은 2주 내에 담당자가 현재 상황을 피드백하는 것을 원칙으로 하고 있다. 또한 직원들이 직속 상사나 회사에 자유롭게 고충 사항 및 아이디어를 개진할 수 있는 창구로 온라인 및 오프라인 소통 채널을 두고 있다.

과반수가 포상을 받는, 통 큰 포상제도

한국애브비는 개인의 업적에 따라 지급하는 다양한 포상 프로그램을 운영하고 있다. 꾸준히 업무 성과와 두각을 나타낸 임직원에게 보상·수행함으로써 업무 효율성을 증대하고 애사심 및 자긍심을 향상시키기 위해 시작된 포상제도는 2013년 9월 기준으로 전체 직원의 60%가 수혜를 받을 만큼 넓은 영역에 걸쳐서 시행한다.

  포상의 영역은 다채롭다. 매년 업무 성과가 뛰어난 직원, 브랜드 매니저, 세일즈 매니저, 서포트 부서 중 뛰어난 업무 성과를 보인 직원에게 포상한다. 또한 경영 활동 전반에 걸친 '지속적인 개선' 프로젝트를 진행한 직원, 봉사량이 많은 직원, 워킹 맘을 대상으로 업무 기여도가 높은 직원, 존중을 잘 실천한 직원, 업무 중 차량 사고·교통 위반이 없는 직원, 기업 가치를 가장 잘 실천한 직원, 회사 온라인 강좌를 꾸준히 수강하며 자기계발을 열심히 한 직원 등에게 다양한 형태로 포상 제도를 시행한다.

이러한 다양한 포상 제도를 통하여 임직원은 자긍심을 느낌은 물론 회사 내에서 자신만의 장점을 파악하고 꾸준한 개발 노력을 하면서, 장기적으로는 기업 발전으로의 확대를 기대해 볼 수 있다.

가족 친화 프로그램, '애브비 패밀리 사이언스 데이'

한국애브비는 직원의 통찰력과 행복을 우선 과제로 삼는다. 직원이 통찰력을 가져야 고객을 행복하게 만들 수 있고, 고객이 행복해야 기업이 성장한다는 인식을 바탕으로 직원을 위한 다양한 통찰력 향상 프로그램을 마련하였다. 통찰력은 일과 일상의 균형 속에 나온다고 보고, 직원들이 잠재력과 역량을 최대한 발휘할 수 있는 근무 환경을 조성하기 위해 다각도의 가족 친화 프로그램을 만들어 '일하기 좋은 일터'를 만드는 기업 가치를 실현하고자 한다.

워킹 맘을 대상으로 수유 및 휴식 장소를 마련하고, 직원에게 토스트와 커피, 과일 도시락을 제공하며, 1년에 1회 한도로 이사 휴가를 지원해 주는 등 일상 속의 사소한 부분까지 신경 쓰는 다양한 행복 프로그램이 마련되어 있다.

자녀를 둔 가정 또는 가정을 이룬 임직원의 가족을 초청하는 '애브비 패밀리 사이언스 데이Family Science Day' 프로그램이 있다. 2013년 본사에서 임직원 자녀 및 가족을 대상으로 한 '패밀리 사이언스 데이'를 개최했다. 이 행사에서는 과학을 사랑하는 초등교사들의 모임인 늘빛초등과학연구회 교사 및 자원봉사자들이 함께 놀이를 통한 과학 체험 프로그램을 실시하였다. 애브비 글로벌 기업 시민 정책의 일환으로 개발된 혁신적인 과학 프로그램으로 한국에서는 3년째 실시하였다. 도미노 게임을 하면서 도미노들이 차례로 쓰러질 때의 간격과 두께, 높이, 각도, 속도에 각각 숨어 있는 과학 원리들을 함께 배운다. 또 병원에서 쉽게 접할 수 있고 장난감으로도 활용되는 청진기를 아이들이 직접 만들게 함으로써 과학 원리를 깨우치게 한다.

유홍기 사장은 "과학과 혁신의 꿈나무인 어린이들에게 우리 일상에 과학이 얼마나 가까이 있는지 느끼게 해 주는 것이 '애브비 패밀리 사이언스 데이'의 중요한 목표"라고 밝히며, "임직원 자녀들이 과학에 흥미를 가지게 할 뿐만 아니라 가족 간의 돈독한 관계를 느끼게 하는 기회 마련에 좋은 반응을 얻었다."고 말했다.

매월 둘째 주 금요일은 '패밀리 데이Family Day'이다. 직원들이 금요일 교통 체증을 피해 1시간 30분 일찍 퇴근하여 가족과 함께 시간을 보내도록 배려하는 시스템이다. 이날이 되면 4시 20분경부터 CEO가 직접 사무실을 돌며 패밀리 데이 조기 퇴근을 적극 독려한다. 이외에 가족 여행비를 지원하는 '우리 가족 어디 가', 자녀와 함께 배우는 '쿠킹 클래스' 프로그램 등도 진행하고 있다.

직원 보상 프로그램, '올스타 어워드'

한국애브비는 각종 인센티브 제도를 통해 성과에 따른 보상을 일괄 시행함으로써 업무 향상과 성과를 높이는 데 최선을 다하고 있다.

가장 대표적인 제도가 매년 각 부서에서 성과가 뛰어난 5~6명의 직원을 선정해 동반 1인과 함께 해외여행을 보내 주는 '올스타 어워드' 제도이다. 바이오 제약 기업답게 전 세계 지사 중 질병 치료 수준을 높이거나 치료 환경 개선에 기여한 팀을 선정해 베스트인클래스 상을 시상하기도 한다.

목표를 달성한 영업사원에게는 연봉의 3분의 1을, 10% 초과 달성 시에는 연봉의 3분의 2에 달하는 성과급을 지급한다. 영업 및 관리직 직원에게는 업무용 차량이 회사에서 제공되며 차량 보험 및 관리, 유류비, 세차비 등을 전폭적으로 지원한다. 장기근속 직원의 공로를 표창하고 근무 의욕을 고취하기 위해 유급 휴가 및 포상금 등을 공로패와 함께 지급하기도 한다. 가장 빈번하게 이루어지는 포상 제도로는 'Spot Award Program'으로 모범이 될 만한 훌륭한 성과를 이룬 개인이나 팀에게 수여되는 간단하고 즉각적인 표창이다. 사회 봉사, 어려운 문제 해결, 혁신적 방법의 이해 등 직원의 업적에 따라 부서장이 추천하고, 연극, 영화표, 상품권 또는 현금 등으로 포상한다.

환자와 떠나는 '따뜻한 동행, 패밀리 힐링 캠프'

전 직원이 함께 봉사활동을 펼치는 '나눔의 날'은 한국애보트가 분사하기 전인 2008년부터 매년 진행해 온 전사적 봉사활동이자 기업 시민 활동이다. 전 직원이 근무일 중 하루를 정해 우리 사회의 건강 관련 소외 이웃들을 찾아가 봉사하는 프로그램이다. 2013년 6월 25일에 한국애브비 임직원 봉사단 70여 명이 홀트 일산 복지타운·요양원, 가브리엘의 집 등 복지 시설을 방문해 봉사활동을 하고, 대한적십자사 봉사관에서는 태극기 모양으로 장식한 컵케이크를 직접 만들어 장애우들에게 전달하기도 하였다.

희귀 난치성 질환 환우와 가족들을 초대해 일상을 떠나 자연 속에서 몸과 마음의 힐링을 돕는 '따뜻한 동행, 패밀리 힐링 캠프'도 진행했다. 사회복지 전문가, 웃음 치료 전문가 등 각 분야 전문가의 강연을 통해 마음을 다지는 시간을 마련하였다. 또 블라인드 뒤에서 가족들에게 하고 싶은 마음의 소리를 전달하는 '블라인드 사이드', 나와 타인이 생각하는 내 모습을 각기 그려보는 '소중한 당신-마음으로 그리는 초상화' 등 환우와 가족, 친구 간의 이해와 소통을 돕기 위한 다채로운 프로그램들을 실시했다.

집을 떠나 자연 속에서 생활하는 '캠프' 콘셉트를 살려 평소 질환으로 일상에 지쳐 있던 환우와 가족, 지인들에게 특별한 추억을 선물하였고, 직원들 또한 마음의 평안을 찾고 활기를 찾아 일상으로 돌아갈 수 있는 시간이었다.

환자 중심의 삶에 접근하다, '행복한 장 캠페인!'

한국애브비가 애보트에서 분사한 이후 가장 크게 주목하는 것 중 하나가 '환자 중심으로 접근'이다. 제약 회사의 최종 소비자는 병을 앓고 있는 환자이다. 애브비는 세계 시장 변화의 흐름 속에 있는 고객에 대한 조사로만 그치는 것이 아니라, 환자 삶 전체에서 입체적으로 이해하고자 하는 노력의 일환으로 다양한 프로그램을 진행한다.

한국애브비는 질환으로 상처 받은 환자들의 마음을 보듬고 가족 관계를 회복시키기 위해 '행복한 장 캠페인'을 전개한다. 가족 간에 따뜻한 마음을 전하는 가족 편지 공모전을 개최하고, 환자 실태에 대한 조사 결과를 언론에 발표하며, 전국 병원에서 건강 강좌를 진행한다. '힐링 토크 콘서트'는 세계 염증성 장질환의 날인 5월 19일 환자와 가족들을 초청하여 서울 강동구 호원아트홀에서 진행되었다. '세계 콩팥의 날'을 맞아 〈만성 콩팥병 환자가 꼭 알아야 할 복지정보〉 책자를 발간하고 환자와 가족 대상으로 복지 상담 프로그램을 진행하기도 하였다. 이뿐만이 아니다. 대한에이즈예방협회와 협력하여 'HIV/AIDS 환자의 질환, 생활 관리'를 위한 온라인 교육 비디오를 제작하였으며, 약제 내성에 대한 이해를 돕고자 〈HIV 약제 내성의 이해〉 개정 4판을 발간하였다.

한국애브비는 환자 관련 가족 및 소외 이웃을 돕는 전문성 나눔을 통해 사회에 공헌하고자 하며, 통일되고 일관성 있는 환경을 조성함으로써 직간접적인 회사 이미지를 구축하기 위해 노력하고 있다. 또한 환자 중심의 혁신을 지향하는 동시에 직원들이 자긍심을 가지고 열정적으로 일할 수 있는 기업 문화를 만들어 나가고 있다.

한국중부발전

주요업종 발전 전기업
설립연도 2001년 4월 2일
종업원수 약 2,294명

한국중부발전은 2001년 한국전력공사에서 발전 부문을 분할하여 설립한 공기업이다. 핵심 발전소인 보령화력을 비롯하여 인천화력, 서울화력, 서천화력, 제주화력 등 8,434MW의 발전 설비를 보유, 국내 전력 공급의 9.7%를 담당하고 있다.

한국중부발전은 기술 혁신과 친환경 경영을 중심으로 안정적인 전력 공급을 하고, 국가 발전에 기여함으로써 세계적 수준의 에너지 공기업을 만들기 위해 노력하고 있다. 주인정신, 상호 존중, 무한 도전, 성과 지향, 사회적 책임을 기업의 핵심 가치로 두고, 깨끗한 미래를 위한 희망 에너지인 신재생 에너지 개발로 저탄소 녹색 성장을 이끌어 나가고 있으며, 미래 신성장 동력 확보를 연구 개발의 비전으로 정하고 개발에 힘을 기울이고 있다.

뿐만 아니라 우수한 발전소 운영 기술력과 노하우를 앞세워 적극적으로 해외시장을 개척해 나가고 있다. 전 세계를 대상으로 하는 발전소 건설에서 운영 및 유지 보수, 기술 자문까지 발전 분야 전반에 다양하고 전문적인 서비스를 제공하고 있으며, 점점 그 규모와 교류 국가가 늘어 가며 세계적인 에너지 기업으로 성장해 나가고 있다.

위기를 기회로 삼은 보령화력 화재 사고

모든 기업이 마찬가지겠지만, 특히 화력발전소는 화재와 폭발과 같은 대형 사고를 항상 염두에 두고 안전에 만전을 기하지 않을 수 없다. 한국중부발전은 화재 사고 발생 시 이를 은폐하거나 축소하지 않고 극복 사례 도서를 발간함으로써 위기를 기회로 삼았다.

2012년 3월, 보령화력 화재 사고 당시의 급박했던 현장 상황과 조기 극복을 위한 땀과 눈물의 감동 스토리를 KOMIPO 5Way 핵심 가치와 연계하여 〈당신은 중부인 그래서 감사합니다〉라는 책자로 발간하였다. 이 위기 극복 일화는 구성원들의 자부심을 고취시키기에 충분했다.

발전처 안전운영팀 M차창은 책자 인터뷰를 통해 "비상연락을 받고 회사로 들어올 때만 해도 화재가 그렇게 커질 줄은 몰랐다. 그런데 자정이 지나면서 걷잡을 수 없이 확산되었다. 한참을 고민하고 직원 간에 옥신각신하는 논의 끝에 전기 설비와 제어 설비에 물을 뿌리라는 결정을 내렸다."고 말했다. 한국중부발전은 위기 상황과 조속한 판단에 대한 위기 극복 과정을 생생히 전달함으로써 이러한 추친력의 원천이 바로 임직원의 주인정신임을 강조한다.

성능복구단 S제어팀장은 "지금껏 살아오며 목숨을 건다는 표현은 많이 들었지만 그것을 실제로 느낀 것은 이번이 처음이었다. 이번 화재 현장에서 보여준 중부인의 태도가 바로 그러했다. 자신이 위태로울 수 있음에도 설비를 구하려 안간힘을 쓰고, 내부 구조를 모르는 소방관을 이끌고 수도 없이 화재 현장으로 들어갔다. 이것은 누가 시켜서 할 수 있는 일이 아니다."라고 인터뷰하였다. 이는 위기 상황에서 온몸을 던져 화재 사고의 조기 극복을 이루어낸 중부인들의 살신성인 정신을 치하하는 것이다.

이렇듯 위기를 기회로 삼은 한국중부발전의 모습은 직원들에게 중부인으로서 자부심을 안겨 주었을 뿐 아니라 사기를 향상시키는 계기가 되었다.

소통이 답이다, '온·오프라인, 공식·비공식 소통 채널 오픈'

한국중부발전은 온·오프라인, 공식·비공식 소통 채널을 통해 다각적인 소통의 기회를 마련하고 있다. 오프라인의 경우 공식적 상설 프로그램을 통해 경영진과 구성원들의 지속적인 소통 기회를 마련한다. 상설 프로그램으로 경영 현안 점검회의, 전문 분야별 워크숍,

노사 협의회, 산업 안전 보건회의, 경영 전략 설명회, 노사 합동 워크숍 등이 있다. 온라인으로는 CEO와 직통으로 연결할 수 있는 핫라인을 운영한다. CEO만 열람 가능하도록 철저한 비공개로 운영되고 있으며, 질문 사항이나 의견 접수 시에는 CEO가 직접 답변하는 형태로 이루어지고 있다.

형식과 방법 면에서 훨씬 자유로운 비공식 소통 채널도 마련되어 있다. 비공식 소통은 공식적 소통 채널에 비해 심리적 부담감을 덜고, 자유로운 소통 과정 속에서 상호 신뢰를 향상시킬 수 있다는 장점을 가지고 있다. 'KOMIPO 토크 콘서트'는 CEO와 직원 간에 현안을 공유하기 위한 자리이다. 딱딱한 회의나 토론의 형식이 아니라 편안한 분위기 속에서 자유로운 대화가 이루어진다는 것이 가장 큰 특징이다. 뿐만 아니라 현장 근무자들의 애로사항 등 의견들을 청취하기 위하여 경영진 현장 미팅이 이루어지고 있으며, 노사 간의 정보를 공유하고 의견 수렴을 하기 위해서 특별 노사협의회도 진행하고 있다.

이외에도 경영 활력 대화, 친목 도모를 위한 도시락 미팅, 근무 여건이 다른 직원들과 상호 교류의 장을 마련하기 위한 교대·통상 근무자와의 대화 등이 비공식 소통 채널로 운영되고 있다.

품질 개선은 내가 책임진다

한국중부발전은 발전소 현장에서 99개의 품질개선팀이 활약 중에 있다. 회사에서는 품질경영의 선두 주자로써 신뢰 받는 기업이 되기 위해 품질개선팀에 대한 연구 지원을 아끼지 않는다. 이것은 한국중부발전이 매년 열리는 전국 품질 분임조 경진대회에서 13년 연속 대통령상을 수상하는 결과로 나타나고 있다.

2012년 한국중부발전 품질개선팀은 155건의 테마 해결을 이루어내면서 총 249억 원의 비용 절감과 수익 창출을 이루어냈다. 2012년 경진대회에서는 금상 3팀, 은상 2팀, 동상 1팀이 수상했다. 2013년에는 보령화력본부 등 4개 발전소, 10개 분임조가 현장 개선 등 5개 부문에 참가하여 대통령상 금상 5개, 은상 4개, 동상 1개를 수상하는 쾌거를 이룩했다. 이번 성적은 공기업 중에서도 단연 돋보이는 역대 최고의 수상 실적이다. 특히 계측제어 설비 최적 운영을 통해 설비 구매 및 교체 비용 등 2억 600만원을 절감한 보령화력본부 복합발전소 제어팀 미르 분임조의 사례는 실질적이고 전파 가능한 사례로 심사위원들의 관심을 받아 금상을 수상했다.

"앞으로도 끊임없는 품질 혁신과 개선 활동을 통해 안정적인 발전 설비 운영을 지속적으로 추진하겠다."고 L안전품질그룹장은 말했다. 한국중부발전은 13년 연속 대통령상 수상이라는 전통을 이어나가기 위해 끊임없는 노력을 이어 나가고 있다.

개인의 발전이 기업의 미래다

한국중부발전은 각 직급별로 요구되는 리더십 역량을 파악한 후 이에 따른 맞춤형 교육을 시행하고 있다. 먼저 기업가 정신을 가지고 회사의 성과에 기여하는 처장·실장·소장급을 대상으로 전략 구상, 최종 의사 결정, 비전의 제시, 대외 활동 등의 교육 프로그램을 진행한다. 단위 조직의 책임자로서 조직 역량 극대화를 위해 팀워크를 형성하고 조직의 성과를 도출하는 팀장급을 대상으로 팀 운영및 성과에 대한 책임, 코칭 및 동기 부여 등의 역할을 수행하기 위한 교육 프로그램을 진행한다. 조직의 최일선 관리자이자 초급 리더로서 조직의 성과 달성에 대한 실질적인 열쇠를 지닌 차장급을 대상으로 실무 업무의 추친, 팀 분위기 조성, OJT 리더 등의 역할 수행을 위한 다양한 교육 프로그램을 진행한다.

교육은 비단 직급별 프로그램에서 그치는 것이 아니다. 분야별 전문가를 양성하고 자기계발을 돕기 위한 다양한 교육 프로그램도 운영한다. 서울대, 한양대학교를 비롯한 여러 대학에서 진행하는 경영자 과정, 국가 정책 과정, 정보통신 방송 정책 과정, 산학 정책 과정, 그린 경영인 과정, 미래 에너지&자원 개발 AMP 과정 등 다양한 전문 심화 교육 프로그램을 지원할 뿐 아니라, 전문 자격증, 어학, 야간 대학원, 사내 MBA 등 자기계발 프로그램을 지원하고 있다. 또한 발전설비 관리 전문가, 신재생 발전설비 전문가, 제어설비 전문가 과정 등 발전 전문가 과정 교육 프로그램을 진행한다.

성공적인 해외시장 개척을 위해 해외 전문 인력 교육 프로그램도 운영한다. 해외 사업 확대를 위한 해외 지역 전문 인력을 양성하기 위하여 해외 지역 전문가 심화 과정을 2009년부터 진행하고 있으며, 해외사업의 성공적 추진을 위한 해외사업 아카데미, 해외사업 워크숍 등을 진행하고 있다.

직원 가족을 내 가족처럼 …

한국중부발전은 전국 각지에 위치한 발전소 순환 근무로 인하여 인사 발령이 잦은 편이다. 잦은 이사로 인해 직원들의 가족들이 겪게 되는 고충 또한 무시할 수 없는 것이 현실이다. 한국중부발전은 새로운 터전으로 이전한 직원뿐 아니라 직원 가족이 빠른 시간 안에 심리적 안정을 찾을 수 있도록 '가족 사랑의 기업 문화' 정착을 위해 노력한다. 회사 동료가 내 이웃이 되고, 서로 가족처럼 느낄 수 있도록 다양한 제도적 지원과 각 사업소별 자발적 가족 친화 경영 프로그램 개발을 장려하는 등 가족 친화 경영을 펼치는 것이다.

가족 전체가 참여할 수 있는 프로그램으로 '한가족 운동 문화 콘서트'와 '1박 2일 한가족 캠프' 등을 개최한다. 사진 전문 작가에게 가족사진을 촬영할 수 있도록 지원하고, '전기 사랑 마라톤 대회'에 직원 가족 전체가 참여한다.

직원 자녀를 위한 다양한 프로그램도 준비하였다. 케이크 및 과자 만들기 놀이 교육, 방학 기간을 이용한 영어·과학 캠프도 실시하고 있다. 직원 자녀가 초등학교에 입학하면 학용품 선물을 하고, 가족들이 참여한 가운데 1사 1촌 감자 캐기 체험 행사도 진행한다.

이러한 다양한 체험 프로그램을 통해 직원들이 가족 생활과 조직 생활에 균형을 이룰 수 있도록 돕고 있으며, 가족 친화 경영을 통해 안정적인 기업 문화를 이끌어 가고 있다. 이런 결과로 2009년 여성가족부로부터 '가족 친화 기업'으로 인증을 받았다.

'미생'에서 '완생'으로, 신입사원 입문 교육 프로그램

한국중부발전은 신입사원을 위하여 실무 교육과 팀원 간 소통과 역할 분담을 통한 문제 해결 능력과 공동체 의식을 함양시키기 위하여 팀워크 강화 훈련을 진행하기도 한다.

가장 눈에 띄는 신입사원 프로그램으로, 면접 시 각 단계별로 인기 웹툰 〈미생(글, 그림 윤태호)〉 도서를 증정하는 것이다. '미생未生'에서 '완생完生'으로 나아가는 인생의 초입에 들어선 것을 축하하는 의미로 필기 시험, 인적성 검사 등 채용 단계별로 도서를 선물로 증정하고 최종 입사자는 도서 전권을 모두 받게 된다.

이 밖에 신입사원이 좀 더 편안한 분위기에서 회사 시스템을 익히고 문화를 익히도록 돕기 위하여 신입사원 Soft-Landing 프로그램을 운영한다. 인간적인 관계 형성을 통한 조기 정착을 유도하고 이탈을 방지하기 위하여 신입사원 멘토링 제도를 시행하고 있으며, 사업소 간에 멘토링 공유회를 개최하고 있다. 또한 입사 후 10개월 시점에는 신입사원의 안정적인 정착을 돕는 Re-Tention 연수를 시행한다. 지식 공유 및 교육 효과 증진을 위하여 OJT 및 업무 실적 발표회 등도 개최한다.

또한 신입사원의 교육 현장을 소개하는 사내방송을 상영하며, 신입사원이 자체적으로 제작한 영상도 소개함으로써 자연스럽게 회사에 친밀하고 익숙해질 수 있는 시스템을 갖추고 있다. '나는 이런 회사를 만들고 싶다' 란에 신입사원의 각오와 포부를 실어 사보에 소개하고, 신입사원이 지역 사회 축제에 참여하여 체험할 수 있는 다양한 지원을 아끼지 않는다. 서천화력에서는 '서천 주꾸미 축제'에, 보령화력에서는 '보령 머드 축제'에 신입사원이 참여함으로써 업무 외적으로 다양한 지역 사회 체험을 하고 있다.

신입사원 지역사회 축제 체험
왼쪽_서천 주꾸미 축제, 오른쪽_보령 머드 축제

'희망의 빛, 생명의 바다'를 접목한 사회 공헌 프로그램

한국중부발전은 전력산업의 특성인 '빛'과, 해안에 위치한 발전소의 입지 여건을 반영한 '바다'를 사회 활동에 접목, 한국중부발전만의 독특한 사회 공헌 프로그램을 실시한다.

'빛'과 관련한 사회 공헌 프로그램으로 '희망의 빛 프로젝트'라는 이름으로 저소득층 에너지 복지 지원 사업, 개안 수술 및 보청기 지원, LED 보안등 설치 및 보급, 어린이신문 희망 빛 에너지 교육, 사랑의 땔감 나누기(난방 지원) 등을 진행하고 있다.

'바다'와 관련한 사회 공헌 프로그램으로 바다 사랑 애니메이션 공모전, 어촌마을 러브하우스 지원, 도서 지역 전기·가스 설비 점검, 초등학생 환경·경제 교육, 어촌마을 에코센터 건립 등이 있다.

국내뿐 아니라 해외 사회 공헌 특화 사업으로 글로벌 드림 프로젝트를 결성하여 인도네시아 제 1, 2 KOMIPO School을 준공하고, 인도네시아 태양광 조명 지원 및 의료 봉사활동을 시행하고 있다.

한국중부발전은 KOMIPO 행복 나눔 운동을 통해 각 사업소별로 차별화된 참여형 사회 공헌 활동을 시행하고, 봉사활동 경험을 공유함으로써 자발적 나눔 문화 확산에 기여하고 있다. 2004년부터 본사 및 사업소 9개 지소에서 99개 한국중부발전 사회봉사단을 구성하여 활발하게 활동 중이다. 또한 발전소 반경 5km 내의 지역 주민을 대상으로 하는 집중 사회 공헌 활동도 진행한다. 보령화력에서는 지역 주민의 건강검진을 지원하고, 영어 영농 교육, 본부장배 축구대회, 보화 장학금, 백일장 대회 등을 개최하고 있으며, 서천화력에서는 농어촌 해외 문화 체험을 지원하고, 예체능 교육을 지원하는 활동을 하고 있다.

행복한 회사, 즐거운 회사

한국중부발전은 처·실·사업소 단위별로 자체적인 우수 기업 문화 발굴팀인 'Happiness Generator Cop'을 운영한다. 전사 총

19개 Cop팀 활동 중 1년을 임기로 각 팀에서 선출된 Cop 리더들이 1년간 명예직으로 봉사한다.

Cop 리더들이 1년 동안 가장 중점적으로 하는 활동은 임직원의 목소리에 귀 기울여 행복한 회사, 즐거운 회사 만들기에 일조하는 것이다. 정해진 규칙이나 제약은 따로 없다. 취미 생활 공유하기, 드레스코드 정하기, 생활 규칙 정하기, 카페 만들기 등 다채롭고도 다양한 방법으로 행복하고 재미있는 회사 만들기에 힘쓰고 있다.

우수 Cop 활동으로 2012년에는 신보령건설의 협력기업 직원 자녀를 초청한 '아빠 일터 둘러보기', 보령화력의 반드시 해야 할 3가지, 하지 말아야 할 3가지를 내세운 '3반3하 운동', 미니 북카페·동백카페·해피카페 등 직원 휴식 공간 확충을 위한 활동 등이 있다. 2013년에는 매월 컬러 드레스코드를 제시하여 베스트 드레서를 선정하는 'Color-full day'가 있으며, 분야별 달인을 소개하여 취미 생활을 공유하고 전파하는 '우리 그룹 달인 찾아 행쇼' 등이 진행되었다.

이로써 직원과 조직이 모두 행복해지는 기반은 단단히 다져졌으면, 앞으로도 행복하고 재미있는 일터를 만들기 위한 전 임직원의 다양한 시도는 계속될 것이다.

한화케미칼

주요업종 석유화학 산업 및 친환경 기술사업 등
설립연도 1965년
종업원수 약 2,800명

한화케미칼은 B2B 기업으로 1965년 설립 이후 PVC, LDPE, LLDPE, CA 등 산업의 기반이 되어 생활의 편리함을 가져다주는 석유화학 사업이 주요 업종이다. 한국 석유화학 산업의 발전은 물론 삶의 질 개선에 기여하고, 미래 지향적 기술을 기반으로 한 태양광, 바이오 의약품, 나노 기술 등 신사업 기술 혁신을 통해 더 나은 내일을 위해 노력하고 있다. 또한 세계 화학 시장을 선도하겠다는 목표로 국내(서울, 대전, 여수, 울산, 오송)뿐 아니라 해외 각지(중국, 태국, 말레이시아, 사우디아라비아)에 공장을 두어 글로벌 네트워크를 구축 중이다.

한화케미칼은 석유화학뿐 아니라 미래 지향적 친환경 기술인 신사업에 이르기까지 삶의 질을 높이는 기술을 바탕으로 지속 가능한 미래를 만들고자 한다.

신뢰와 소통으로 이루는 '일하기 좋은 기업'

한화케미칼은 '신뢰와 소통'을 조직 문화의 지향점으로 삼고, 이를 위해 성과 창출의 기반인 조직 문화를 활성화시키는 데 CEO가 앞장선다.

사업장이 서울 본사, 대전 중앙연구소, 오송·여수·울산의 공장으로 산재되어 있는 상황에서 조직 문화의 큰 토대는 함께하되 각각의 특성은 잘 반영할 수 있는 방법을 다양하게 고안하고, 사업이 확장되면서 늘어난 조직원을 하나로 뭉치고 목표를 공유함으로써 강력한 조직 문화를 이루고자 노력한다.

이를 위해 2009년부터 'GWP 활동'을 시작하여 2012, 2013년

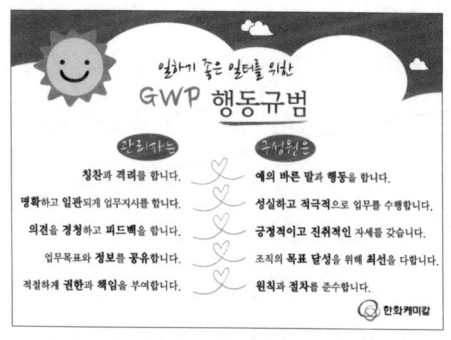

GWP 사내 행동규범

에는 '대한민국 일하기 좋은 기업' 제조 부문 4개 분야에서 대상을 수상하였다.

한화케미칼은 '신뢰와 소통'의 조직 문화 정착을 위해서 각 부문과 팀별로 GWP 프랙티스를 자체적으로 기획해 워크숍을 진행한다. 또한 부문별 활동을 자율적으로 게시판에 올려, 직원들이 GWP 활동을 부가적인 업무가 아니라 조직 문화를 바꾸기 위한 핵심 수단으로 자연스럽게 인식하는 환경을 조성한다.

이는 한화케미칼이 GWP 활동을 체계적이고 구체적으로 실천하고 있음을 보여주는 단면이라 할 수 있다. 이렇게 기업과 조직원이 신뢰를 바탕으로 하여 효율적으로 소통함으로써 '일하기 좋은 기업'을 만들어 나가는 것이 한화케미칼의 궁극적 목적이다.

CEO와 함께 모닝 스테이크를!

한화케미칼에는 직원들과 CEO의 만남의 장으로 '굿모닝 CEO' 프로그램이 있다. '굿모닝 CEO'는 한화케미칼의 간판 GWP 프로그램 중 하나로, 매주 최고경영자가 각 사업장을 찾아 구성원들과 호텔에서 조찬을 하면서 현장의 얘기를 듣고 공유하는 만남의 장이다. 행사에 참여하는 직급도 다양하고 부서도 제각각이다.

CEO 및 참가자가 모두 도착하면 '모닝 스테이크'가 서빙된다. 회사 주인인 직원을 위한 자리인만큼 가장 좋은 음식을 접대해야 한다는 CEO의 의지가 적극 반영되었다. 이러한 만남은 딱딱하고 멀게

만 느껴지던 CEO와의 거리감을 줄이는 것은 물론 다양한 아이디어를 자유롭게 주고받을 수 있는 소통의 장으로서 큰 역할을 한다는 데에 의미를 갖는다.

이러한 자유로운 분위기에서 주고받은 이야기 중에서 즉시 실현 가능한 의견은 현업에 실제로 반영되어, '도담마루'라는 임산부 수유실, 경영 정보를 공유할 수 있는 내부 정보 공유 게시판 설치 등의 성과로 이어졌다. 인터넷 포털 네이버에 연재한 장편 웹툰 '연봉신'도 이런 과정에 의해 탄생했다. 연봉신은 초라한 스펙의 주인공 '연봉신'이 한화케미칼에 입사해 성장해 나가는 이야기이다. 국내 기업 중 정식 장편 웹툰을 기획, 연재한 것은 한화케미칼이 처음이다.

한화케미칼은 앞으로도 이러한 소통의 장을 마련하여 앞선 기업을 만들기 위한 다양한 시도를 해 나갈 예정이다.

일과 가정 양립 지원

한화케미칼의 복지 프로세스에서 눈에 띄는 것은 워킹 맘에 대한 배려가 강하다는 것이다. 우수한 능력을 가진 여성 인력을 확보하기 위해 그들의 고민과 고충을 파악하고 이를 최대한 해결해 주기 위해 다양한 제도가 마련되어 있다.

만 6세 이하 미취학 자녀를 보육 시설에 맡겨야 하는 여성 직원은 9:00~18:00 또는 9:30~18:30 중에서 근로 시간을 선택할 수 있도록 출퇴근 시차제를 운영한다.(현 근로 시간 기준 08:00~17:00)

이것마저 곤란할 때는 주당 40시간 범위 내에서 탄력적으로 근로시간을 결정할 수 있다. 각 사업장에는 모성 보호 휴게실을 두어 여성 임직원의 모성 보호를 위해 노력하고 있다. 모성 보호 제도의 실효성을 좌우하는 데 있어서 가장 중요한 것이 바로 관리자의 태도이다. 한화케미칼은 관리자를 대상으로 교육을 실시하여 모성 보호 제도에 대한 이해 및 활용을 독려하고, 워킹 맘에게는 간담회나 교육을 통하여 모성 보호 제도를 정확히 알려주고 실제 사용할 수 있는 환경을 마련해 준다.

임산부 직원의 사원증 목걸이를 분홍색으로 차별화하고[Mom's ID] 임산부 배려 행동지침(회식 참여 강요하지 맙시다, 양보합시다, 무리한 근무를 요구하지 맙시다 등)을 각 팀으로 송부하여 임산부 임직원에 대한 배려를 계도한다. 그리고 연간 2회에 걸쳐 임직원의 임신을 축하하며 회사의 모성 보호 제도를 소개한다. 출산 전후에는 팀 내 버디를 지정하여 업무 변화나 진척도 등을 공유하고, 복귀 3주 전부터 업무 복귀 시 부담이 최소화되도록 지원한다.

간담회에서는 워킹 맘들의 공통의 관심사에 대해 대화를 나누고, 여성 임원에게 일과 가정의 양립 노하우를 배우며 여성 인력의 상호 교류를 통해 직장 또는 가정에서 발생하는 애로 사항을 공유하고 상담할 수 있는 장으로 활용한다.

끝으로 혜윰회, 아프로디테 등과 같은 사업장별 소모임은 여성 직원의 고충 및 니즈를 파악하며 여성의 네트워크 및 리더십을 향상할 수 있는 모임으로, 매년 회원이 증가하는 추세다.

직무 전문가·글로벌 전문가·미래형 리더를 육성

한화케미칼은 '1등 화학 기업'이라는 비전을 달성하기 위해 임직원의 역량 강화를 목표로 하여 직무 전문가 육성 프로그램, 글로벌 전문가 육성 프로그램, 미래형 리더 육성 프로그램 등 다양한 교육 프로그램을 운영한다. 현재 기존 사업뿐 아니라 신규 사업 진출에도 박차를 가하고 있으며 그 규모도 나날이 커지고 있다. 이를 통해서 임직원 개인 만족도 및 역량을 향상시킬 뿐 아니라 회사의 미래 성장의 초석을 다지는 데 큰 역할을 할 것으로 기대된다.

'직무 전문가 육성' 프로그램은 임직원의 직무 역량 강화를 위한 사내 직무별 양성 과정과 국내외 학위 지원을 통해 업무 전문성을 강화한다.

다음으로 '글로벌 전문가 육성' 프로그램은 임직원의 글로벌 역량를 강화하기 위해 해외 연수, 인텐시브 등의 어학 교육을 운영하고 해외 대학 학위 지원 및 해외 지역 전문가 제도를 활용해 글로벌 전문성을 강화시킨다. 그중 글로벌 경험 프로그램은 우수 인력에 실시하는 것으로, 해외 MBA 과정이나 주재원 파견 외 신흥 시장을 타깃으로 하여 문화 체험 및 마켓 환경을 이해하는 데 그 목적이 있다. 지역 전문가 과정(1년), 해외 사업장 직무 경험 및 외국어 학습 목적으로 이루어지는 직무 연수 제도(1년), Job-Off 형태로 국내에서 진행되는 어학 인센티브 과정(2달 이내) 등이 있다.

끝으로 '미래형 리더 육성' 프로그램은 미래의 경영진을 육성하기 위한 직급별 리더십 교육을 실시한다. 신입사원을 빠른 시일 내에 전력화시키고 멘토링함으로써 조직 운영을 활성화시킨다. 그중 핵심 인재 육성 프로그램은 고성과자 및 잠재적 핵심 역량 보유 인력을 대상으로 하여 임원 후보, 리더 후보, 스페셜 리스트를 조기 선발함으로써 체계적으로 인재를 성장시키는 것이 주요 목적이다. 레벨별로 통상 1년 단위로 재평가하는 In-Out제로 운영되며, 해당 기간 동안 경영·직무 지식, 글로벌 역량, 리더십 역량 향상을 목적으로 한 정규 과정을 운영하고, 자기계발 활동 지원 및 학위 지원, 보직 순환 및 직무 경험 등의 경력 개발 기회를 부여한다. 해당 과정 이수자에 대해서는 승진 및 상위 핵심 인재 선발에 대해 우선적으로 기회를 부여한다.

성과와 보상의 유기적 관리

한화케미칼의 성과 관리 프로그램은 조직과 개인이 연 단위로 과업 및 달성 목표를 미리 설정하고, 지정된 과업 달성의 결과에 부합하는 평가를 받음으로써 능동적이고 적극적으로 성과 관리를 할 수 있다는 데 그 특징이 있다.

'타깃 인센티브'는 조직과 개인의 연 단위 업적 평가 결과에 따른 일시금 형태의 보상 프로그램이다. 회사의 경영 실적에 기반하여 총 보상 재원을 산정하며, 목표 과업에 대한 각 조직의 평가 결과와 개인 성과 등급에 따라 개별 보상 규모를 적용하여 지급한다. 조직과 개인 목표 달성에 따른 성과 보상인 만큼 보상의 예측 가능성이 높으며, 상하위 목표 간의 연계성과 조직 내 유기적인 팀워크 형성이 보상 수준을 결정하는 데 주요 변수로 작용할 수 있다.

'스팟 보너스 제도'는 고성과자 및 주요 직무의 전문성을 보유한 인력을 유지하고 동기를 부여하기 위해 연봉과 인센티브를 중점적으로 하여 보상한다. 즉 핵심 기술 인력으로 분류되는 연구개발R&D 인력과 엔지니어 중 성과에 대한 기여도와 잠재 역량이 뛰어난 인원을 선정하여 일시금 형태로 수시로 보상하는 제도이다.

끝으로 '발탁 승진 제도'는 우수 인력에 대해 패스트 트랙Fast Track으로 경력 개발(승진)의 기회를 부여하는 제도이다. 한화케미칼의 승진 제도는 직무 경험, 상위 직무 수행 역량과 인사 평가에 따른 승진 포인트 등을 종합해서 이루어지기 때문에 평균 수준의 인력이 상위직을 수행하기 위해서는 통상적으로 3~5년이 걸린다. 다만 탁월한 성과(평가 결과 근거)와 전문 역량을 보유한 인력에 대해서는 각 단계별로 승진 요건을 완화하여 통상 소요 기간을 2년 내외로 단축하는 시스템이다.

모두가 재미있는 일터 만들기

한화케미칼은 구성원 간의 공동체 의식을 강화하고 직장 생활의 재미를 더하기 위해 'Fun Event' 및 다양한 동호회 활동을 적극 지원하고 있다.

대표이사가 작업 현장을 직접 방문하여 격려의 편지와 함께 피자 또는 수박 등 간식을 전달하는 깜짝 이벤트는 직원들에게 큰 호응을 얻었다. 동호회는 전 사업장에 걸쳐 약 85개가 형성되어 있으며, 참여 인원이 최소 3명이 넘으면 공식 동호회로 신청할 수 있다. 이와 유사하게 '번개 소셜 다이닝'은 같은 취미나 관심사를 가지고 있는 구성원들이 모여 함께 식사하며 교류하는 것으로 사업장 게시판에서 언제든, 누구나, 특정 주제를 가지고 모집할 수 있다.

다음으로 '한톡'은 매달 3일에 걸쳐 한 주제를 가지고 이글오피스 팝업과 댓글을 통해 구성원간의 안부, 격려, 각오 등을 나눌 수 있는 색다른 소통의 장이다. 발렌타인데이나 새해를 맞이하며 추첨을 통해 초콜릿이나 복주머니와 같은 깜짝 선물을 준비하여 임직원들에게 소소한 즐거움을 선사하기도 한다. 부문별 또는 전사적으로 일찍 퇴근하여 회사가 아닌 야구장에서 가벼운 마음으로 함께 응원하거나 등산을 하며 단합을 하기도 한다.

'재미있는 일터'를 만드는 일환으로 미혼 직원들을 위한 프로그램도 눈에 띈다. 미혼 직원에게 고수들의 연애 필살기, 데이트 호감법칙, 결혼에 대한 긍정적 인식 등을 다루는 특강을 진행하고, 결혼정보회사와 연계하여 지방사업장에 근무하는 미혼 직원 간에 만남을 주선하기도 한다. 실례로 현재까지 3쌍의 커플이 이루어졌다.

또한 임직원들의 기증 물품과 '전국 장애인 도예 공모전'의 심사위원으로 활동하는 도예가에게 기부 받은 도예품을 판매하고, 수익금 전액을 '한국재활재단'에 기부하는 사회 공헌 활동을 하기도 한다. 매년 운영되며, 도자기는 장터 운영 10일 전부터 전시된다. 전반적인 행사 진행은 임직원들이 교대로 시간을 정해 지원한다.

한화케미칼의 활동은 단체의 화합을 위한 것이다. 개개인의 관심사와 특성을 파악하고 이를 효과적으로 누리고 발전시킬 수 있도록 다양한 활동이 준비되어 있다. 업무적인 부분의 활동만이 아니라 취미 등 여가 활동을 공유함으로써 더욱 활기 넘치고 유대감이 강한 공동체를 만들고 있다.

GWP 실현을 위한 차별화된 인사 제도

한화케미칼은 '일하기 좋은 기업^{GWP}'을 구현하고자 '변화 3.0'이라는 HR 프로젝트를 진행하여, 2012년 5월 1일부터 전사 조직에 적용하고 있다. 변화 3.0은 수평적 커뮤니케이션과 다양성 존중, 전문 역량 강화, 보상 수준, 경쟁력 확보 등의 HR 원칙을 설정하였으며 이에 따라 직급 및 호칭 체계, 평가 절차, 승진과 보상 등에 많은 변화를 가져왔다.

직급과 호칭 체계에 있어서는 기존의 직급 서열을 나타내는 부장, 차장, 과장 등의 직급과 호칭 사용을 폐지하고 일과 직무 가치 중심의 '잡 그레이드$^{Job\ Grade}$' 체계로 바꾸었다. 그리고 호칭도 '매니저'로 통일하여 수평적인 의사소통의 활성화 및 실무자가 책임감을 갖고 일할 수 있는 업무 환경을 만들어 나가고 있다.

평가제도는 평가자들 간의 커뮤니케이션 장인 '세션^{Session}'을 도입함으로써 평가의 공정성과 객관성을 높였다. 세션은 목표 수립

(12~1월), 중간 점검(7월), 평가와 피드백(1~2월) 단계로 나누어 운영된다.

    승진의 경우도 수행 업무의 가치나 중요도가 변하지 않아도 개인의 성과와 역량으로 승진이 가능했던 과거와는 달리 직무 가치가 상승했을 때 이를 반영한 승진이 이루어진다. 이런 제도를 통해 구성원들이 상위 단계의 직무를 수행할 역량만 있다면 얼마든지 승진할 수 있는 기회가 제공되며 이를 통해 임직원들의 업무 몰입도가 높아졌으며 준비된 인재에게는 더 많은 기회가 부여된다.

    이런 인사 제도의 변화를 통하여 한화케미칼은 기존의 딱딱한 직급 문화를 없애 구성원들 사이의 불필요한 벽을 허물고 신속한 의사 결정을 할 수 있는 토대를 마련했으며, 창의적이고 열정적인 인재에게는 더 많은 기회가 부여되는 조직 문화를 구축하였다.

현대해상화재보험

주요업종 손해보험, 금융 관련 서비스
설립연도 1955년 3월
종업원수 약 3,321명

현대해상화재보험(이하, '현대해상')은 1955년 해상보험 전업 회사로 보험업에 진출하였다. 이후 손해보험 산업의 선두주자로서 사회 안전망 역할을 충실히 수행해 오고 있다. 현대해상은 지금도 상품 개발, 언더라이팅, 보상 서비스 등 모든 경영 활동 중심에 고객만족을 최우선으로 두고 고객과 주주, 임직원, 지역 사회 그리고 국가에 대한 사회적 책임을 다하는 기업이 되기 위해 최선을 다하고 있다.

향후에도 창립 60주년이 되는 2015년까지 '최고의 서비스로 고객과 함께 성장하는 보험회사'라는 비전을 달성하고, 모든 이해관계자와 함께 동반 성장하는 일류 금융 회사로서의 모습을 지켜 나가기 위해 노력하고 있다.

최고의 서비스로 고객과 함께 성장한다

현대해상은 '고객만족'을 회사의 중심으로 두고 가정에는 행복, 기업에는 번영을 제공하여 풍요로운 사회와 국민 경제 발전에 이바지하는 것을 경영 이념으로 삼고 있다.

또한 2010년 'Vision Hi 2010'에 이어 '최고의 서비스로 고객과 함께 성장하는 보험회사'를 비전으로 하는 '비전 Hi 2015'를 발표하였으며, 이를 통해 향후 5년 동안의 중장기 전략과 목표를 수립하였다. '비전 Hi 2015'의 성공적인 달성을 위해 본업 경쟁력 강화, 경영 인프라 최적화, 고객 가치 극대화, 신성장 동력 기반 강화의 4대 경영 전략을 설정하고, 세부적으로 12대 핵심 전략을 전사적으로 실행하고 있다.

현대해상은 글로벌 경제의 불안과 보험업법 개정 등 경영 활동 전반에 걸쳐 경쟁이 심화되고 대내외적 불확실성으로 인한 위기감이 확산되는 가운데서도 리스크 관리 및 고객 권익 보호 강화, 해외시장 진출, 수익성 위주의 내실 있는 영업 전략을 통해 지속적인 성장과 이익 창출을 추진했다. 그 결과, 2012년 회계연도 기준, 전년 대비 9.0% 증가하는 등 매우 높은 신장률을 보이고 있다.

현대해상은 제자리걸음을 하지 않고 환경 변화 및 고객의 니즈에 부합하는 고객 지향형 신상품을 개발하는 데 끊임없이 노력하고 있다. 특히 2013년 6월에 출시한 '계속 받는 암보험'은 암 환자의 경우 5년 생존율이 65%에 달하는 등 암에 대한 인식이 만성질환으로 변하고 있지만, 현재 판매중인 암보험은 첫 번째나 두 번째까지 발생한 암에 대해서만 진단금을 지급하는 현실에 착안하여 기획하였다. 이러한 독창성을 인정받아 손해보험협회로부터 6개월 배타적 사용권을 획득하여 업계를 선도하고 있다.

또한 국내 최초로 '도로 침수 인지 시스템'을 개발하여 고객의 안전사고 사전 예방은 물론 정부 기관의 재난 대응에 협력하고 있다. 현대해상은 '최고의 서비스로 고객과 함께 성장하는 보험회사'의 비전을 달성해 나가고 있다.

자유로운 제안과 원활한 소통이 중요하다

현대해상은 조직의 원활한 운영을 위해 '소통'의 중요성을 깨닫고, 직원들의 현장 목소리를 듣기 위해 다양한 온라인 프로그램을 마련하였다.

우선 익명성이 보장되는 사내 인트라넷 '열린마당'을 통해 직원들이 최고경영자에게 의견을 자유롭게 표현할 수 있도록 했다. 이는 다양한 아이디어와 의견 등을 수렴하여 경영 전반에 신속하게 반영하는 등 회사 경영의 투명성을 유지하고, 경영자와 직원 간의 의사소통이 원활하게 이루어지도록 하기 위한 조치이다.

사내 인트라넷에는 임원과 직원들이 서로에 대한 이해의 폭을 넓히며 활발하게 커뮤니케이션하는 '임직원 커뮤니케이션'과 임원들의 프로필과 경영 실적 현황을 정리해 놓은 'Hi-Opinon', '제안 마당'이 마련되어 있다. '제안 마당'은 전 임직원이 회사의 전반적인 업무와 본인 수행 업무에 관심을 가지고 자발적으로 개선 활동에 참여하게 함으로써 업무 효율화, 고객만족도 제고, 비용 절감, 조직 문화 개선 등의 효과를 도모하고자 시행하고 있다. 타부서에 개선 아이디어를 제시하는 제안 외에도 본인 업무에 대한 개선점을 찾고 직접 실행하는 '자기 업무 제안' 제도가 있다. 등록된 제안은 신속하게 검토하고 실행될 수 있도록 본사 후선 부서에 '혁신 리더'라는 제안 담당자를 두고 있다.

직원들이 적극적으로 혁신 활동에 참여할 수 있도록 제안 활동은 조직 평가에도 반영하고 있으며, 반기 단위로 우수 제안을 선정하고 공유하는 '우수 제안 경진대회'도 실시하고 있다. 21년 동안 계속 운영해 온 제안 제도는 현대해상의 중요한 조직 문화로 자리 잡았으며 비용 절감 및 업무 효율성 증대 등 회사 발전에도 기여하고 있다.

살아 있는 현장의 소리를 듣는 '현장 속으로'

'현장 속으로'는 소통 프로그램 중에서 단연 눈에 띄는 프로그램이다. 임원들이 영업, 보상, 본사 후선 등 현장과 업무 부서의 직원들을 직접 만나 살아 있는 현장의 소리를 듣는 자리이다. 이 자리에서 임원들은 직원들에게 경영 성과와 앞으로의 비전 및 정책 등을 설명하고, 현장 직원들의 고충 사항이나 건의 사항 등을 귀 기울여 듣는다. 딱딱한 회의가 아니라 편안한 분위기에서 직원들과 함께 이야기를 나눌 수 있다는 점에서 큰 호응을 얻고 있으며, 대상 임원들도 직접 방문 지점과 부서를 챙기는 등 많은 열정을 보여주고 있다. 이 자리에서 나온 내용들은 'Hi-Opinion'을 통해 전사적으로 공유한다.

또한 매월 1회 각 지점별 칭찬 우수자를 초청하여 '칭찬 우수자 CEO 오찬'을 진행한다. 대내외적으로 귀감이 되는 칭찬 사례를 전파하고, CEO와 함께 오찬을 즐기며 격의 없이 대화를 나누는 자리이다. 단순히 식사에 그치는 것이 아니라 CEO의 경영 철학과 마인드를 엿볼 수 있는 소중한 기회이다. CEO는 폴라로이드 카메라로 직원들과 함께 사진을 찍고, 사진 하단에 친필 메시지를 적어 준다. 형식적이고 경직된 자리가 아닌 인간적인 교류를 하는 자리인 만큼 직원들의 호응도가 높다.

임원과 직원 간에 편안하게 대화를 나누는 자리인 'Hi-Day' 역시 직원들의 큰 호응을 얻고 있다. 각 본부별로 임원과 직원들이 영화, 공연, 게임, 스포츠 등의 문화 행사와 와인 교실, 바리스타 체험, 브라우니 만들기 등 다양한 테마 활동을 하면서 그동안 서로 나누지 못했던 대화를 마음껏 나눌 수 있다. 이 행사는 2002년부터 실시되었으며, 직원들이 먼저 언제 하느냐고 물을 정도로 인기가 높다.

현대해상은 이처럼 다양한 소통 통로를 통해 임직원 간의 거리를 좁히는 것은 물론, 더욱 활력 넘치는 조직 문화를 만들고 있다.

직원들의 성장을 돕는 든든한 지원군

현대해상은 직원들에게 교육의 기회를 보장하기 위해 다양한 프로세스를 기획하고 있다. 업무 연장선의 프로그램은 물론 인문, 문화, 글로벌 마인드 함량까지 그 영역이 매우 다양하다.

　기본적으로 인재 양성 제도를 통해 임직원들이 일정 시간 이상의 교육 기회를 가질 수 있도록 제도화하고 있으며, 이를 통해 능력 개발 및 자기 주도 학습에 대한 모티브를 제공한다. 정규 교육 외에도 매뉴얼 제작, 부서 워크숍, 자격증, 학습 조직^{CoP} 등을 통해 자발적으로 교육에 참여할 수 있는 환경을 조성하고 있다. 이와 별도로 본인의 희망에 따라 외부 전문 기관에 위탁 교육도 신청하여 수강할 수 있다.

　직원들의 자기계발 의지를 촉진시키고, 본업 및 유관 부문에 대한 전문 인력 양성을 위해 국가 공인 자격을 포함한 다양한 자격증을 취득할 수 있도록 자격증 지원 제도를 운영한다. 또한 CPCU, AFPK, 손해사정사 양성을 위한 전문 교육 과정을 개설하여 합숙 교육을 실시하는 등 직원들이 보험 전문인으로 거듭날 수 있도록 전폭적으로 지원하고 있다.

　직원들의 역량을 키워 주고 향후 관리자로 거듭날 수 있도록 도와주는 프로그램 역시 체계적으로 마련되어 있다. 그 첫 번째가 점포 관리자(지점장) 양성 과정이다. 이는 영업 일선을 책임지는 지점장의 양성을 위해 약 3개월간 진행되는 프로그램으로, 점포 관리자로서 필요한 역량과 스킬, 관리 마인드 교육을 제공한다. 이 교육은 하이플래너(설계사)의 소득 증진과 회사의 매출 증대에 커다란 역할을 수행하고 있다. 두 번째는 총무 비전업 과정이다. 이는 영업 일선에서 점포 관리자를 보좌하고 플래너에게 업무를 지원하면서 지점 운영에 큰 역할을 하고 있는 총무 중에 우수자를 선발하여 향후 직장생활에서의 비전을 재정립하고 자기 발전의 계기를 제공하고자 마련한 합숙 교육 프로그램이다.

그리고 1993년부터 입사 3년차 직원들에게 글로벌 마인드 함양 및 재충전의 기회를 제공하기 위해 해외연수를 실시하고 있다. 이는 신입사원에서 중심 구성원으로 성장했음을 축하하고, 향후 국제적인 비즈니스맨으로 거듭날 수 있도록 도움을 주는 중요한 교육 과정이다.

신新조직 문화 구축 운동의 일환으로 진행되는 프로그램은 젊은 임직원의 높은 관심을 받고 있는 분야이다. 특히 '지식과 벗하여 생각을 열다'라는 의미인 '지우개知友開 콘서트'에서는 분기마다 인문, 심리, 교양, 문화 분야의 저명한 인사를 초청하여 다양한 특강을 진행한다.

이처럼 현대해상은 차별화된 교육의 기회, 행사, 시스템 등 다방면의 지원을 통해 직원들이 더욱더 크게 성장할 수 있도록 든든한 지원군 역할을 해 주고 있다.

소외 계층을 위한 봉사 프로그램, '아주 사소한 고백'

현대해상은 이익을 사회에 환원하여 국민 모두가 더 행복한 내일을 누릴 수 있도록 기업의 사회적 책임을 다하고 있다. 또한 소외된 이웃에게 열린 다음으로 다가가고, 따뜻한 사랑을 함께 나누는 삶을 실천하기 위해 꾸준히 노력하고 있다. 2012년에는 업계 최초로 사회 공헌 업무를 전담하는 사회 공헌팀을 신설함으로써 다양한 활동을 통한 기업의 사회적 책임을 진정성 있게 고민하고 있다.

현대해상이 펼치는 사회 활동 중에는 특히 아동과 청소년을 위한 프로그램이 많다. 미래 성장의 주역인 아동과 청소년이 건강한 사회 구성원으로 성장할 수 있도록 돕기 위해 세심하게 고민한 흔적이 엿보이는 창의적인 프로그램들이 그것이다.

청소년들의 소통 강화를 통해 학교 폭력 등의 근본적인 사회 문제를 예방하고자 하는 '아주 사소한 고백'은 청소년들이 각자의 고민을 다양한 방법으로 이야기하고 공유함으로써 상처를 치유할 수 있도록 하는 프로그램이다. 고백엽서, 카운슬링 콘서트, 고백 캠프 등을 통해 청소년들에게 소통의 장을 제공한다.

여학생들의 심신을 건강하게 하여 바른 사회인으로 자랄 수 있도록 지원하는 '소녀, 달리다'는 서울 지역 초등학교 4~6학년 여학생들을 대상으로 전문 코치가 방과 후 학교에서 주 2회 총 12주간 교육한다. 달리기를 매개로 진행되는 이 수업은 신체 활동을 통해 자신감을 향상시키고 올바른 인성을 갖추도록 도와준다. 이 수업에는 4.2195km를 완주하는 '달리기 축제'도 포함되어 있다.

'틔움 교실'은 상대적으로 인성 교육을 받을 기회가 적은 보호시설 소속 청소년들을 대상으로 16주간 진행되는 인성 교육 프로그램이다. 인성 교육 전문 교사들이 그들의 고민과 상황에 적합한 맞춤 교육을 진행함으로써 청소년들의 자존감과 사회성을 향상시키고 바른 가치관을 함양하도록 하여 건강하고 책임감 있는 성인으로 성장할 수 있도록 도와준다.

현대해상은 아동·청소년뿐 아니라 사회적 변화와 혁신을 적극적으로 지원하며, 더 나은 사회적 가치를 창출하기 위해서도 노력하고 있다. '청년, 세상을 담다'는 국내에서는 최초로 시행되는 사회 공익 분야 콘텐츠 생산 전문가 양성 프로그램으로 사회 공익 분야에 관심 있는 예비 저널리스트, 사회적 기업, 비영리 공익기관의 차세대 리더 등에게 역량 강화 및 교육 기회를 제공한다.

또한 사회적 기업가 발굴 및 육성으로 세계적인 명성을 얻고 있는 아쇼카 한국법인의 창립 파트너로서, 우리 사회에 긍정적인 변화를 이끌어 나갈 창의적이고 혁신적인 사회적 기업가들을 후원하고 있다. 2013년에는 한국에서 3명의 아쇼카 펠로우가 선정되었다.

2005년부터 현대해상의 임직원 및 하이플래너는 더불어 사는 사회 구현의 일환으로 전국 40여 개 시설과 국립공원에서 연 1회 이상 자발적으로 봉사활동을 실시하고 있다. 매년 가을 임직원 및 하이플래너가 기증한 물품으로 '사랑 나눔 장터'를 개최하여, 직접 판매한 수익금 전액을 불우이웃 돕기에 기부함으로써 나눔 문화를 확산시키고 있으며, 이 밖에도 교통사고 유자녀 돕기, 하이맘 119교실, 여성 운전자 교실, 어린이 교통사고 예방 캠페인 등 매우 다양한 방법으로 주위 사람들과 마음을 나누고 있다.

이렇듯 현대해상은 소외된 계층에게 진심 어린 사랑과 따뜻한 마음을 전하고, 지역 사회에 보탬이 되는 희망의 기업으로 거듭나기 위해 노력하고 있다.

창의력, 추진력, 소통과 협력의 신조직 문화

현대해상은 2012년 3월, '비전 Hi 2015'의 성공적인 달성과 조직 문화 가치의 재설정 및 공유를 통해 당사 본연의 정체성을 명확히 하고, 빠르게 변화하는 경영 환경에 신속히 대처할 수 있는 임직원의 능력을 배양하고자 '신新조직 문화'를 구축하였다. 이를 위해 '뛰어난 창의력', '강인한 추진력', '소통과 협력'이라는 3가지 신조직 문화 가치를 선정하고 이를 근간으로 한 신인재상을 수립하였다. 이들 가치를 실행하기 위해서 '신조직 문화 구축을 위해 가야 할 길 Hi-Way'를 설정하여 명확한 가이드라인을 제시하고 일하는 방식을 공유함으로써 고유의 조직 문화 전파에 힘쓰고 있다.

2003년부터는 본격적으로 '6시그마 제도'를 도입하여 창조적인 마인드를 강조했다. '6시그마 제도'는 단순히 문제를 분석하는 방법론에만 머무르지 않고, 직원들 스스로 문제 해결 능력을 쌓아 가는 인력 양성의 측면에서 큰 도움이 되었다. 6시그마로 수행된 과제는 1년간의 실행 과정 모니터링을 통해 계획된 개선안이 제대로 이행되었는지 점검한다. 이러한 안정적인 운영 구조로 인해 지난 11년간 총 551개 과제에 504명이 6시그마를 경험한 이외에도 1,300억여 원의 재무적인 성과를 올려 회사의 수익적인 측면에도 일조하

였다. 현대해상에 6시그마가 가장 큰 기여를 했다고 할 수 있는 것은 무엇보다 '혁신의 조직 문화'를 지속적으로 공유하게 했다는 것이고, 이는 혁신의 필요성을 조직 문화 안에 내재화하는 가장 중요한 시발점이 되었다.